OEUVRES COMPLÈTES

DE MESDAMES

DE LA FAYETTE,

DE TENCIN ET DE FONTAINES.

TOME Ve.

IMPRIMERIE DE GUIRAUDET,

RUE SAINT-HONORÉ, N° 315.

OEUVRES COMPLÈTES

DE MESDAMES

DE LA FAYETTE,

DE TENCIN

ET DE FONTAINES,

PRÉCÉDÉES

DE NOTICES HISTORIQUES ET LITTÉRAIRES,

PAR

MM. ÉTIENNE ET A. JAY,

MEMBRES DE LA CHAMBRE DES DÉPUTÉS.

Nouvelle Édition,

ORNÉE DES PORTRAITS DE MESDAMES DE LA FAYETTE ET DE TENCIN.

Tome Cinquième.

PARIS,

P.-A. MOUTARDIER, LIBRAIRE,

RUE GIT-LE-CŒUR, N° 4.

1832.

LES MALHEURS
DE L'AMOUR.

LES MALHEURS

DE L'AMOUR.

Insano nemo in amore sapit.
PROPERT.

PREMIÈRE PARTIE.

MON grand-père avait acquis de grands biens dans une charge de finance, et laissa mon père à portée de les accroître par la même voie. Des richesses acquises avec tant de facilité persuadent volontiers à ceux qui les possèdent qu'elles leur sont dues, et ne leur laissent qu'une espèce de mépris pour ceux que la fortune n'a pas aussi-bien traités.

Mon père était né pour penser plus raisonnablement ; il ne lui manquait, pour avoir de l'esprit et du mérite, que la nécessité d'en faire usage ; mais on ne sent guère cette nécessité, quand on jouit d'une grande fortune qu'on n'a pas eu la peine d'acquérir. Les talens et les

LES MALHEURS

DE L'AMOUR.

Insano nemo in amore sapit.
PROPERT.

PREMIÈRE PARTIE.

Mon grand-père avait acquis de grands biens dans une charge de finance, et laissa mon père à portée de les accroître par la même voie. Des richesses acquises avec tant de facilité persuadent volontiers à ceux qui les possèdent qu'elles leur sont dues, et ne leur laissent qu'une espèce de mépris pour ceux que la fortune n'a pas aussi-bien traités.

Mon père était né pour penser plus raisonnablement ; il ne lui manquait, pour avoir de l'esprit et du mérite, que la nécessité d'en faire usage ; mais on ne sent guère cette nécessité, quand on jouit d'une grande fortune qu'on n'a pas eu la peine d'acquérir. Les talens et les

Épître Dédicatoire.

Je n'écris que pour vous ; je ne désire des succès que pour vous en faire hommage ; vous êtes l'univers pour moi.

pensées saines sont presque toujours le fruit du besoin ou du malheur.

Ma mère était d'une condition pareille à celle de mon père. Ils joignirent, par leur mariage, des richesses à des richesses, et je naquis dans le sein d'une abondance, que ma qualité de fille unique ne me donnait à partager avec personne.

Mon éducation s'en ressentit. A peine avais-je les yeux ouverts, que je savais déjà que j'étais une grande héritière. Non-seulement on satisfaisait mes fantaisies; on les faisait naître. On m'accoutumait à être fière et dédaigneuse. On voulait que je dépensasse, mais on se gardait bien de m'apprendre à donner. Enfin, on n'oubliait rien pour me rendre digne de l'état de grande dame, que je devais avoir un jour.

L'usage est établi de mettre, à un certain âge, les filles dans un couvent, pour leur faire remplir les premiers devoirs de la religion. La vanité décida de celui où je devais être. Une abbaye célèbre fut choisie, parce qu'on y mettait toutes les filles de condition, et qu'il était du bon air d'y être élevée. Le faste me suivit dans le couvent; on n'eut garde de me laisser à la nourriture ordinaire, dont toutes les pensionnaires, qui valaient mieux que moi, s'accommodaient; il me fallait des mets particuliers. Ma fille est délicate, disait ma mère (car il est de l'essence d'une riche héritière de l'être); elle ne serait pas nourrie. Cette santé, prétendue délicate, était cependant très-robuste; mais, ce qu'elle ne demandait pas, la vanité de mes parens le demandait. Il me fallait, à toute force, des distinctions : on voulut que j'eusse, par le même principe, outre une femme pour me servir, une gouvernante en titre. Quoique ce ne fût pas l'usage de la maison, les religieuses, éblouies de la grosse pension, consentirent à tout.

Il n'est guère de lieu où les richesses imposent plus que dans les couvens : les filles qui y sont renfermées, dans le besoin continuel où elles sont d'une infinité de petites choses, regardent avec respect celles dont elles espèrent de les recevoir; aussi eus-je bientôt une cour assidue. Loin de s'occuper à me corriger, on me louait à l'envi. J'étais la plus aimable enfant qu'on eût jamais vue. On me donnait partout la première place, et on me remplissait la tête de mille impertinences. Mon père et ma mère, charmés de ce qu'on leur disait de moi, redoublaient leurs présens, et j'en étais encore mieux gâtée. J'étais parvenue à ma quatorzième année, que je n'avais encore reçu ni chagrin ni instruction. Une petite aventure qui m'arriva me donna l'un et l'autre.

Ma gouvernante me faisait manger quelquefois

au réfectoire, pour étaler aux yeux de mes compagnes ma magnificence. Je faisais part à mes complaisantes de ce qu'on me servait; les autres n'en tâtaient pas : c'était une leçon que ma gouvernante m'avait donnée, que je suivais cependant avec peine : il y avait dans le fond de mon cœur quelque chose qui répugnait à tout ce qu'on me faisait faire.

Mademoiselle de Renonville, d'une des premières maisons de Picardie, aussi sottement fière de sa noblesse qu'on voulait que je le fusse de mes richesses, ne s'était jamais abaissée à venir chez moi : elle fit plus ce jour-là; elle s'empara de la place que j'avais coutume d'occuper. J'allais en prendre une autre, quand ma gouvernante, offensée de ce manque de respect, s'avisa de vouloir me faire rendre la mienne.

Cette dispute fut longue et vive. La Renonville exagéra les avantages de sa naissance, et n'épargna point les traits les plus piquans sur la mienne. Pendant ce temps-là, j'avais les yeux baissés; je ne savais que faire de toute ma personne : je sentais confusément du dépit, de la colère et de la honte. Ce que j'entendais m'était tout nouveau, et me faisait naître des idées qui étonnaient mon petit orgueil.

Une religieuse plus raisonnable que les autres, et véritablement raisonnable, vint me tirer de cette embarrassante situation, et m'emmena dans sa chambre.

Dès que nous y fûmes, je me mis à pleurer de tout mon cœur. Savez-vous ce qu'il faut faire? me dit la religieuse, il faut, au lieu de pleurer, être bien aise de n'avoir point de tort. Hélas! non, je n'en ai aucun, répondis-je en continuant de pleurer; si ma gouvernante ne m'en avait empêchée, je me serais mise ailleurs, et je n'aurais pas le chagrin que j'ai; ce qui me fâche, c'est que les pensionnaires qui me font le plus de caresses étaient bien aises de me voir mortifiée: Que veut dire mademoiselle de Renonville, que je lui dois du respect? pourquoi lui en devrais-je? Vous ne lui en devez point aussi, répondit la religieuse; mais elle est fille de qualité, et vous ne l'êtes pas.

Ces distinctions étaient toutes nouvelles pour moi; mais, par une espèce d'instinct, je craignais d'en demander l'explication. Eugénie (c'était le nom de la religieuse) n'attendit pas mes questions. Vous avez le cœur bon, me dit-elle, et je vous crois l'esprit assez avancé pour être capable de ce que j'ai à vous dire. On ne vous a mis jusqu'ici que des idées fausses dans la tête, et il faut vous en défaire.

Votre père a acquis son bien par des voies et dans des emplois peu honorables: c'est une tache qui ne s'efface jamais entièrement. Mais pourquoi, demandai-je, cette noblesse est-elle tant estimée? C'est, me répondit-elle, que son origine est presque toujours estimable : d'ailleurs il a fallu quelques distinctions parmi les hommes; celle-là était la plus facile.

Ma mère, qui vint me voir, interrompit cette conversation. Ma gouvernante s'empressa de lui exagérer l'affront que je venais de recevoir : ma sortie fut résolue sur-le-champ; je n'en fus pas fâchée. J'éprouvais avec mes compagnes à peu près la même honte que si elles m'avaient vue toute nue. Je regrettais pourtant Eugénie : elle m'avait dit, à la vérité, des choses fâcheuses; mais elle ne m'avait pas méprisée; une lueur de raison, qui commençait à m'éclairer, me faisait sentir que j'avais besoin de ses instructions.

J'allai la trouver dans sa cellule; je l'embrassai de tout mon cour, et à plusieurs reprises. Ce que vous faites, me dit-elle, ma chère enfant, prouve votre heureux naturel : il serait bien triste que vous ne fussiez pas raisonnable; vous êtes faite pour l'être; mais les exemples que vous allez avoir devant les yeux vont vous séduire; vous êtes encore bien jeune pour y résister. Je vous aime : je veux que vous m'aimiez aussi. Venez me voir souvent, je vous donnerai mes avis; et, si vous avez confiance en moi, je vous ferai éviter des ridicules, et peut-être des malheurs réels.

Je l'embrassai une seconde fois : nous pleurâmes toutes deux en nous quittant, et cette conversation fut le commencement d'une liaison à laquelle je dois le peu que je vaux. Eugénie m'a éclairée sur la plupart des choses ; elle me les a fait voir telles qu'elles sont ; et, si elle ne m'a pas empêchée de faire de grandes fautes, elle me les a du moins fait sentir.

Dès que je fus retournée dans la maison paternelle, on songea à me donner des maîtres que je n'avais pu avoir dans le couvent : les plus chers furent préférés. On se persuade, quand on est riche, que les talens s'achètent comme une étoffe. Heureusement la nature avait mis ordre que la dépense ne fût pas perdue avec moi. J'étais née avec les plus heureuses dispositions : je fus bientôt la meilleure écolière de mes maîtres. J'avais, outre cela, une figure charmante : il y a si long-temps que j'étais belle, qu'il n'y a plus de vanité à dire que je l'étais en perfection.

Être belle, être excessivement riche, c'était plus qu'il n'en fallait pour attirer les prétendans ; aussi vinrent-ils en foule : heureusement mon père s'était mis dans la tête de ne me marier qu'à dix-huit ans.

Ma mère seule eût été bien capable d'attirer du monde chez elle : si elle n'était pas aussi régulièrement belle que moi, elle ne laissait pas de l'être beaucoup; et, si elle n'eût voulu être que ce qu'elle était, elle eût été tout-à-fait aimable : mais elle voulait être une femme de condition; elle en prenait, autant qu'elle pouvait, les airs et les manières; ce n'est pas tout : elle voulait avoir plus d'esprit que la nature ne lui en avait donné. Il y a de certaines expressions que les gens du grand monde mettent de temps en temps à la mode, qui signifient tout ce qu'on veut, qui ont été plaisantes la première fois qu'on en a fait usage, mais qui deviennent précieuses ou ridicules, quand on s'avise de les trop répéter.

Ma mère tombait à tout moment dans cet inconvénient : les façons communes de parler n'étaient point de son goût, les élégantes ne lui étaient pas familières; elle s'y méprenait presque toujours : je ne sais si c'était pour se donner le temps de les trouver, ou si elle y entendait finesse; mais elle traînait toutes ses paroles.

Que la façon libre dont je parle de ma mère ne prévienne point contre moi, je n'ai jamais manqué à ce que je lui devais; je l'ai aimée tendrement, et j'étais quelquefois au désespoir du soin qu'elle prenait de gâter tout ce qu'elle avait de bon et d'aimable : je m'imaginais que mon exemple la corrigerait ; j'avais pour cela une attention continuelle à éviter tout ce qui avait la plus légère apparence d'affectation.

Du caractère dont je viens de la dépeindre, on juge bien qu'elle ne voulait vivre qu'avec les personnes de qualité : les noms, les titres faisaient tout auprès d'elle. Avec quel soin, avec quelle dépense allait-elle se chercher parmi ces gens-là des ridicules et des dégoûts ! N'importe, tout était supporté pour avoir le plaisir de se montrer aux spectacles avec une duchesse, et pour dire à quelques complaisans du second ordre : La duchesse une telle, le duc un tel, viennent souper chez moi.

Ces jours si agréables n'étaient cependant pas sans embarras : il fallait écarter de la maison ces mêmes complaisans à qui mon père avait donné le droit de venir familièrement, et dont ma mère aurait eu honte. Quelques petits parens étaient dans le même cas, et augmentaient les embarras ; car on ne voulait point absolument les montrer, et ils n'étaient nullement disposés à se cacher.

Je me rappelle encore, avec une sorte de honte, ce qui se passait les jours où les grandes compagnies devaient venir. Tout était dès le matin en l'air dans la maison. Les instructions que ma mère distribuait commençaient par mon père : on ne pouvait le renvoyer comme les autres ; il fallait du moins tâcher de lui donner les manières convenables. C'était, comme je l'ai dit, un bon homme qui aurait eu naturellement le sens droit, si sa femme lui en avait laissé le pouvoir ; mais, à force de lui vanter l'excellence de vivre dans ce qu'elle appelait la bonne compagnie, il s'en était coiffé presque autant qu'elle. On lui avait surtout recommandé des airs aisés : il est difficile de ne pas confondre une liberté honnête avec la familiarité ; l'usage du monde apprend seul ces différentes délicatesses ; aussi mon père et ma mère s'y méprenaient-ils toujours.

Jamais de titres, jamais de monsieur, même en leur parlant : ils n'en venaient pas avec moins d'empressement dans la maison. La liberté d'y amener qui on voulait, et plus encore peut-être le plaisir de se moquer de nous, ne laissaient pas sentir à ces grands seigneurs et à ces grandes dames, qu'il y avait autant d'indécence à eux d'y venir, qu'à nous de sottise de les recevoir.

Ma mère ne pouvait se dispenser d'être coquette, l'état de jolie femme et de femme du grand monde l'exige : la difficulté était d'avoir des amans de bon air. Un homme qui eût été de la cour lui eût fait tourner la tête; mais ces messieurs ont aussi leurs maximes : il serait du dernier ridicule d'accorder des soins suivis à une bourgeoise, et de s'y attacher sérieusement.

Ma présence ne nuisait à rien. L'usage qui ne permettait pas à une mère d'avoir des prétentions quand sa fille paraissait dans le monde était changé dès ce temps-là; chacune avait ses adorateurs; il arrivait même assez souvent que l'on commençait par la mère, surtout lorsqu'il était question de mariage.

Entre les familiers de la maison, le chevalier de Dammartin était le plus autorisé; c'est lui qui donnait le ton. La malignité, plus encore la vanité, le rendait caustique et médisant; il méprisait tout le monde, pour s'estimer plus à son aise. A force de parler contre la noblesse des autres, on s'était persuadé l'excellence de la sienne : la même voie lui avait acquis la réputation de vertu et de probité. Il s'était établi juge. Il décidait souverainement en tout genre; mais il ne parlait pas tous les jours. Il était établi qu'il avait de l'humeur, on la respectait; je crois en vérité qu'on lui en faisait un mérite. Mon père était le seul pour qui il n'en eût point; il lui souriait même quelquefois : il est vrai que cette faveur précédait toujours quelques emprunts, qu'on ne rendait jamais.

Les autres hommes qui nous faisaient l'honneur de venir se moquer de nous étaient la plupart des petits-maîtres : beaucoup de suffisance, un babil intarissable, une très-grande ignorance, un souverain mépris pour les mœurs, nuls principes : vicieux par air, et débauchés par oisiveté; voilà ce qu'ils étaient tous.

Je passai près d'une année après ma sortie du couvent, sans être admise dans les grandes compagnies : on voulut auparavant me laisser acquérir la bonne grâce du maître à danser, m'instruire de ce qu'on appelle le savoir-vivre, la politesse, et surtout me donner le bon ton.

Si je voulais me laisser aller aux réflexions, cette matière m'en fournirait beaucoup; mais elles seraient également inutiles à ceux qui sont capables d'en faire, et à ceux qui n'en font jamais.

Je regagnais mon appartement aussitôt qu'on avait dîné; j'y passais peut-être les plus doux momens que j'ai passés de ma vie. Dès que mes maîtres m'avaient quittée, je lisais des romans que je dévorais. Un fonds de tendresse et de sensibilité que la nature a mis dans mon cœur me donnait alors des plaisirs sans mélange. Je m'intéressais à mes héros; leur malheur et leur bonheur étaient les miens. Si cette lecture me préparait à aimer, il faut convenir aussi qu'elle me donnait du goût pour la vertu : je lui dois encore de m'avoir éclairée sur mes amans.

Le marquis du Fresnoi, qui s'attacha à moi dès que je parus dans le monde, fut le premier qui donna lieu à mes remarques : je lui plaisais plus qu'il ne voulait qu'on le crût ; aussi n'avait-il garde d'employer les petits soins et les complaisances ; il cachait, au contraire, autant qu'il lui était possible, l'attention qu'il avait à me suivre et à me regarder.

Je crois qu'il eût voulu me le cacher à moi-même ; du moins, s'il eût osé, il m'en eût demandé le secret. Rien n'était plus plaisant que les peines qu'il prenait pour donner à ses galanteries un air cavalier ; c'était comme s'il m'eût dit : Je vous conseille de m'aimer ; mais le ton devenait différent, quand le hasard lui fournissait l'occasion de me parler en particulier. L'amour, qui n'avait rien alors à démêler avec la vanité, se montrait tendre et devenait timide.

Toute jeune que j'étais, le contraste de cette conduite me paraissait parfaitement ridicule, et me donnait pour M. du Fresnoi des sentimens très-différens de ceux qu'il voulait m'inspirer. Il ne fut pas long-temps sans avoir des rivaux :

ma beauté et la qualité de grande héritière lui en donnaient de deux espèces : ceux qui voulaient m'épouser, et ceux qui croyaient leur honneur intéressé à attaquer toutes les jolies femmes. Je ne sais auquel de ces deux motifs je dus l'amour du marquis de Crevant; il était assez aimable, sans être cependant exempt des airs et des défauts des gens de son âge.

J'allais tout conter à mon Eugénie : elle riait de mes dégoûts et de mes surprises. Gardez-vous comme vous êtes, me disait-elle, le plus long-temps que vous pourrez. Votre père vous aime; profitez de cette tendresse pour choisir un mari qui vous rende heureuse. Votre raison et votre cœur ne parlent encore pour personne. Je voudrais bien que le cœur se tût toujours : mais je crains qu'il ne se mêle un jour de vos affaires plus qu'il ne faudrait. Vous avez un fonds de sensibilité qui m'alarme pour le repos de votre vie. Vous êtes perdue, mon enfant, si vous trouvez quelqu'un qui sache aimer et vous persuader qu'il vous aime.

Hélas! je touchais au moment où cette prédiction devait s'accomplir. Ma mère, avide de tous les lieux où l'on pouvait se montrer, retint une loge pour la première représentation d'une pièce. Nous devions y aller avec une duchesse qui nous avait prises pour pis-aller, et qui trouva une compagnie plus convenable.

Nous voilà donc, ma mère et moi, seules dans le premier balcon. Le théâtre était plein de tout ce qu'il y avait de gens de condition à la cour et à la ville. Ma mère, pour jouir de la gloire de connaître la plupart d'entre eux, ne cessait de faire des révérences. Pour moi, uniquement occupée du plaisir d'entendre la pièce, et du soin de cacher les larmes qu'elle me faisait répandre, je ne voyais personne; mais l'impatience d'entendre le bruit que faisait le marquis du Fresnoi, attira mes regards sur lui. Il disputait sur le mérite de la pièce avec un homme que je ne connaissais point, ou plutôt il lui reprochait de l'écouter; car ces messieurs condamnent ou approuvent, sans savoir le plus souvent de quoi il est question. Comme il vit que je le regardais, qu'il entendait qu'on se récriait autour de lui sur ma beauté, il crut qu'il pouvait, sans se faire tort, venir un moment dans notre loge.

Je m'aperçus que celui avec qui il avait parlé lui demanda avec empressement, lorsqu'il eut repris sa place, qui nous étions. C'est la fille et la femme d'un homme d'affaires, répondit-il: la fille est jolie, comme vous voyez; de plus ils ont un bon cuisinier; voilà ce qui m'a fait faire connaissance avec eux. Vous n'êtes donc point amoureux? dit celui à qui il parlait. Mais comme cela, répondit M. du Fresnoi. Si vous n'avez rien de mieux à faire, je vous y mènerai souper ce soir; vous me ferez même plaisir : je vais engager encore deux ou trois hommes de mes amis; car il n'est pas mal d'être les plus forts dans cette maison.

Quelque répugnance que le comte de Barbasan (c'est le nom de celui à qui il parlait) eût d'être présenté par quelqu'un dont il connaissait tous les ridicules, le désir de me voir l'emporta, et la partie fut acceptée. Ils vinrent tous deux, après la pièce, à la porte de notre loge. La présentation de M. de Barbasan fut faite légèrement : ils nous mirent dans notre carrosse, montèrent dans le leur, et furent aussitôt que nous au logis, où il y avait déjà du monde.

Quelle différence de Barbasan à tout ce que j'avais vu jusque-là! Je ne parle point des grâces de sa figure; je me flatte que, si elles avaient été seules, elles n'auraient pas fait d'impression sur moi; mais son esprit, son caractère, voilà ce qui me toucha : j'eus le temps de prendre bonne opinion de l'un et de l'autre dès ce premier jour.

La conversation roula d'abord sur la pièce; nos petits-maîtres la déclarèrent détestable : je l'ai dit à Barbasan, dit le marquis du Fresnoi. Ajoutez, répliqua Barbasan, que vous me l'avez dit dès le premier acte : pour moi, je ne suis point si pressé de juger ; je vais à la tragédie pour donner de l'occupation à mon cœur ; si je suis touché, je n'en demande pas davantage ; je ne chicane point l'auteur sur la façon ; je lui sais gré, au contraire, des peines qu'il a prises pour me donner un sentiment très-agréable.

De la pièce, qui était l'histoire du jour, on passa aux aventures de la cour et de la ville. Barbasan soutint toujours son caractère : il doutait ; il excusait ; enfin, il eût voulu qu'on n'eût point cherché à avoir de l'esprit aux dépens d'autrui.

Le jeu finit les disputes. Barbasan ne joua point ; je ne jouai point aussi. Nous restâmes seuls désœuvrés : je m'aperçus qu'il avait les yeux attachés sur moi ; j'en fus embarrassée. Pour assurer ma contenance, je m'approchai de la table où l'on jouait. Il n'osa d'abord m'y suivre : heureusement un incident qui attira des contestations, lui en donna le prétexte. Je crois qu'il me regarda toujours ; pour moi, je n'osai lever les yeux, quoique j'en eusse grande envie.

Je n'eus pas besoin de lire avant de me mettre au lit, comme j'en avais la coutume : un trouble agréable, que je n'avais jamais éprouvé, remplissait mon cœur. La figure de Barbasan se présentait à moi. Je repassais tout ce que je lui avais entendu dire; je m'applaudissais de penser comme lui : je n'osais m'arrêter sur l'attention qu'il avait eue à me regarder; je n'y pensais qu'à la dérobée. Ma nuit se passa presque entière de cette sorte. Je fus fâchée ensuite de n'avoir pas dormi. Je craignis d'en être moins jolie.

Ma toilette, qui ne m'avait point occupée jusque-là, devint pour moi une affaire sérieuse. Je voulais absolument être bien; je ne me contentais point sur le choix de mes ajustemens. Où devez-vous donc aller? me dit ma femme de chambre, étonnée de ce qu'elle voyait. Sa question m'étonna moi-même et m'embarrassa; le sentiment qui me faisait agir m'était inconnu.

Quelques-uns de ceux qui avaient soupé le soir avec nous, vinrent y dîner le lendemain. On parla du souper. Comment avez-vous trouvé Barbasan? dit un de nos petits-maîtres, en s'adressant à ma mère; il ne manque pas absolument d'esprit; et, pour un homme qui n'a pas été dans un certain monde, il n'y est point trop déplacé. Quel est-il? dit ma mère. On prétend, répondit celui qui avait parlé, qu'il est d'une ancienne maison de Gascogne; mais je n'en crois rien. Pourquoi n'en parlerait-il point? pourquoi ne s'en ferait-il pas valoir? ce secours ne serait-il pas nécessaire à quelqu'un qui n'a aucune fortune? Il a mieux que la fortune, dit le commandeur de Piennes, qui n'avait pas encore parlé : il a des sentimens d'honneur. A l'égard de sa naissance, je puis vous répondre que tel qui vante la sienne, et qui en rompt la tête à tout propos, lui est très-inférieur par cet endroit; mais, quoiqu'il connaisse le prix que ces sortes de choses ont dans le monde, il n'a pas le courage de leur donner une valeur qu'elles n'ont pas à ses yeux.

Je ne puis dire le plaisir que me fit cet honnête homme, moins, à ce que je croyais, du bien qu'il avait dit de Barbasan, que de ce qu'il avait humilié l'orgueil du petit-maître.

Nous sortîmes de bonne heure pour faire des visites : jamais elles ne m'avaient paru si ennuyeuses. Ce fut bien pis encore; ma mère, qui n'avait point de souper arrangé chez elle, s'arrêta dans une maison. Je fus louée, admirée même; mais ce n'était pas pour tous ces gens-là que j'avais pris tant de peine d'être jolie.

Revenue au logis, je lus avec soin la liste des visites; le nom que je cherchais ne s'y trouva point; j'en fus piquée, et n'eus garde de m'avouer la cause de mon dépit; je le mis sur le compte de l'impolitesse que je trouvais à ne pas venir remercier ma mère : il me parut que c'était la traiter trop cavalièrement.

Nous sortîmes encore plusieurs jours de suite, et Barbasan se trouva enfin au nombre de ceux qui étaient venus à notre porte : il était visible qu'il n'avait voulu que se faire écrire. Je crus qu'il ne nous trouvait pas assez bonne compagnie pour lui : cette pensée me revint plusieurs fois pendant la nuit : il ne me parut plus si aimable; mais je pensais trop souvent qu'il ne l'était pas. Ce dépit me rendit presque coquette. Je voulais plaire. Mon amour-propre, ébranlé par l'indifférence de Barbasan, avait besoin d'être rassuré.

Les spectacles, les promenades me servaient à merveille; j'y faisais toujours quelques recrues d'amans. Une espérance secrète d'y trouver mon fugitif, de me montrer à lui environnée d'une foule d'adorateurs, était pourtant ce qui me soutenait. Je le cherchais des yeux dans tous les endroits où j'étais : dès que je m'étais convaincue qu'il n'y était point, mon désir de plaire s'éteignait; les amans dont je n'avais plus d'usage à faire, me devenaient insupportables.

Le hasard me servit enfin mieux que mes recherches. Nous sortîmes un matin pour aller chez un peintre qui avait des tableaux d'une beauté singulière. Barbasan y était. Quoiqu'il y eût assez de monde, je l'eus bientôt aperçu; et, en vérité, je crois que je ne vis que lui. Le cœur me battit; j'avais peur qu'il ne sortît. Ma mère, qui ne voyait là personne de sa connaissance, ne fit pas façon de l'appeler. Il vint à nous d'un air embarrassé. Elle lui fit des reproches de ce qu'il nous avait négligées : il répondit qu'il s'était présenté plusieurs fois à notre porte. Quand on veut me trouver, dit ma mère, il faut venir dîner ou souper avec moi; aujourd'hui, par exemple. Je suis désespéré, répondit Barbasan; j'ai un engagement indispensable. Demain donc, dit ma mère. Je ne suis pas plus libre demain, répliqua-t-il.

Piquée de tant de refus, je ne pus me tenir de dire, d'un ton qui se ressentait de ce qui se passait en moi : Ma mère, pourquoi le contraindre? Monsieur a mieux à faire. Je vois encore la façon dont il me regarda alors : ses yeux tendres et timides me disaient : Vous êtes bien injuste!

Les tableaux parcourus, que nous ne regardions ni l'un ni l'autre, nous sortîmes. A peine fûmes-nous de retour au logis, que Barbasan y arriva. Il dit qu'il avait trouvé le moyen de se dégager; que, si nous voulions de lui, il passerait la journée avec nous.

Le voilà établi dans la maison, et moi d'une gaieté qui ne m'était pas ordinaire. Tout prit une nouvelle face à mes yeux : ceux même qui ne me donnaient auparavant que de l'ennui, me faisaient naître des idées plaisantes. Je crois que Barbasan était dans la même situation. Nous étions pleins, l'un et l'autre, de cette douce joie que l'on ressent quand on commence d'aimer, et que l'on paie ensuite si chèrement.

La journée se passa comme un moment, et il en fut de même de plusieurs qui lui succédèrent; car Barbasan n'en passait plus sans nous voir. Comme je n'examinais point mes sentimens, je ne me donnais pas le tourment de les combattre. Il s'établissait cependant une intelligence entre M. de Barbasan et moi. Nous nous faisions de petites confidences sur tous ceux de la société : un coup d'œil nous avertissait l'un et l'autre que le ridicule ne nous échappait pas. Notre intérêt conduisait nos remarques : les femmes, si elles étaient jolies, attiraient mes railleries; et les hommes, surtout ceux qui voulaient être amoureux de moi, celles de Barbasan.

Je n'étais plus si pressée d'aller voir Eugénie: l'amitié devient bien faible quand on commence à être occupé de sentimens plus vifs; et, si elle reprend ses droits, ce n'est que lorsque le besoin de la confiance la rend nécessaire. Je n'en étais pas encore là. Lorsque je la revis, et que je voulus, comme à mon ordinaire, lui conter ce que j'avais fait et ce que j'avais vu de nouveau, je me trouvai embarrassée; mon cœur battit bien fort, quand il fallut nommer le comte de Barbasan. Il semblait qu'Eugénie me devinait : elle me fit plusieurs questions sur son compte; je ne pus résister au plaisir d'en dire du bien; et, dès que j'eus commencé à parler de lui, je ne sus plus m'arrêter; je parlai de sa figure, de son esprit, de sa sagesse.

Il se déguise peut-être mieux, dit Eugénie. Oh! pour cela, non, répondis-je avec vivacité; je l'ai bien examiné. Pourquoi cet examen? répliqua-t-elle. Je meurs de peur qu'il ne vous plaise plus qu'il ne faudrait. Prenez garde à vous, mon enfant : quel malheur, si vous alliez vous mettre dans la tête un homme que vous ne pouvez épouser! car je conclus, par ce que vous venez de me dire, que ce Barbasan n'est pas dans le rang où l'on vous cherche un mari : gardez votre cœur pour celui à qui vous devez le donner.

La cloche, qui l'appelait à l'église, ne lui permit pas de poursuivre; mais elle m'en avait assez dit. Quelle triste lumière elle porta dans mon âme! Je revins au logis, pensive, rêveuse; je n'avais pas le courage de m'examiner; je craignais de me connaître; je me rassurai pourtant un peu sur ce que Barbasan ne m'avait rien dit qui ressemblât à l'amour. Il ne me paraissait pas possible que je pusse aimer quelqu'un qui ne m'aurait pas aimée.

Nous allâmes à un concert où il y avait toujours beaucoup de monde; j'y portai les nouvelles pensées dont j'étais occupée. Barbasan se mit vis-à-vis de moi, et s'aperçut que j'étais distraite; il crut même que j'évitais de le regarder. Inquiet, alarmé de ce changement, il m'en demanda la cause, dès qu'il put me parler. Je n'ai rien, lui dis-je d'un air qui disait que j'avais quelque chose. Je ne suis en droit, répondit-il, ni de vous questionner, ni de me plaindre; mais, par pitié, parlez-moi.

Ces mots furent accompagnés d'un regard qui me donna l'intelligence de ce qui se passait dans nos cœurs; nous nous entendîmes dans le moment; nous gardâmes tous deux le silence; et, pour la première fois, nous nous trouvâmes embarrassés d'être ensemble. Il fut rêveur le reste de la soirée, et je continuai de l'être.

Je repassai toute la nuit ce qu'Eugénie m'avait dit. Les regards, la rêverie de M. de Barbasan, ne me laissaient plus la liberté de douter de ses sentimens : je l'eusse voulu alors ; ce doute eût été un soulagement pour moi ; je m'en serais autorisée pour ne pas examiner les miens.

Que faire? Quel parti prendre? Pouvais-je interdire à Barbasan la maison de mon père? je n'en avais pas le droit. La morale des passions n'est pas austère : je conclus que je ne devais rien changer à ma conduite, et attendre, pour m'inquiéter, que j'en eusse des raisons plus légitimes. Que savais-je ce qui pourrait arriver, et ce que la fortune me réservait?

Malgré mes résolutions, mon procédé n'était plus le même pour Barbasan, ni le sien pour moi. Nous avions perdu l'un et l'autre la gaieté qui régnait auparavant entre nous. Nous nous parlions moins : les choses que nous nous disions autrefois n'étaient plus celles que nous eussions voulu nous dire ; Barbasan n'y perdait rien ; je l'entendais sans qu'il me parlât.

Je passai quelque temps de cette sorte, dans un état qui n'était tout-à-fait bon, ni tout-à-fait mauvais. Mon père et ma mère eurent souvent alors des conférences, qui ne leur étaient pas ordinaires : il ne m'entra point dans l'esprit que j'y eusse part ; je n'y en avais cependant que trop pour mon malheur.

Je ne l'ignorai pas long-temps. Mon père

m'envoya chercher un matin. Je le trouvai seul avec ma mère, qui m'annonça la première que j'allais être mariée avec M. le marquis de N....., fils du duc du même nom. Elle eut tout le temps de me faire un étalage aussi long qu'elle voulut des avantages de ce mariage; que je serais à la cour, que j'aurais un tabouret; et, comme c'était à ses yeux le plus haut point de la félicité, elle finit par me dire : Vous êtes trop heureuse; j'ai apporté à votre père autant de bien que nous vous en donnons; j'étais plus belle que vous; voyez la différence de nos établissemens.

Mon père, tout subjugué qu'il était, se sentit piqué de cette comparaison. Mon Dieu! ma femme, lui dit-il, je connais plus d'une duchesse qui voudrait avoir autant d'argent à dépenser que vous.

Ce discours m'autorisa à marquer mes répugnances : On m'avait promis, dis-je, qu'on ne songerait à me marier qu'à dix-huit ans; je ne les ai pas encore; je ne me soucie point d'être duchesse.

Si vous ne vous en souciez pas, nous nous en soucions, nous, dit ma mère d'un ton aigre. Mais, ma mère, répondis-je, mon père dit lui-même que vous êtes plus heureuse. Votre père pense bassement, répliqua-t-elle : allez vous coiffer; je dois sortir, peut-être vous mènerai-je avec moi.

Si j'avais été seule avec mon père, je lui aurais montré ma douleur; je sentais qu'il m'aimait pour moi; j'apercevais au contraire dans ma mère une tendresse qui ne tenait qu'à elle; elle avait d'ailleurs un ton de hauteur et des manières qui m'en imposaient.

Je remontai dans mon appartement, dans un état bien différent de celui où j'en étais sortie un peu auparavant. J'avais un poids sur le cœur trop pesant pour le soutenir seule : il me fallait quelqu'un à qui je pusse parler; je n'avais qu'Eugénie, je courus chez elle.

Deux heures de peine et de trouble avaient apporté sur mon visage un si grand changement, que, dès qu'elle me vit, elle me demanda avec inquiétude si j'étais malade. Je le voudrais, répondis-je en pleurant; je crois que je voudrais être morte. Qu'avez-vous donc, mon enfant? me dit-elle. Dépêchez-vous de parler; vous me donnez une véritable inquiétude. Hélas! répliquai-je, je suis la plus malheureuse personne du monde : mon père et ma mère viennent de m'annoncer que je suis promise à à M. le marquis de N.... Que ferai-je? ma chère Eugénie, gardez-moi avec vous; j'aime mieux passer ma vie dans le couvent, que d'épouser un homme que je hais, qui ne veut de moi que pour mon bien, qui croit me faire trop d'honneur, qui me méprisera dès que je serai sa femme. Je ne suis touchée, ni de la condition, ni du rang : à quoi me servirait tout cela avec un mari qui me donnerait mille dégoûts, mille mortifications! Que je suis à plaindre! conseillez-moi, je vous en prie.

Vous obéirez, répondit Eugénie. Ah! vous ne m'aimez plus! m'écriai-je; vous voulez que je sois malheureuse! Je veux, répliqua-t-elle, que vous soyez raisonnable. Vous n'avez pas même de prétexte pour refuser le marquis de N.... Pourquoi voulez-vous qu'il vous méprise? pourquoi toutes ces chimères? êtes-vous la première fille de votre espèce qui aura été transplantée à la cour? ayez un maintien convenable; votre naissance alors, loin de vous nuire, vous servira : mettez, par votre conduite, le public dans vos intérêts, et votre mari lui-même n'osera vous manquer. Mais, répliquai-je, je le hais, et je le haïrai toujours.

Eugénie fixa quelques momens ses yeux sur moi, et m'obligea à baisser les miens. Vous craignez, me dit-elle, que je ne lise dans votre cœur. Hélas! mon enfant, j'y lis depuis long-temps : le marquis de N.... ne vous paraît haïssable que parce que Barbasan vous paraît aimable. Je ne vous en ai point parlé ; je sentais que vous vous seriez appuyée de ma pénétration pour vous justifier à vous-même vos sentimens. A quoi pensez-vous? continua-t-elle. Que voulez-vous faire de cette inclination? voulez-vous vous rendre malheureuse? car vous ne sauriez vous flatter de l'épouser.

Le nom de Barbasan, l'impossibilité d'être à lui, que je n'avais envisagée jusque-là que vaguement, me remplirent d'un sentiment si tendre et si douloureux, qu'en un instant mon visage se couvrit de larmes. Vous me faites pitié, me dit Eugénie. Parlez-moi; ne craignez point de me montrer votre faiblesse; si je vous condamne, je vous plains aussi; vous avez besoin de conseils, vous avez besoin de courage. Barbasan sait-il l'inclination que vous avez pour lui? Hélas! m'écriai-je, comment la saurait-il! je ne la sais pas moi-même. Vous a-t-il parlé? continua-t-elle. Quelle est sa conduite? quelle est la vôtre?

J'étais dans cet état où la confiance est un véritable besoin : l'amitié qu'Eugénie me marquait, m'y engageait encore; et puis le plaisir de parler de ce qu'on aime! Je contai donc avec le plus grand détail, non-seulement tout ce que Barbasan m'avait dit, mais ce que je lui avais entendu dire. Si vous saviez, ajoutai-je, combien il est raisonnable, combien il est différent des autres!

Je le crois, dit Eugénie; mais, mon enfant, ce n'est point un mari pour vous. Eh bien! répliquai-je avec vivacité, je me mettrai dans un couvent. C'est ce que vous pouvez encore moins que tout le reste, répondit-elle. Voulez-vous faire l'héroïne de roman, et vous enfermer dans un cloître, parce qu'on ne vous donne pas l'amant que vous voulez? Croyez-moi, votre douleur ne sera pas éternelle : il vous sera aisé d'oublier Barbasan; il ne faut pour cela que le bien vouloir; mais, dans un couvent, il ne suffit pas de vouloir être contente pour l'être. Gardez-vous de laisser apercevoir au marquis de N.... un dégoût qu'il ne vous pardonnerait jamais : il faut être bienséante, mais il ne faut pas être dédaigneuse.

Les discours d'Eugénie m'affligeaient et ne me persuadaient point. Je le lui reprochai en pleurant. Loin de s'offenser de mes plaintes, elle y répondit avec tant d'amitié, elle me parla d'une manière si touchante et si raisonnable, qu'elle me réduisit à lui promettre ce qu'elle voulut. Je devais fuir Barbasan, lui ôter toutes les occasions de me parler; et, si malgré mes soins il y parvenait, je devais le prier de ne plus venir chez mon père.

Cet article fut long-temps contesté; je disais que je n'en avais pas le droit. Ne vous faites pas cette illusion, me répondit-elle; si Barbasan est tel que vous me le représentez, il vous obéira; s'il est différent, il ne vaut pas le chagrin qu'il vous donne. Elle me fit promettre que je la viendrais voir, et que je ne lui cacherais rien.

Je la quittai avec une douleur de plus : elle avait porté dans mon cœur une triste lumière. Ma tendresse pour Barbasan ne me présageait que des peines; je trouvais cependant une douceur infinie à m'y abandonner; j'imaginais même du plaisir à souffrir pour ce que j'aimais.

J'étais à peine rentrée dans la maison, que madame la duchesse de N.... vint présenter son fils dans les formes. J'avais tant pleuré, que mes yeux étaient encore rouges. La duchesse en prit occasion de me dire mille fadeurs sur le bon naturel qui me faisait craindre de quitter mes parens. Savez-vous bien, dit-elle à ma mère, qu'il y a plus de mérite que vous ne pensez, d'aimer tant une mère aussi jeune et aussi jolie que vous? Et m'adressant la parole : Ne donnez pas toute cette tendresse à cette maman; je veux en avoir ma part. En vérité, poursuivit-elle, je sens que je l'aime de tout mon cœur. Elle parlait ensuite des ajustemens qui me conviendraient, et toujours par-ci par-là quelques mots de la cour.

J'écoutais tous ces discours avec le plus grand dégoût. Peut-être que malgré mes dispositions l'amour-propre qui ne perd jamais ses droits se faisait sentir, et que l'air distrait et presque ennuyé du fils y avait autant de part que les propos de sa mère. Je l'avais observé regardant tantôt sa montre, tantôt la pendule : l'heure du spectacle approchait; quelle apparence que ma vue tînt bon contre la nécessité d'y aller étaler un habit de goût qu'il avait mis ce jour-là!

La duchesse, pour prévenir quelque impatience trop marquée de son fils, finit sa visite. Je vais travailler, dit-elle en nous quittant, à la duché; je meurs d'impatience que nous finissions; il me semble que je ne tiendrai jamais assez tôt à tous vous autres; et tout de suite : mais, après tout, pourquoi attendre? Ne sommes-nous pas bien assurés que notre enfant sera duchesse?

La vanité de ma mère me servit cette fois : comme le bienheureux tabouret était l'objet de mon mariage, elle répondit à madame de N.... qu'il convenait de s'en tenir aux arrangemens dont on était d'accord, et d'attendre que l'on eût fait passer sa duché sur la tête de son fils.

Je respirai du petit délai que ce discours me

promettait. La fin de cette journée et les suivantes se passèrent comme à l'ordinaire. M. le marquis de N.... venait se montrer dans les heures où il n'avait rien de mieux à faire.

Quoique nous ne reçussions point les complimens, on parla de notre mariage. Je compris, à la tristesse de Barbasan, qu'il en était instruit : la mienne, que je ne pouvais dissimuler, dut lui apprendre aussi ce que je pensais. Je le fuyais cependant ; mais, il faut dire la vérité, moins pour le fuir que pour n'avoir pas à lui dire qu'il devait me fuir lui-même.

J'avais plus de liberté de faire ce que je voulais, depuis qu'on regardait mon établissement comme très-prochain ; j'en profitais pour rester dans ma chambre. Un jour, mon maître venait de me quitter ; j'étais dans cet état de rêverie et d'attendrissement où la musique nous jette toujours quand nous avons quelque chose dans le cœur : j'avais les yeux attachés sur un papier que je ne voyais point, quand un bruit que j'entendis m'obligea de les lever, et me fit voir Barbasan à quelques pas de moi, appuyé sur le dos d'une chaise, dans une contenance si triste, le visage si changé, qu'il m'aurait fait pitié quand je n'aurais eu que de l'indifférence pour lui.

Nous demeurâmes quelques momens sans

parler : je fis un mouvement pour entrer dans une chambre à côté, où travaillait la femme qui me servait. De grâce, un moment! me dit-il d'un air interdit. S'il n'y allait que de ma vie, je ne m'exposerais pas à vous déplaire; mais il s'agit du bonheur ou du malheur de la vôtre : le marquis de N...., que vous devez épouser, est sans caractère, sans mœurs, et affecte même les vices qu'il n'a pas : loin de connaître et de sentir sa félicité, il est assez vain, assez présomptueux pour vous croire trop honorée de porter son nom ; la fortune que vous lui apporterez ne servira qu'à accroître ses ridicules; il oubliera qu'il vous la doit, que vous en devez jouir; il en fera à vos yeux l'usage le plus méprisable.

Suis-je la maîtresse? lui dis-je en essuyant quelques larmes qui s'échappaient de mes yeux. Je ne prévois que trop les malheurs qui m'attendent. Et vous vous y soumettez! s'écria Barbasan. Vous ne ferez point d'efforts auprès d'un père qui vous aime! Soyez heureuse par pitié pour moi ; soyez heureuse pour m'empêcher de mourir désespéré. Hélas! lui dis-je, emportée par mon sentiment, je ne le serai jamais. Ah! vous le seriez, s'écria Barbasan en se précipitant à mes genoux, si la fortune ne m'avait pas traité si cruellement. Oui, un amour tel que le mien vous aurait trouvée sensible; je n'aurais connu d'autre gloire, d'autre félicité que celle de vous adorer.

Je ne sais ce que j'allais répondre quand j'aperçus le marquis de N.... à deux pas de nous, qui regagnait la porte. Il avait vu Barbasan à mes genoux; il pouvait même avoir entendu ce qu'il m'avait dit. J'en fus troublée au dernier point : Que penserait-il de moi? Et ce qui me touchait mille fois plus, qu'en penserait-on dans le monde? Je reprochai à Barbasan son indiscrétion, les chagrins qu'il m'allait attirer, et je finis par fondre en larmes.

Il était si affligé lui-même de la peine qu'il me causait, qu'il n'eut besoin pour sa justification que de sa douleur. Je lui avais dit d'abord avec vivacité de sortir de ma chambre; quoique je continuasse de le lui dire, ce n'était plus du même ton. Le cœur fournit toutes les erreurs dont nous avons besoin.

Cette aventure, qui aurait dû lui nuire auprès de moi, produisit un effet tout contraire. Je trouvais que nous avions une affaire commune : je vins à raisonner avec lui des suites qu'elle pourrait avoir, de la conduite que je devais tenir. Je me flattais que mon mariage serait rompu. Je n'ose l'espérer, me disait-il : le marquis de N.... n'a ni assez d'amour ni assez d'honneur, pour avoir de la délicatesse.

Le peu d'amour du rival amenait naturellement des protestations de la vivacité du sien. Enfin, je ne sais comment tout cela s'arrangea dans ma tête, mais il me sembla que je pouvais l'écouter; et, avant que de nous quitter, je lui promis de lui rendre compte du tour que prendrait cette affaire. Je voulais qu'il fût quelques jours sans paraître dans la maison. Il ne voulut jamais y consentir : la prudence exigeait au contraire, disait-il, qu'il ne parût aucun changement dans sa conduite. La mienne était bien déraisonnable; mais j'avais dix-sept ans, le cœur tendre, une inclination naturelle pour Barbasan, et une aversion invincible pour le marquis de N....

Il vint souper comme à son ordinaire. Si j'avais pu douter qu'il avait vu Barbasan à mes genoux, son air et sa contenance m'en auraient fait douter : il me parla avec la même aisance, il attaqua Barbasan de conversation; loin d'avoir de l'aigreur, il fut au contraire toujours de son avis.

Nous nous disions des yeux la surprise que cette façon d'agir nous causait : je m'imaginais que c'était par bon procédé et par ménagement pour moi qu'il voulait rompre sans éclat. Il me paraissait alors digne de mon estime; mais je changeai bien de sentiment quand j'appris, deux jours après, qu'il pressait la conclusion de notre mariage plus que jamais, et qu'il mettait tout en usage auprès de ma mère, pour qu'elle ne s'obstinât plus à attendre que la duché fût sur sa tête.

Une conduite si indigne me redonna, avec l'éloignement que j'avais pour lui, le mépris le plus profond. Je me fis une nécessité de consulter Barbasan sur ce que j'avais à faire. Il avait si bien démêlé le caractère du marquis de N...., qu'il ne pouvait manquer de me donner des avis utiles.

Avec quelle rapidité les passions nous emportent, dès que nous leur avons cédé le moins du monde! Je me trouvai en intelligence avec mon amant : je lui entendais dire qu'il m'aimait; je lui laissais voir une partie de mes sentimens : je croyais qu'il m'était permis de lui parler en particulier; que la bienséance n'en serait point blessée; qu'il suffisait que j'eusse une femme avec moi; et cette femme, j'avais pris soin de la mettre dans mes intérêts. J'eus donc plusieurs conversations avec Barbasan ; il trouvait toujours quelques prétextes pour les rendre nécessaires; il faut avouer qu'elles me le paraissaient autant qu'à lui.

Nous résolûmes que je parlerais à mon père;

que je lui montrerais toute ma répugnance. Il est né, disait Barbasan, avec les meilleurs sentimens du monde : ses entours n'ont gâté en lui que l'extérieur, il lui reste un fonds de raison, qui pourra prendre le dessus. Il m'est souvent venu en pensée, continua-t-il, d'acquérir son amitié et celle de madame votre mère, par les mêmes voies que d'autres les ont acquises ; mais mon cœur y a toujours répugné. C'était, d'ailleurs, vous manquer d'une manière indigne, que de travailler à augmenter des ridicules dont vous gémissez.

Les sentimens vertueux que Barbasan faisait paraître n'étaient pas perdus pour lui : je m'en faisais une excuse de ma faiblesse.

Mon père se levait toujours assez matin; je pris ce temps pour lui parler. Il fut étonné de me voir de si bonne heure. Je me mis d'abord à ses genoux, je lui pris la main, je la baisai plusieurs fois sans avoir prononcé une seule parole. Qu'avez-vous, me dit-il, mon enfant? Parlez-moi, vous savez que je vous aime. Ah! mon père, m'écriai-je, c'est ce qui soutient ma vie; c'est ce qui me donne de l'espérance. Non, vous ne me rendrez pas la plus malheureuse personne du monde! vous ne me forcerez pas d'épouser le marquis de N.... Mon père, continuai-je, en lui baisant encore la main, que je tenais toujours, et en la mouillant de quelques larmes, prenez pitié de votre fille!

Vous me faites de la peine, me dit-il d'un ton plein de bonté; remettez-vous, mon enfant. Mais pourquoi avez-vous tant d'aversion pour le marquis de N....? Est-ce qu'il ne vous aimerait pas? Il fait cent fois pis, répliquai-je, il me donne lieu de le mépriser; je suis sûre aussi qu'il n'a point d'estime pour moi; et, ce qui achève de le dégrader dans mon esprit, il n'a nul besoin d'estimer une fille dont il veut faire sa femme.

Où prenez-vous tout cela? dit mon père. Je n'en suis que trop sûre, répondis-je. Il allait sans doute me presser de lui dire quelles étaient ces sûretés, et je crois que je lui aurais avoué tout de suite mon inclination pour Barbasan, quand un homme, de ses amis, vint lui parler d'une affaire pressée. Mon père m'embrassa, et n'eut que le temps de me dire : Votre mère m'embarrasse, tâchez de la gagner.

Je l'aurais tenté inutilement; mais la manière dont mon père avait parlé, me donna du courage : je restai persuadée que, s'il n'avait pas la force de s'opposer aux volontés de ma mère, du moins il me pardonnerait de lui désobéir. Je rendis compte de tout à Barbasan; car je ne faisais rien sans le lui dire; nos intérêts étaient devenus les mêmes. Je n'avais pourtant encore osé lui avouer que je me gardais pour lui ; mais sur cela, comme sur beaucoup d'autres choses, nous nous entendions sans nous parler.

Cependant les préparatifs des noces se faisaient. Le marquis de N.... ne prenait point le dégoût que je tâchais de lui donner, et fermait les yeux sur l'intelligence de M. de Barbasan et de moi, et que, loin de lui cacher, je lui montrais au-delà de ce qu'elle était. Je touchais au moment d'éclater, quand j'en fus délivrée par un événement bien triste et bien douloureux.

Mon père, dont la santé avait toujours été admirable, fut attaqué d'une fièvre qui résista à tous les remèdes. Les amis et les parens firent des merveilles les premiers jours ; mais la longueur de la maladie les lassa. L'antichambre, qui était pleine, du matin au soir, de ceux qui venaient savoir des nouvelles du malade, se vida insensiblement. Ma mère tint bon assez longtemps ; mais enfin elle se lassa comme les autres ; elle recommença à recevoir du monde, à donner à souper ; et, pour y être autorisée, on ne manquait pas de dire que le mal de mon père n'était pas dangereux, qu'il ne lui fallait que du repos. Les médecins, pour plaire à ma mère, tenaient le même langage ; mais ils ne pouvaient me rassurer : un pressentiment secret, la tristesse profonde dont j'étais dévorée, m'avertissaient de mon malheur.

J'étais cependant obligée de me montrer au souper ; ma mère le voulait, et je ne voulais pas moi-même ajouter encore à l'indécence de sa conduite, par en avoir une tout opposée. Je prenais sur mon sommeil pour remplacer les heures que ces considérations m'obligeaient de passer hors de la chambre de mon père : j'avais obtenu de coucher dans un cabinet qui y touchait. Dès qu'il n'y avait auprès de lui que ceux qui devaient y passer la nuit, je me relevais pour obéir à mon inquiétude, et pour lui rendre des soins dont il me semblait que personne ne pouvait s'acquitter comme moi.

Un soir que je lisais auprès de lui, pour tâcher de lui procurer quelque repos, je m'aperçus qu'il souffrait plus qu'à l'ordinaire. Son état, dont les suites me faisaient frissonner, me saisit au point que, quelques efforts que je fisse, mes larmes coulèrent, et que je fus contrainte d'interrompre ma lecture.

Mon père demeura quelque temps dans le silence; et, me tendant ensuite la main : Ne vous affligez point, mon enfant, me dit-il : il faut se soumettre : ma vie est entre les mains de Dieu ; il m'a fait la grâce de me donner le temps de me reconnaître. La longueur de ma maladie m'a familiarisé avec la mort. Je ne regrette que vous, ma chère Pauline; je vous laisse dans l'âge où les passions ont le plus d'empire : vous n'avez que vous pour vous conduire; votre mère est plus capable de vous égarer que de vous guider: que ne pouvez-vous voir les choses de l'œil dont je les vois présentement! mais les ai-je vues ainsi moi-même dans la santé? il a fallu toucher au moment où tout disparaît, pour en sentir le néant. A quoi m'ont servi ces richesses accumulées avec tant de soin? L'usage que j'en ai fait a été perdu même pour le plaisir. Une vue confuse de ce que j'étais, de ce qu'on pensait de moi, a répandu sur ma vie une amertume qui m'a tout gâté; mais ces avertissemens secrets avaient moins de pouvoir que ma femme. Pouvais-je lui résister? elle m'aimait alors; je l'adorais. Hélas! poursuivit-il avec un soupir, c'est parce que je l'adorais qu'il eût fallu lui résister! je l'ai livrée aux conseils pernicieux que donnent les exemples, et je meurs de la malheureuse certitude où je suis qu'elle les a trop suivis. Que m'importe après tout! continua-t-il en essuyant quelques larmes; c'est une raison de plus pour mourir sans faiblesse.

Ah! mon père, m'écriai-je en me jetant à genoux auprès de son lit, et en prenant ses mains que je baignais de mes larmes, par pitié pour moi, écartez des idées qui me tuent! Voulez-vous m'abandonner? Que ferais-je! que deviendrais-je sans vous! La douleur me suffoquait : je restai la tête penchée sur le bord du lit.

Mon père m'embrassa : Votre affliction, ma fille, me dit-il, me fait encore mieux sentir le procédé des autres. Elle m'a pourtant aimé, ajouta-t-il; mais elle ne m'aime plus. Vous ne devez pas craindre qu'elle vous presse à l'avenir pour le marquis de N.... Je prévois ses desseins pour vous, ma chère Pauline; ne prenez, s'il vous est possible, un mari que du consentement de votre raison : défiez-vous de votre cœur; ou, si vous l'écoutez, promettez-moi du moins de mettre à l'épreuve celui qu'il nommera : je vais vous en donner le moyen. Voilà un petit portefeuille qui contient presque tout mon bien : celui qui paraîtra après ma mort ne sera pas assez considérable pour que l'on songe à vous épouser par des vues d'intérêt. Si c'est un homme d'un rang élevé, vous récompenserez sa générosité et son amour en lui découvrant vos richesses : il vous en aimera davantage de lui avoir donné lieu, en les lui cachant, de s'être montré à vous par un si beau côté. Si, au contraire, celui que vous choisirez est d'une condition et d'un état médiocre, vous aurez le plaisir sensible, et qui t-être est le plus grand de tous, de faire la une de ce que vous aimerez.

Ion père, en me parlant, me présentait tours ce portefeuille, ou plutôt ce trésor; car était véritablement un. Loin de le prendre, ne levai et m'écartai du lit. Il me semblait l'accepter c'était me donner une certitude malheur qui me menaçait, que c'était avance fatal instant. Frappée de cette idée, je is de la chambre avec la même promptitude e même saisissement que si un précipice se ouvert devant moi. La douleur me suffoqua; ai me jeter sur un lit, où je donnai un licours à mes larmes. J'ai eu bien des malrs : je ne sais cependant si j'ai eu des mois plus douloureux que celui-là.

Ion père, qui ne me vit plus, éveilla une le qui était endormie, et m'envoya dire de enir. Je ne pouvais m'y résoudre; je demans'il se trouvait plus mal : Non, me dit la le, mais il souhaite que vous lisiez.

e n'étais nullement en état de lire; mes yeux ent remplis de larmes, et les sanglots me oquaient. On dit à mon père, pour me donle temps de me remettre, que j'étais montée s mon appartement : il ordonna qu'on vînt chercher. Je remis mon visage, et j'assurai contenance le mieux qu'il me fut possible.

Ce portefeuille, que mon père tenait toujours, m'obligeait à me tenir écartée du lit.

Approchez-vous, approchez-vous, me dit mon ère; ne vous obstinez plus, si vous ne voulez e fâcher et me rendre plus malade; prenez ce ue je vous donne. Non, mon père, lui dis-je, e ne m'y résoudrai jamais; vous me percez le œur de la plus vive douleur; vous voulez donc ourir! Mon Dieu! que je suis misérable! Eh ien, répondit mon père, prenez ceci comme n dépôt que je vous confie : mon intérêt et on honneur exigent qu'il soit entre vos mains: ous me le remettrez si Dieu me rend la santé; t, s'il dispose de moi, vous exécuterez ce qui est ontenu dans un mémoire écrit de ma main. Preez les mesures les plus sages pour que ceux à ui vous ferez remettre les sommes que je marue, ne puissent savoir de qui elles viennent; ls verraient trop que ce sont des restitutions: e mériterais d'en avoir la honte; mais elle e serait plus pour moi; vous l'auriez toute eule, vous qui ne la méritez pas. Allez tout à 'heure, ma chère Pauline, poursuivit-il en ettant le portefeuille dans mon sein, et en me orçant absolument de le prendre; enfermez eci; n'en parlez à personne, et laissez-moi reoser; j'en ai besoin.

Il fallut obéir. Les dernières paroles de mon

père avaient même diminué ma répugnance. Je voyais que les ordres qu'il me donnait ne pouvaient être confiés qu'à moi ; mais ma douleur n'en était pas soulagée ; je souffrais au contraire une espèce de peine. Plus j'aimais mon père, plus il me marquait de confiance et de bonté, et plus il faisait pour moi, plus je m'affligeais qu'il eût des reproches à se faire.

Comme c'était à peu près le temps où je prenais quelques heures pour me reposer dans mon lit, je me couchai, non pour chercher du repos (j'en étais bien éloignée), mais pour pleurer en liberté.

Ma mère achevait encore de m'accabler ; je ne pouvais douter, par ce que je venais d'entendre, qu'elle ne fût l'unique cause de l'état où était mon père : cependant elle était ma mère ; je devais l'aimer et la respecter. Comment accorder ce devoir avec l'éloignement que je prenais, malgré moi, pour elle? Je résolus du moins de me rendre maîtresse de mon extérieur, et de garder pour moi seule les connaissances que j'avais acquises. Barbasan lui-même ne fut pas excepté du silence que je m'imposai : il faut tout dire, un retour d'amour-propre ne me permettait pas de lui montrer quelqu'un à qui je tenais d'aussi près, par un côté si désavantageux.

Mon père parut mieux pendant plusieurs jours; j'en avais une joie digne de ce qu'il avait fait pour moi : ce pauvre homme en était touché; et, pour ne pas la troubler, paraissait prendre des espérances dont il était fort éloigné. J'étais souvent seule auprès de lui; il en profitait pour me dire des choses tendres, et pour me donner des avis utiles : son sens droit, ses vertus naturelles agissaient alors sans obstacle. Vous trouverez des ingrats, me disait-il. Que vous importe? la reconnaissance est l'affaire des autres; la vôtre est de faire le bien que vous pouvez; il le faudrait même pour le plaisir. Je n'ai de ma vie eu d'instant plus délicieux que celui où je rendis un service considérable à un homme que j'aimais : il l'ignora long-temps : il eût pu l'ignorer toujours, sans que j'y eusse rien perdu; la satisfaction de m'en estimer davantage me suffisait. Je rapporte ce discours, parce qu'on verra dans la suite dans quel cas je m'en suis autorisée.

Barbasan n'avait pas imité les commensaux de la maison : il s'informait avec intérêt de la santé de mon père; et, quand il lui était permis de le voir, il demeurait dans sa chambre aussi long-temps qu'il le pouvait. Il y avait d'autant plus de mérite, que ses soins étaient presque perdus pour lui : ma tendresse pour mon père faisait taire tout autre sentiment ; Barbasan s'en plaignait avec une douceur charmante. Vous n'êtes occupée que de votre père, me disait-il ; à peine vous apercevez-vous que je vous vois, que je vous parle ; je m'en afflige ; je ne sais cependant si je vous voudrais autrement : tout ce qui augmente l'estime que j'ai pour vous, tout ce qui confirme l'idée de perfection que je me suis formée de votre caractère, satisfait mon cœur.

Après quelques jours d'espérance, non-seulement je retombai dans mes craintes, mais j'eus la cruelle certitude que mon père ne pouvait en revenir. Il languit encore quelque temps, et mourut avec la résignation d'un homme pénétré des vérités de la religion, et avec la constance d'un philosophe. On nous conduisit, ma mère et moi, chez une de ses parentes : j'étais pénétrée de la plus vive douleur ; ma mère, au contraire, avait peine à garder les dehors que la bienséance exige, et je m'affligeais encore de ce que j'étais seule affligée. Lorsque ma mère retourna dans la maison, je ne voulus point y retourner : je demandai la permission d'aller avec Eugénie. On me l'accorda sans peine : j'étais devenue un témoin, pour le moins, incommode.

Me voilà donc encore une fois dans le couvent; mais, comme je n'étais plus un enfant, et que je n'y étais que parce que je voulais y être, j'eus un appartement particulier. Eugénie avait seule inspection sur ma conduite : je me soumis sans peine à une autorité que je lui avais donnée moi-même, et qui était exercée par l'amitié.

Les motifs qui m'avaient rendue discrète avec le comte de Barbasan ne subsistaient pas avec Eugénie; aussi ne lui cachai-je rien de ce que mon père m'avait donné lieu de soupçonner. Il y a long-temps, me dit-elle, que je vous en aurais parlé, si je n'avais cru qu'il convenait de vous laisser ignorer les choses dont il ne vous est pas permis de paraître instruite.

Je ne fus pas plus mystérieuse sur le portefeuille : nous l'ouvrîmes ensemble, non par impatience de jouir de ce qu'il contenait : je me dois le témoignage que je n'avais sur cela ni désirs, ni empressemens; je regardais, au contraire, ce bien comme un dépôt que je ne devais remettre qu'aux conditions que mon père m'avait marquées; mais j'étais pressée d'exécuter les ordres qu'il m'avait donnés. Le secours, et surtout les conseils d'Eugénie m'étaient nécessaires : les sommes furent remises à ceux à qui elles appartenaient.

Tout le monde fut étonné du peu de bien qui

parut dans la succession. Il ne fut plus question du marquis de N.... ; il ne garda pas même avec moi les dehors de la politesse : une simple écriture à la porte de mon couvent, pour lui et pour sa mère, mit fin à ses prétentions.

Le marquis de Crevant se montra plus long-temps; mais ses soins faisaient si peu d'impression sur moi, que je n'ai pas daigné en faire mention : j'étais cependant bien aise qu'il m'aimât assez pour en faire un sacrifice à Barbasan. Je ne l'avais point encore vu depuis que j'étais dans le couvent; je demandai à Eugénie s'il ne m'était pas permis de le recevoir. Vous seriez bien fâchée, me dit-elle, si je vous disais non; mais, après tout, je suis bien aise d'examiner son esprit, son caractère; si je ne le trouve point tel que vous me l'avez dépeint, je ne ferai grâce ni à l'un ni à l'autre, et je n'oublierai rien pour vous séparer.

Je n'étais point alarmée de cet examen. Barbasan pouvait-il manquer de plaire? Le cœur me battit cependant quand on vint m'annoncer qu'il était au parloir. Nos opinions, nos sentimens même cherchent encore à s'appuyer de l'approbation des autres. J'apportais à la contenance et aux discours de Barbasan une attention que je n'avais point eue jusque-là; j'allais au-devant de ses paroles; je crois que je l'aurais dispensé de m'aimer dans ce moment, et qu'il m'eût suffi qu'il se fût montré digne d'être mon amant. Il m'adressait inutilement la parole : attentive à l'examiner, je ne lui répondais point; ce silence, si obligeant, s'il en avait su le motif, le toucha sensiblement; il n'eut plus la force de soutenir la conversation; j'y pris part à la fin, pour le faire parler; mes yeux lui dirent ce qu'ils lui disaient toujours : il n'en fallut pas davantage pour lui rendre la liberté de son esprit; il s'efforça de plaire à Eugénie, et il y réussit.

Malgré le plaisir que j'avais de le voir, j'avais une vraie impatience que la visite finît, pour l'entendre louer tout à mon aise. Ai-je tort? dis-je à Eugénie, dès que nous fûmes seules. Vous ne m'en feriez pas la question, répliqua-t-elle, si vous n'étiez assurée de ma réponse. Il est vrai qu'il est aimable; et, ce que j'estime bien davantage, il a l'air d'un honnête homme; et peut-être n'est-il qu'un bon comédien. Ah! m'écriai-je, cette pensée est bien injuste! et vous êtes cruelle de me la présenter. Je fais, dit Eugénie, le personnage de votre raison. Quel malheur pour vous si cet esprit, si ces grâces, enfin si ces dehors séduisans cachaient des vices! Il ne faudrait pas même de vices; des défauts dans l'humeur, de la légèreté, de l'inconstance, suffiraient pour vous rendre malheureuse. Non, ma chère Eugénie, il n'a rien de tout cela, lui dis-je en l'embrassant. Promettez-moi que vous ne serez point contre lui. Promettez-moi aussi, répondit-elle, de ne prendre aucun parti sans mon aveu, et de m'en croire sur l'examen que je ferai de votre amant. Je lui promis tout ce qu'elle voulut, et je le promis de bonne foi. Croit-on courir quelque risque de laisser examiner ce qu'on aime!

Voilà donc Barbasan établi dans mon parloir; il y passait les journées presque entières; l'amour répandait sur nos moindres occupations ce charme secret qu'il répand sur tout; et, quand je ne le voyais plus, je subsistais de cette joie douce dont il avait rempli mon cœur.

Ma mère venait me voir fort rarement : malgré ce que nous étions l'une à l'autre, nous ne nous tenions presque plus. Je ne pouvais être alors un objet d'ambition : mon bien paraissait trop médiocre pour faire un mariage brillant. Je n'étais donc qu'une grande fille, propre seulement à déparer une mère et à la vieillir. Mes dispositions n'étaient pas plus favorables : ce que mon père m'avait dit ne me sortait point de la tête.

La conduite de ma mère ne le justifiait que

trop. Ses liaisons avec le marquis de N...., dont je ne pouvais plus être le prétexte, commencèrent à faire du bruit dans le monde. Elle avait formé apparemment le dessein de l'épouser, dès qu'elle avait espéré de devenir libre. Quand le temps d'exécuter son projet fut venu, elle me tint de ces sortes de discours vagues qui ne signifient rien, et qui mettent pourtant en droit de vous dire : Je vous l'avais dit.

J'appris, à quelques jours de là, que le mariage était fait. Mon tuteur eut ordre de m'en instruire. Cet homme, qui avait eu son éducation chez mon père, et qui y avait fait une espèce de fortune, m'aimait comme si j'eusse été sa fille, et s'affligeait d'un événement qui, selon lui, me faisait grand tort. Mon insensibilité le consola, et surtout la ferme résolution où je lui parus de rester dans mon couvent. Hélas! elle ne me coûtait guère. Quel lieu plus agréable que celui où je voyais ce que j'aimais!

Le mariage de ma mère, qui ne me touchait pas pour moi, me toucha cependant par un autre endroit; il me rappelait la mort de mon père; ce père qui m'aimait si tendrement; l'avais-je assez pleuré? Je me reprochais, et je reprochais à Barbasan d'avoir trop tôt séché mes larmes. Vous m'avez arraché, lui disais-je, une douleur légitime. Que sais-je si vous ne m'en donnerez point quelque jour que je devrai me reprocher! Mon Dieu! de quelle façon il me répondait! quelles expressions! quelle vivacité! quelle douleur que je pusse former des doutes! Il fallait, pour arrêter ces plaintes, lui demander pardon. Je le demandais avec un plaisir que la douceur de me soumettre à ce que j'aimais augmentait encore.

J'avais dit à Eugénie que je me destinais à Barbasan; mais je n'avais encore osé le lui dire à lui-même. Le mariage de ma mère amena la chose naturellement. Après en avoir raisonné avec lui, je conclus que j'en étais plus libre : il baissait les yeux; son air était tendre et embarrassé; il n'osait parler. Je vous entends, lui dis-je, entendez-moi aussi : aurais-je reçu vos soins? vous aurais-je laissé voir ce qui se passe dans mon cœur?... La joie de Barbasan ne me permit pas de poursuivre; il tomba à mes genoux : quels ravissemens! quels transports! de combien de façons il m'exprimait sa reconnaissance!

Ce bonheur qui le ravissait était encore éloigné; il fallait attendre que j'eusse vingt-cinq ans, et je n'en avais que vingt. Qu'importe? dit Barbasan à Eugénie, qui voulut lui en faire faire la réflexion; je la verrai, je l'aimerai, je lui serai soumis : en faut-il davantage! Vous éprouverez mon cœur, me disait-il, j'en aurai plus de droits sur le vôtre. Hélas! il n'en avait pas besoin; une inclination naturelle, que loin de combattre je cherchais même à fortifier, lui donnait ce droit qu'il voulait acquérir. Quel temps heureux que celui que je passais alors! J'étais contente de ce que j'aimais; et, ce qui me flattait encore plus, il l'était de moi.

Notre bonheur se soutint pendant quelques mois; mais il était trop parfait pour pouvoir durer. La fortune commença à se déclarer contre moi par la grossesse de ma mère. J'allais tenir par-là à la famille de mon beau-père. Il ne convenait pas de me laisser maîtresse de ma destinée. Mon bien, tout médiocre qu'il était, excitait ses désirs; il reviendrait aux enfans de ma mère, supposé que je pusse rester fille. Il fallait pour cela éloigner tous les mariages, et surtout celui de Barbasan.

Le commandeur de Piennes, qui avait pris beaucoup d'amitié pour moi, vint m'avertir qu'on me préparait des traverses. M. le duc de N...., me dit-il, sait vos liaisons avec Barbasan; il s'en autorisera, pour exercer son pouvoir. Ne vous y trompez pas, ajouta-t-il; il peut très-bien obtenir un ordre qui vous séparerait de votre amant, peut-être pour jamais.

Ce discours, qui me glaçait de crainte, me fit voir tout possible. Je résolus, par le conseil du commandeur, que je ne verrais Barbasan que rarement. La difficulté fut de l'y déterminer : il se moquait de ma prudence; c'était se donner, disait-il, le malheur qu'on me faisait appréhender; il était, d'ailleurs, si indigné contre mon beau-père, que j'eus besoin de toute mon autorité, pour l'empêcher de faire quelque folie.

Il me dit, à quelque temps de là, que la nécessité de terminer une affaire qui lui importait l'obligerait de faire un petit voyage du côté de Chartres. La veille du jour où il avait fixé son départ, nous eûmes une peine extrême à nous quitter. Barbasan revint deux ou trois fois de la porte; il lui restait toujours quelque chose à me dire.

Un valet de chambre, qui était auprès de lui depuis son enfance, m'apportait tous les matins une lettre : je ne devais pas douter qu'il ne vînt le lendemain à l'heure ordinaire, puisque son maître devait attendre son retour pour monter à cheval; je lui répétai cependant, une infinité de fois, de ne pas manquer à me l'envoyer. Je me levai plus matin qu'à l'ordinaire. J'allai chercher Eugénie, uniquement pour lui parler du chagrin où j'étais de ce que Barbasan serait quelques jours absent.

L'heure où j'avais accoutumé d'attendre son homme n'était pas encore venue, que je m'impatientais de ce qu'il ne paraissait point. Ce fut bien autre chose, quand cette heure et plusieurs autres furent passées. Mon laquais, que j'envoyai aux nouvelles, après s'être fait attendre deux autres heures, qui me parurent deux années, vint me dire qu'il n'avait trouvé personne.

Je passai, de cette sorte, dans une agitation qui ne me permettait pas d'être un moment dans la même place, une grande partie de la journée. Quelqu'un vint alors avertir Eugénie qu'on la demandait à mon parloir. Cette nouveauté acheva de m'alarmer; j'y courus; j'y trouvai le vieux valet de chambre. Où est votre maître? lui dis-je d'une voix tremblante. Ah! s'écria-t-il, tout est perdu!....

Ces paroles, qui me portèrent dans l'esprit les idées les plus funestes, furent les seules que j'entendis. Je me laissai tomber sur ma chaise, sans aucun sentiment. Eugénie vint à mon secours, et me fit porter dans ma chambre. Elle apprit de ce garçon, que Barbasan n'avait point paru le soir; qu'après l'avoir attendu toute la nuit, il avait été le chercher dans les endroits où il pouvait en apprendre des nouvelles; qu'à son retour dans la maison, il avait trouvé un de ses amis qui venait l'avertir que son maître s'était battu contre le marquis du Fresnoi; qu'il l'avait tué sur la place, et qu'on ne savait où il s'était réfugié. Les soins que Beauvais (c'est le nom du valet de chambre) s'était donnés pour en savoir davantage avaient été inutiles.

Ces nouvelles, tout affligeantes qu'elles étaient, ne laissèrent pas, quand je les appris, de me donner de la consolation. La mort de Barbasan, qui m'était d'abord venue dans l'esprit, et qui avait fait une telle impression sur moi que je fus plusieurs heures sans connaissance, me fit regarder un moindre mal comme un bien; mais, lorsque, revenue de ma première impression, je réfléchis sur cette aventure, je fus dans un état peu différent de celui où j'avais été d'abord.

J'eus recours au commandeur de Piennes, pour avoir quelque éclaircissement. Il revint le même jour; et, malgré les ménagemens qu'il tâcha d'employer, il me perça le cœur par son récit.

Barbasan s'était retiré dans une maison de sa connaissance, et comptait en sortir la nuit, pour prendre la poste; mais il avait été arrêté dans le moment qu'il se disposait à partir. Le commandeur de Piennes ajouta qu'il allait mettre tout en usage pour faire disparaître les témoins.

Que l'on juge, s'il est possible, quelle nuit je

passai : tout ce qu'il y a de plus noir, de plus tragique, se présentait à mon imagination. Eugénie ne me quitta point. Elle avait trop d'esprit et de sentiment pour chercher à adoucir ma peine par de mauvaises raisons; elle s'affligeait avec moi, et me donnait par-là la seule consolation dont j'étais susceptible.

Le commandeur vint, comme il me l'avait promis. Son visage triste et son air consterné portèrent la terreur dans mon âme. On avait plus de preuves qu'il n'en fallait : les témoins venaient de toutes parts. Le nombre, ajouta le commandeur, est trop grand, pour qu'il puisse être vrai; leurs dépositions seront contestées, et nous gagnerons du temps.

Quoique j'eusse pleuré tout le temps que le commandeur avait été avec moi, sa présence, ses discours m'avaient cependant un peu soutenue; dès que je ne le vis plus, loin de conserver quelque espérance, je ne comprenais pas même que j'eusse pu en concevoir.

Cette nuit fut mille fois plus affreuse que toutes les précédentes; je tressaillais d'horreur de ce qui pouvait arriver. Cette idée faisait une telle impression sur moi, que je ne pouvais même en parler à Eugénie. Je crois que je serais morte, de prononcer les mots terribles d'échafaud et de bourreau. Ce que je sentais alors a laissé de si profondes traces dans mon esprit, qu'après quarante ans, je ne puis le penser et l'écrire sans émotion.

J'avais appris, par le commandeur de Piennes, que de mauvais discours, tenus sur mon compte par le marquis du Fresnoi, avaient engagé Barbasan à l'appeler en duel. Cette circonstance n'ajoutait cependant rien à ma douleur. Est-il besoin, pour sentir les malheurs de ce qu'on aime, de les avoir causés?

N'étais-je pas assez malheureuse! non, il fallait que j'eusse encore à trembler pour un danger plus prochain.

J'appris que Barbasan était malade à l'extrémité, et qu'il refusait tous les secours. Que faire? Aller lui dire moi-même qu'il me donnait la mort? Le commandeur et Eugénie s'opposèrent de toutes leurs forces à cette résolution : mais ils me virent dans un si grand désespoir, qu'ils se trouvèrent forcés d'y consentir, et même de m'aider.

Le commandeur engagea une dame de ses amies, qui avait soin des prisonniers, de me mener avec elle. Il m'annonça sous un faux nom, et me supposa proche parente de Barbasan. On devait me venir prendre le lendemain matin. Jamais nuit ne me parut si longue; j'en comptais les minutes; et, comme si ma diligence eût avancé le jour, j'étais prête plusieurs heures avant que le commandeur fût venu.

Nous allâmes ensemble : ma tristesse paraissait si profonde, il y avait en ma personne une langueur si tendre, que la dame fut d'abord au fait des motifs de ma démarche. Elle n'en fut que plus disposée à me servir : les femmes, en général, ont toujours de l'indulgence pour tout ce qui porte le caractère de tendresse, et les dévotes en sont encore plus touchées que les autres. Celle-ci avait de plus, pour prendre part à mes peines, le souvenir d'un amant que la mort lui avait enlevé.

Je parvins, bien cachée dans mes coiffes, jusqu'à une chambre, ou plutôt un cachot, qui ne recevait qu'une faible lumière d'une petite fenêtre très-haute, et grillée avec des barreaux de fer qui achevaient d'intercepter le jour. Barbasan était couché dans un mauvais lit, et avait la tête tournée du côté du mur. La dame s'assit sur une chaise de paille, qui composait tous les meubles de cette affreuse demeure.

Après quelques momens et quelques mots de consolation au malade, elle se leva pour aller visiter d'autres prisonniers, et me laissa seule auprès de lui. Il s'était mis sur son séant, pour remercier la personne qui lui parlait. J'étais debout devant son lit, tremblante, éperdue, abîmée dans mes larmes, et n'ayant pas la force de prononcer une parole. Barbasan fixa un moment les yeux sur moi, et me reconnut. Ah! mademoiselle, que faites-vous? s'écria-t-il.

Les larmes, qu'il voulut en vain retenir, ne lui permirent pas d'en dire davantage. Les moindres choses touchent de la part de ce qu'on aime, et l'on est encore plus sensible dans les temps de malheur. Ce titre de *mademoiselle*, qui était banni d'entre nous, me frappa d'un sentiment douloureux. Je ne suis donc plus votre Pauline? lui dis-je en lui prenant la main, et la lui serrant entre les miennes; vous voulez mourir! vous voulez m'abandonner!

Sans me répondre, il baisait ma main et la mouillait de ses larmes. A quel bonheur, dit-il enfin, faut-il que je renonce! Oubliez-moi, poursuivit-il en poussant un profond soupir; oui, je vous aime trop pour vous demander un souvenir qui troublerait votre repos. Ah! m'écriai-je à travers mille sanglots, par pitié pour moi, mon cher Barbasan, conservez votre vie; c'est la mienne que je vous demande. Hélas! ma chère Pauline, répliqua-t-il, songez-vous à la destinée qui m'attend? songez-vous que je vous perds, vous que j'adore, vous qui seule m'attachez à la vie? Qu'importe après tout, continua-t-il après s'être tu quelques momens, de quelle façon je la finisse! je vous aurai du moins obéi jusqu'au dernier moment.

La dame avec qui j'étais venue rentra : elle avait fait apporter un bouillon; je le présentai à Barbasan; il le prit en me serrant la main : nous n'étions ni l'un ni l'autre en état de parler; nos larmes nous suffoquaient. Hélas! je pensai dans ce moment que nous nous voyions peut-être pour la dernière fois.

Ma dévote, à qui je faisais pitié, baissa elle-même mes coiffes, me prit sous le bras, m'entraîna hors de cette chambre, et me fit monter dans son carrosse. Nous fîmes en silence le chemin jusque chez elle, où le commandeur de Piennes et ma femme de chambre m'attendaient. La fièvre me prit dès la même nuit avec beaucoup de violence. Je fus à mon tour pendant plusieurs jours entre la vie et la mort. Mon mal, tout grand qu'il était, ne prit rien sur le sentiment dominant : uniquement occupée de Barbasan, j'en demandais des nouvelles à chaque instant.

Eugénie ne quittait le chevet de mon lit que pour s'en informer : elle ne me disait que ce qui lui paraissait propre à calmer mes inquiétudes, et elle ne les calmait point : je me faisais des sujets d'alarmes d'un geste, d'un mot, d'un air un peu plus triste que j'apercevais sur son visage :

enfin, après quinze jours, j'eus la certitude de la guérison de Barbasan. La mienne en dépendait. Mais, dès que je n'eus plus à craindre les suites de sa maladie, je repris toutes mes alarmes sur sa malheureuse affaire. La prison où je l'avais vu augmentait encore ma sensibilité et mon attendrissement.

Le commandeur de Piennes y mit le comble par ce qu'il vint m'apprendre. La procédure était poussée avec une vivacité qui décelait un ennemi secret; cet ennemi était mon indigne beau-père. On comprend, sans que je le dise, les raisons qu'il avait de haïr Barbasan. Je m'étonne encore comment je ne mourus pas sur-le-champ, quand le commandeur m'annonça cette affreuse nouvelle. Il n'y a d'autre ressource, me dit-il, que de gagner le geôlier et de faire sauver Barbasan.

L'argent en était le seul moyen : celui que mon père m'avait laissé pouvait-il être mieux employé! Je remis au commandeur une somme très-considérable; et, quoiqu'il ne cessât de me répéter qu'il y en avait beaucoup plus qu'il ne fallait, je voulus à toute force y ajouter encore. Je croyais m'assurer mieux par-là de la liberté de Barbasan, et au milieu de mes douleurs je sentais une secrète satisfaction de ce que je faisais pour lui. J'attendais le succès de la négociation, comme l'arrêt de ma vie ou de ma mort.

Un petit billet du commandeur m'apprit que tout se disposait selon mes souhaits; il vint me l'apprendre lui-même : le geôlier était gagné; mais il exigeait que ses enfans aussi-bien que lui suivissent le prisonnier, et qu'on leur assurât de quoi vivre dans les pays étrangers. Cet article était aisé : non-seulement j'aurais vidé mon portefeuille, mais j'aurais donné tout ce que j'avais au monde.

Barbasan ne savait encore rien des mesures que l'on prenait; le fils du geôlier, qui lui portait à manger, se chargea de les lui apprendre. Ce n'était point assez d'assurer sa liberté : il fallait lui préparer des secours dans le lieu où il se retirerait. Nous nous étions déterminés pour Francfort; un moindre éloignement n'eût pas suffi pour calmer mon imagination. Le commandeur de Piennes prit des lettres de change sur un fameux banquier de cette ville. Je les enfermai dans un paquet qui devait être rendu à Barbasan à son arrivée; je voulais, s'il était possible, qu'il ignorât qu'elles vinssent de moi, et attendre, pour le lui apprendre, un temps plus heureux.

Tous les arrangemens étaient faits, et le jour marqué pour la fuite, qui devait s'exécuter sur le minuit. J'attendis toute la nuit, avec une impatience et un saisissement que je laisse à imaginer, le signal dont le commandeur et moi étions convenus : le jour vint sans que j'eusse rien appris. Le commandeur, chez qui j'avais envoyé plusieurs fois, vint enfin me dire que le fils du geôlier était absent depuis deux fois vingt-quatre heures, que son père voulait absolument l'attendre.

Voilà donc encore ma vie attachée au retour de ce fils. Il n'y avait pas un moment à perdre : le jugement devait être prononcé dans trois jours. Quoique le commandeur ne me dît que ce qu'il ne pouvait s'empêcher de me dire, je ne voyais que trop de quoi il était question : j'étais moi-même sur l'échafaud, et je ne crois pas possible que ceux qui y sont effectivement soient dans un état plus déplorable que celui où je passai la nuit.

La joie succéda à tant de douleurs, quand j'appris à sept heures du matin, par un billet, que tout avait réussi, et que Barbasan était en sûreté. Je baisais ce cher billet; j'embrassais Eugénie; je me jetais à genoux pour remercier Dieu avec des larmes aussi douces que celles que j'avais répandues auparavant étaient amères. Barbasan m'écrivit de la route. Quelle lettre! que d'amour! que de reconnaissance! que de protestations ! Elle m'eût payé de mille fois plus que de ce que j'avais fait.

J'avais un cœur avec lequel je ne pouvais être long-temps tranquille. Je commençai à m'affliger de ce que nous étions séparés peut-être pour toujours. Il ne pouvait revenir dans le royaume : le projet d'aller le rejoindre me paraissait aussi difficile qu'il m'avait paru aisé quand j'en avais formé d'abord la résolution. Il fallait, pour l'exécuter, que j'eusse atteint mes vingt-cinq ans. Que savais-je si je ne trouverais point de nouveaux obstacles ?

Ces différentes pensées m'occupaient sans cesse, et me jetaient dans une tristesse dont l'amitié d'Eugénie s'alarmait. Quel cœur que le sien ! jamais de dégoût, jamais d'impatience ; elle écoutait avec la même attention, avec le même intérêt ce que je lui avais déjà dit mille fois ; de grands services coûtent moins à rendre et prouvent moins qu'une pareille conduite : on est payé par l'éclat qui les accompagne ordinairement ; mais cette tendresse compatissante n'a de récompense que le sentiment qui la produit.

Divers prétextes, dont je m'étais servie depuis la malheureuse aventure de Barbasan, m'avaient laissé la liberté de rester dans mon couvent. Ma mère n'y était point venue : j'envoyais régulièrement savoir de ses nouvelles ; on répondait qu'elle se portait bien, et que sa grossesse ne lui permettait pas de sortir. Comme elle ne me faisait point dire d'aller chez elle, je jugeai que mon beau-père ne voulait pas qu'elle me vît. On vint un matin m'avertir qu'elle était près d'accoucher; on ajouta qu'elle me demandait; je sortis au plus vite; je trouvai en arrivant les domestiques en larmes. Sans oser les questionner, je m'acheminais vers son appartement, quand une femme de chambre vint à moi en poussant de grands cris. Ah! mademoiselle, me dit-elle, où allez-vous? vous n'avez plus de mère.

Je ne puis exprimer ce que je sentis dans ce moment, la révolution qui se fit en moi; tous les torts que j'avais trouvés à ma mère, tout ce que mon père m'avait laissé penser, tout ce que sa conduite à mon égard avait eu de reprochable, tout cela disparut, et ne me laissa que le souvenir des tendresses qu'elle m'avait marquées dans mon enfance : je fus véritablement touchée. Mon tuteur, qui était dans la maison, m'emporta malgré moi dans le carrosse qui m'avait amenée, et me remit entre les mains d'Eugénie. Ce nouveau malheur renouvela toutes mes douleurs; c'est un aliment pour un cœur qui en est déjà rempli; il semble qu'on trouve une espèce de soulagement à voir croître ses peines.

Mon beau-père, dans l'intention de s'assurer des biens considérables, avait sacrifié la vie de ma mère pour sauver l'enfant dont elle était grosse, et y avait réussi; son fils vécut; il fallut régler nos partages. Je n'aurais pas dû faire de grâce; mais, par respect pour la mémoire de ma mère, je cédai tout ce qu'il voulut.

Le temps, il faut l'avouer, et un temps assez court, sécha mes larmes. Ma tendresse pour Barbasan, qui dominait sur tous mes sentimens, me fit bientôt trouver la consolation dans la pensée que j'étais devenue libre et en état de disposer de ma main; j'eus d'ailleurs une persécution à essuyer, qui produisit naturellement de la distraction.

Le marquis de Crevant avait perdu son père peu de jours avant la mort de ma mère. Il m'aimait de bonne foi; son amour avait tenu bon contre mes rigueurs, et avait produit en lui ce qu'il produit toujours quand il est véritable; il lui avait donné des mœurs, et l'avait corrigé des airs et des ridicules attachés à la qualité de petit-maître. Dès que la mort de son père le laissa libre, il vint m'offrir sa fortune et sa main. Eugénie et le commandeur voulaient que je l'acceptasse. Crevant était précisément dans le cas que mon père m'avait marqué, pour choisir un mari. Il le fallait, disaient-ils, pour me sauver de ma propre faiblesse, et pour me mettre à couvert de la folie, et presque de la honte d'aller épouser un homme comme Barbasan, banni de son pays, et retranché de la société.

Il ne lui reste donc que moi, m'écriai-je, et vous me pressez de l'abandonner! Que m'a-t-il fait? Est-il coupable, parce qu'il est malheureux? J'irai, s'il le faut, vivre avec lui dans un désert.

Cette idée, qui flattait la tendresse de mon cœur, s'affermissait encore dans mon esprit, par le plaisir de me trouver capable d'une action qui se peignait à moi comme généreuse. Dès ce moment je formai une ferme résolution d'aller le joindre. Les représentations du commandeur et d'Eugénie furent inutiles : le marquis de Crevant fut congédié.

Cependant il y avait plus d'un mois que je n'avais eu de nouvelles de Barbasan : j'allai me mettre dans la tête qu'il avait eu connaissance du dessein du marquis de Crevant, et qu'il en était jaloux; l'impatience de me justifier vint encore accroître celle que j'avais de partir. Les apprêts de mon voyage furent bientôt faits. Je dis que j'allais avec mon tuteur, que j'avais d'avance mis dans mes intérêts, voir une terre qui composait tout le bien qu'on me connaissait.

Nous eûmes des passe-ports sous le nom d'un seigneur allemand. Dès que je fus au premier gîte, Fanchon (c'était le nom de ma femme de chambre) et moi, prîmes des habits d'homme. Comme j'étais grande et bien faite, ce déguisement me convenait; j'étais encore plus belle qu'avec mes habits ordinaires; mais je paraissais si jeune, que ma beauté, la délicatesse de mon teint et la finesse de mes traits ne blessaient point la vraisemblance.

Après dix jours de marche, et plusieurs petites aventures qui ne méritent pas d'être dites, nous arrivâmes à Francfort à huit heures du soir. Nos postillons, à qui j'avais fait dire que je ne voulais point aller dans un cabaret, nous menèrent chez une Française qui louait des appartemens. A peine étais-je dans le mien, que je m'informai à elle de Barbasan. J'avais forcé les postes pour le voir dès ce soir-là. Vraiment, me dit-elle, je viens de le rencontrer qui rentrait chez lui avec madame; et tout de suite: C'est celui-là qui est un bon mari!

Suivant l'usage de ces sortes de gens, elle me conta, sans que je le lui demandasse, tout ce que l'on disait des aventures de Barbasan. Hélas! j'étais bien éloignée de pouvoir lui faire des questions ; les noms de *mari* et de *femme* m'avaient frappée comme un coup de foudre, dès qu'elle les eut prononcés. Mon tuteur et ma femme de chambre, plus tranquilles que moi, prirent ce triste soin. Elle leur dit que M. Barbasan avait fait connaissance avec sa femme dans le temps qu'il était prisonnier ; qu'elle avait exposé la vie de son père, qui était le geôlier, celle d'un frère et la sienne propre pour le sauver ; que, pour payer tant d'obligations, M. de Barbasan l'avait épousée, et qu'elle était grosse.

J'étais, pendant ce terrible récit, dans un état plus aisé à imaginer qu'à décrire. Fanchon, qui voyait, par les changemens de mon visage, ce qui se passait en moi, congédia notre hôtesse ; et, pour me donner plus de liberté, renvoya aussi mon tuteur.

Il ne m'aime donc plus! disais-je en répandant un torrent de larmes ; que lui ai-je fait pour n'être plus aimée? J'expose ma réputation, j'abandonne ma patrie, et tout cela pour un ingrat! Mais, Fanchon, crois-tu qu'il le soit? crois-tu que je sois effacée de son souvenir? Voilà donc pourquoi je ne recevais plus de ses lettres! Hélas! je le croyais jaloux. Ce sentiment n'est plus pour moi.

Toute la nuit se passa dans de pareils discours : je voulais le voir, lui reprocher son ingratitude, l'attendrir par mes larmes, et l'abandonner pour jamais. Il me passait aussi dans la tête de lui faire remettre le bien que j'avais apporté. Je voulais, à quelque prix que ce fût, me faire regretter. C'était la seule vengeance dont j'étais capable contre mon ingrat. Mon tuteur, qui n'entendait rien à toutes ces délicatesses, s'opposa à ce projet et me conserva, malgré moi, ce qui me restait du portefeuille de mon père.

Il n'y avait pas à hésiter sur le parti que j'avais à prendre. Je pouvais, en me montrant promptement à Paris, dérober la connaissance de la folle démarche que j'avais faite. Mon tuteur, qui s'était repenti plus d'une fois de sa complaisance, me représentait la nécessité de ce prompt retour : je la sentais comme lui ; mais il fallait m'éloigner pour jamais de Barbasan, de ce Barbasan que j'avais tant aimé, qu'au mépris de toutes sortes de bienséances j'étais venu chercher si loin. Comment partir sans le voir, ne fût-ce même que de loin ? Comment résister à la curiosité de voir ma rivale, et renoncer à l'espérance de ne la pas trouver telle qu'on me l'avait dépeinte ?

Mon hôtesse, sans s'informer des motifs de ma curiosité, me mena à une église où tout le beau monde allait à la messe. Je me plaçai de manière que je pouvais voir ceux qui entraient.

Me voilà dans mon poste, avec une palpitation qui ne me quitta point et qui augmentait toutes les fois que j'entendais arriver quelqu'un. Celle qui me causait tant de trouble parut enfin : je ne la trouvai que trop propre à faire un infidèle. Loin que la jalousie dont j'étais animée diminuât ses agrémens, il semblait que, pour augmenter mon supplice, elle y ajoutait encore. Je n'ai jamais vu de physionomie plus intéressante, tant de grâces, tant de beauté, jointes à la fraîcheur de la première jeunesse et à l'air le plus doux et le plus modeste. Elle tournait la tête à tout moment pour voir, à ce que je jugeai, si Barbasan la suivait; il ne tarda pas : elle lui dit quelque chose à l'oreille; il répondit par un souris qui acheva de me désespérer.

Comme je n'étais pas éloignée du lieu où ils étaient, il m'aperçut : ses yeux restèrent assez long-temps attachés sur mon visage; il les baissa ensuite, et je crus m'apercevoir qu'il soupirait : il me regarda de nouveau avec plus d'attention. Après ce second examen, je le vis sortir de l'église : si j'en eusse eu la force, je l'aurais suivi dans mon premier mouvement; mais les jambes me tremblaient au point que je fus contrainte de rester où j'étais.

Que de réflexions sur ce qui venait de se passer! Il m'avait reconnue sans doute. Était-ce la honte de paraître devant moi après sa trahison? était-ce la crainte de mes justes reproches qui l'avait déterminé à me fuir? cette crainte l'aurait-elle emporté, si quelque chose lui eût encore parlé pour moi? Je sentais dans ces momens que le plus faible repentir, le plus léger pardon m'eût tout fait oublier : peut-être l'aurais-je demandé moi-même. Je me croyais presque coupable de ce qu'il ne m'aimait plus. L'effet que cette pensée produisit en moi paraîtra incompréhensible à ceux qui n'ont jamais eu de véritable passion.

Ma réputation exposée, la trahison dont on payait ma tendresse, ce mariage qui mettait une barrière insurmontable entre nous, ne faisaient presque plus d'impression sur moi. Tout était couvert par cette douleur déchirante que je n'étais plus aimée. Je voulais du moins avoir la triste consolation de répandre des larmes devant lui.

Mon tuteur fut chargé de l'aller chercher, de ne rien oublier pour l'amener, de ne pas craindre d'employer les prières les plus capables de l'y engager. Il ne le trouva point chez lui : il y retourna plusieurs fois ; il apprit enfin qu'il était monté à cheval au sortir de l'église, et qu'on ne savait quelle route il avait prise.

Dès que nous sommes malheureux, tous ceux qui nous environnent prennent de l'empire sur nous. Mon tuteur, ma femme de chambre même se croyaient en droit de me parler avec autorité. Sans m'écouter, sans égard aux prières que je leur faisais d'attendre encore quelques jours, ils m'obligèrent à partir sur-le-champ ; et, pour rendre mon absence aussi courte qu'il était possible, on me fit faire la plus grande diligence.

Me voilà revenue à Paris et dans les bras de ma chère Eugénie. Ce prompt retour, la douleur où elle me vit plongée, mes larmes et mes sanglots, lui firent juger que Barbasan était mort. Les consolations qu'elle cherchait à me donner m'apprirent ce qu'elle pensait : je n'avais pas la force de la désabuser ; j'avais honte pour Barbasan et pour moi de dire qu'il m'avait trahie, abandonnée ; mon cœur répugnait aussi à parler contre lui.

Je sentais une peine extrême à lui faire perdre l'estime d'Eugénie, à le lui montrer si différent de ce qu'elle l'avait vu jusque-là. Malgré mes répugnances, il fallut tout avouer. Quelle fut la surprise et l'indignation de mon amie !

quel mépris pour Barbasan! quelle pitié, mêlée de colère, de me trouver encore de la sensibilité pour un ingrat, pour un scélérat, pour le dernier des hommes!

Ménagez ma faiblesse, lui disais-je, puisque vous la connaissez ; épargnez un malheureux : hélas! peut-être a-t-il fait autant d'efforts pour m'être fidèle, que j'en fais pour cesser de l'aimer. Plus vous cherchez à diminuer son crime, répondait Eugénie, plus vous me le rendez odieux. Le dépit devrait vous guérir ; la raison le devrait encore mieux; mais le dépit est un nouveau mal, et la raison est bien tardive. Je voudrais que vous cherchassiez de la dissipation; je voudrais que votre amour-propre trouvât des dédommagemens : vous ne le croyez pas, ajouta-t-elle; mais comptez sur ma parole, qu'il fait une partie de votre douleur. J'étais effectivement bien éloignée de le penser : la terre entière à mes genoux ne m'aurait pas dédommagée du cœur que j'avais perdu.

Ces dissipations, qu'on me conseillait et que je n'aurais jamais cherchées, vinrent me trouver malgré moi. Mon beau-père, que sa prodigalité mettait dans un besoin continuel d'argent, et qui n'était arrêté par aucun scrupule sur les moyens d'en acquérir, ne voulut point s'en tenir à l'accommodement que nous avions fait; il fallut entrer en procès. Le sentiment dont j'étais animée contre lui (car je le regardais, avec raison, comme l'auteur de mes malheurs) me donna une vivacité et une suite que l'intérêt n'aurait jamais pu me donner : je sus bientôt mon affaire mieux que mes avocats.

La beauté ne produit pas toujours de l'amour, mais elle nous rend toujours intéressantes pour les hommes, même les plus sages. La mienne me donnait un accès facile auprès de mes juges, et ajoutait un nouveau poids à mes raisons : elle fit encore plus d'impression sur M. le président d'Hacqueville, l'un des plus accrédités par sa naissance, par sa place, et surtout par l'estime qu'il s'était acquise. Il me déclara, à la troisième ou quatrième visite que je lui rendis, qu'il ne pouvait plus être de mes juges : Ne m'en demandez point la raison, ajouta-t-il; je n'oserais vous la dire; je me borne à souhaiter que vous daigniez la deviner.

Mon embarras lui fit voir que je la devinais. Nous gardions tous deux le silence, quand mon avocat, qui s'était arrêté avec quelqu'un dans la chambre, entra dans le cabinet; sa présence fit également plaisir à M. d'Hacqueville et à moi; car son embarras était égal au mien; mais il se remit assez promptement. Je ne serai pas, lui dit-il, des juges de mademoiselle; je veux la servir plus utilement : venez demain au matin, et m'apportez ses papiers; nous irons ensuite rendre compte à mademoiselle de ce que nous aurons fait.

Je sortis sans avoir prononcé une parole. Ne craignez point, me dit le président en me donnant la main, de recevoir des services dont je ne demande et dont je n'attends d'autre récompense que la satisfaction de vous les rendre.

Eugénie, à qui je contai mon aventure, ne la prit pas aussi sérieusement que je la prenais. Que voulez-vous, lui disais-je, que je fasse d'un amant? Je veux, me répondit-elle, que vous en fassiez votre vengeur; que vous vous amusiez de sa passion. Que savez-vous? il vous plaira peut-être : vous connaissez sa figure; son esprit est bien au-dessus; c'est par son mérite, plus encore que par sa naissance, qu'il est parvenu à la charge de président à mortier, dans un âge où l'on est à peine connu dans les places subalternes : le cœur me dit qu'il est destiné pour mettre fin à votre roman.

Hélas! elle était bien loin de deviner : on verra, au contraire, que je n'en fus que plus malheureuse. Sous prétexte de mes affaires, le président d'Hacqueville me voyait presque tous les jours. Ses soins et son assiduité me parlaient seuls pour lui; d'ailleurs, pas un mot dont je pusse prendre droit de lui défendre de me voir. Tant d'attention, tant de respect, auraient dû faire sur moi une impression bien différente de celle qu'ils y faisaient : ils me rappelaient sans cesse le souvenir de Barbasan ; c'était ainsi qu'il m'avait aimée : il ne m'aimait plus, et je soupirais avec une extrême douleur.

Eugénie me reprochait souvent ma faiblesse : Comment, me disait-elle, pouvez-vous conserver cette tendresse pour quelqu'un que vous ne sauriez estimer ? L'estime, répliquais-je, ne fait pas naître l'amour ; elle sert seulement à nous le justifier à nous-mêmes : j'avoue que je n'ai plus cette excuse à donner à ma faiblesse ; mais je n'en suis que plus malheureuse : ayez pitié de moi, ma chère Eugénie, ajoutais-je ; que voulez-vous ! je ne puis être que comme je suis.

Après quelques mois, elle et le commandeur de Piennes me parlèrent plus clairement. Mes affaires étaient toutes terminées à mon avantage, et je devais aux soins du président d'Hacqueville la justice qu'on m'avait rendue, et la tranquillité dont j'aurais pu jouir, si mon cœur avait été autrement fait. Il n'y avait plus moyen de recevoir assidûment des visites dont les prétextes avaient cessé. J'étais embarrassée de le dire à M. le président d'Hacqueville ; je voulais qu'Eugénie et le commandeur en prissent la commission. Il nous en a donné une bien différente, répondit le commandeur; il veut vous épouser; et, pour vous laisser la liberté de répondre sans aucune contrainte, il nous a priés de vous en faire la proposition; et, tout de suite, ils me dirent l'un et l'autre que j'étais trop jeune et d'une figure qui m'exposait à trop de périls pour rester fille : mon beau-père, encore aigri par le mauvais succès de son procès, pouvait m'attirer quelques nouvelles persécutions : mon aventure n'était pas entièrement ignorée, et me faisait une espèce de nécessité de changer d'état.

Eugénie ajouta, quand je fus seule avec elle, que je devais me craindre moi-même; la tendresse que je conservais pour le comte de Barbasan la faisait trembler. S'il revenait, me disait-elle, vous n'attendriez pas même, pour lui pardonner, qu'il vous demandât pardon. Eh bien! lui dis-je, je prendrai le voile. Vous voulez donc, répondit-elle, parce que Barbasan est le plus indigne de tous les hommes, vous enterrer toute vive? Croyez-moi, ma chère fille, ces sortes de douleurs passent et laissent place à un ennui peut-être plus difficile à soutenir que la douleur. Je vous ai souvent promis de vous conter les malheurs qui m'ont conduite ici. Il faut vous tenir parole. Peut-être en tirerezvous quelque instruction : vous apprendrez du moins, par mon exemple, qu'il y a des malheurs bien plus grands que ceux que vous avez éprouvés.

Ce qu'elle m'apprit de ses aventures me fit tant d'impression, que, pour avoir la satisfaction de les relire, je la priai de consentir que je les écrivisse; et c'est ce que j'ai écrit que je donne ici.

FIN DE LA PREMIÈRE PARTIE.

LES MALHEURS

DE L'AMOUR.

Insano nemo in amore sapit.
PROPERT.

SECONDE PARTIE.

EUGÉNIE fut amenée à l'abbaye du Paraclet à l'âge de six ans, sous le nom de mademoiselle d'Essei. Une espèce de gouvernante, qui la conduisait, pria madame de La Rochefoucault, abbesse de cette maison, de se charger de l'éducation de cette jeune enfant. Elle lui remit pour cela une somme assez considérable : elle ajouta qu'elle était fille d'un gentilhomme de Bresse qui avait peu de biens et beaucoup d'enfans, et qu'il fallait lui inspirer le goût de la retraite, le seul parti qui convînt à sa fortune.

Mademoiselle de Magnelais, fille du duc d'Hallwin, et plus âgée de deux années que mademoiselle d'Essei, était dans la même maison. Elles furent élevées ensemble, quoique avec beaucoup de différence. Mademoiselle de Magnelais attendait une fortune considérable, et la pauvre mademoiselle d'Essei, au contraire, n'avait que le choix de cette demeure, ou de quelque autre de cette espèce.

Leurs premières années se passèrent dans les occupations ordinaires à cet âge. Mademoiselle de Magnelais, contente d'une certaine supériorité que son rang et ses richesses lui donnaient sur sa compagne, paraissait avoir de l'amitié pour elle. La jalousie de la beauté, si propre à mettre de l'éloignement entre deux jeunes personnes, ne troublait point leur union. Les traits de mademoiselle d'Essei, qui n'étaient point encore formés, laissaient douter si elle serait belle un jour.

Mademoiselle d'Essei, sensible et reconnaissante, répondait par l'attachement le plus véritable aux marques d'amitié qu'elle recevait. Elle sentit vivement la peine de se séparer de son amie, lorsque mademoiselle de Magnelais fut retirée du couvent pour retourner dans sa famille.

Deux années après leur séparation, madame la duchesse d'Hallwin et mademoiselle de Magnelais sa fille, qui revenaient des Pays-Bas, s'arrêtèrent quelques jours à une terre près du Paraclet. Le voisinage rappela à mademoiselle de Magnelais le souvenir de son amie ; elle voulut la voir.

Sa beauté avait acquis alors toute sa perfection. Mademoiselle de Magnelais en fut étonnée, et la trouva trop belle pour l'aimer encore. Il ne parut cependant aucun changement dans ses manières : elle lui rendit compte de ce qui lui était arrivé depuis leur séparation, bien moins par un sentiment de confiance, que par le plaisir malin d'étaler aux yeux de mademoiselle d'Essei un bonheur qu'elle ne devait jamais goûter.

L'article des amans ne fut pas oublié : c'était, en quelque façon, un dédommagement pour la vanité de mademoiselle de Magnelais, qui la consolait de la beauté de mademoiselle d'Essei. Entre tous ceux qu'elle lui nomma, le chevalier de Benauges fut celui dont elle parla avec le plus d'éloges ; elle le lui peignit comme l'homme du monde le plus aimable et le plus amoureux : elle ne dissimula point qu'elle avait beaucoup d'inclination pour lui ; mais, ajouta-t-elle, j'ai tort de vous parler de ces choses-là ; l'état où vous êtes destinée vous les laissera ignorer, et je vous plains presque d'être belle.

Elles eurent encore plusieurs conversations

de cette espèce ; et, après quelques jours, mademoiselle de Magnelais prit, avec sa famille, la route de Paris, et mademoiselle d'Essei resta tristement dans sa retraite.

Deux années s'écoulèrent encore, et amenèrent le temps où elle devait s'engager. Sa répugnance augmentait à mesure qu'elle voyait ce moment de plus près : enfin, honteuse de se trouver si faible, elle résolut de faire un effort sur elle-même. Elle en parla à madame l'abbesse du Paraclet, dont elle a toujours été très-sincèrement aimée. La tendresse que j'ai pour vous, répondit madame l'abbesse, me ferait trouver un plaisir bien sensible de vous attacher à moi pour toujours ; mais, ma chère fille, cette même tendresse m'engage à consulter vos intérêts plutôt que les miens : vous n'êtes point faite pour le cloître ; votre inclination y répugne.

Je l'avoue, disait en pleurant mademoiselle d'Essei ; mais, madame, j'ai de la raison, et je n'ai pas le choix des partis. Ces chaînes-ci sont bien pesantes, répondit madame du Paraclet, quand la raison seule est chargée de les porter. Attendez encore quelques années. Je voudrais, si vous avez à embrasser la retraite, que vous connussiez un peu plus le monde ; vous y verriez bien des choses qui vous feraient peut-être trouver votre condition moins fâcheuse.

Madame de Polignac, sœur de madame du Paraclet, qui était veuve et qui avait passé le temps de son deuil dans cette maison, se mêla à cette conversation : les deux sœurs aimaient mademoiselle d'Essei comme leur propre fille, et, sans le lui dire, elles espéraient toujours que son extrême beauté pourrait lui donner un mari.

Une affaire assez considérable obligea madame de Polignac d'aller à Paris, dans le temps que les fêtes du mariage du roi y attiraient tout ce qu'il y avait de plus considérable en France. Elle n'eut pas beaucoup de peine à obtenir de sa sœur qu'elle lui confiât mademoiselle d'Essei, pour la mener avec elle.

Le comte de Blanchefort, qui faisait la même route, les rencontra au premier gîte : il fit demander à madame de Polignac, dont il était fort connu, la permission de la voir; il passa la soirée avec elle; il se plaignit, dans la conversation, que son équipage s'était rompu en chemin, et qu'il se trouvait très-embarrassé. Madame de Polignac lui offrit une place : son offre fut acceptée; ils partirent tous trois le lendemain.

Mademoiselle d'Essei, qui n'avait jamais vu que son couvent, parlait peu; mais elle disait si bien le peu qu'elle disait, sa beauté simple, naïve et sans art, qu'elle semblait même ne pas connaître, la rendait si touchante, que le comte de Blanchefort ne put se défendre de tant de charmes. Il mit en usage, pendant la route, tout ce qu'il crut capable de plaire; mais ses soins, ses empressemens, ses louanges n'apprenaient point à mademoiselle d'Essei l'impression qu'elle avait faite sur lui; ce langage de l'amour lui était inconnu, et son cœur ne lui en donnait point de leçon en faveur du comte.

Madame de Polignac, attentive à tout ce qui pouvait intéresser son amie, s'en aperçut avec joie; l'amour du comte de Blanchefort lui parut un acheminement à la fortune qu'elle avait espérée pour mademoiselle d'Essei. A leur arrivée à Paris, le comte de Blanchefort leur demanda la permission de les voir. Il a la réputation d'un très-honnête homme, disait madame de Polignac à mademoiselle d'Essei; vous lui avez inspiré tant d'amour et tant de respect, que, puisqu'il cherche à vous voir, il n'a que des vues légitimes. Vous connaissez, répliqua mademoiselle d'Essei, ma répugnance pour le couvent; mais je vous avoue aussi que j'aurais beaucoup de peine à épouser un homme qui ferait tant pour moi; il me semble qu'il faut plus d'égalité dans les mariages pour qu'ils soient heureux, et je ne voudrais point devoir mon bonheur à une illusion que je craindrais toujours qui ne vînt à finir.

Madame de Polignac se moqua des délicatesses de mademoiselle d'Essei, et la fit consentir à recevoir les soins du comte de Blanchefort. Elle n'avait aucun goût pour lui, mais elle l'estimait; et, comme elle n'avait pour personne des sentimens plus vifs, elle le traitait de façon à lui donner, du moins, de l'espérance.

Ce fut alors que les fêtes pour le mariage du roi commencèrent. Mademoiselle d'Essei suivit madame de Polignac au carrousel de la Place-Royale, où elle allait avec la comtesse de Ligny. Il y avait des échafauds dressés pour les dames, qui avaient eu soin d'y paraître avec tous les ornemens propres à augmenter leur beauté : la seule mademoiselle d'Essei était vêtue d'une manière simple et modeste; cette simplicité, qui la distinguait, fit encore mieux remarquer toute sa beauté.

Le marquis de La Valette, fils aîné du duc d'Épernon, qui s'était arrêté par hasard au-devant de l'échafaud où elle était placée, fut étonné de voir une si belle personne : il repassa encore plusieurs fois, et la regarda toujours avec un nouveau plaisir.

Toutes les dames prenaient parti pour les combattans ; mademoiselle d'Essei, qui n'avait point remarqué l'attention que le marquis de La Valette avait eue de la regarder, charmée de sa bonne grâce et de son adresse, se déclara pour lui ; et, par un mouvement très-naturel en pareille occasion, elle le suivait des yeux, dans la carrière, et marquait sa joie, toutes les fois qu'il avait obtenu l'avantage.

Aussitôt que les courses furent achevées, il vint sur l'échafaud, pour demander à madame la comtesse de Ligny, sa tante, qui était cette belle personne. Venez, lui dit madame de Ligny, aussitôt qu'elle le vit et sans attendre qu'il lui eût parlé, venez remercier mademoiselle d'Essei des vœux qu'elle a faits pour vous.

Mademoiselle d'Essei, embarrassée qu'un homme aussi bien fait que M. de La Valette eût des remercîmens à lui faire, se pressa d'interrompre madame de Ligny : Vous allez, madame, lui dit-elle, faire croire à M. le marquis de La Valette, qu'il me doit beaucoup plus qu'il ne me doit effectivement. Vous ne voulez pas, répliqua M. de La Valette, d'un ton plein de respect, que je puisse vous devoir de la reconnaissance ; mais on vous en doit malgré vous, dès le moment qu'on a eu l'honneur de vous voir.

Cette galanterie augmenta l'embarras de mademoiselle d'Essei. Madame de Polignac, qui vit sa peine, se mêla de la conversation. Le marquis de La Valette eut l'art de dire encore mille choses qui faisaient sentir à mademoiselle d'Essei l'impression qu'elle avait faite sur lui.

Après leur avoir donné la main, pour les remettre dans leur carrosse, il courut chez madame de Ligny, pour s'informer d'elle qui était mademoiselle d'Essei. Madame de Ligny lui conta, très-naturellement, le peu qu'on savait de la naissance de mademoiselle d'Essei, et l'amour que M. de Blanchefort avait pour elle. Il me semble, répliqua le marquis de La Valette, quand madame de Ligny eut cessé de parler, que Blanchefort n'est encore que souffert. Je vois ce qui vous passe dans la tête, lui répondit-elle ; mais, si vous êtes sage, vous éviterez, au contraire, de voir mademoiselle d'Essei. Il n'est plus temps, madame, dit le marquis de La Valette ; je l'ai trop vue, pour ne pas mettre tout en usage pour la voir toujours.

Dès le lendemain, son assiduité chez madame de Polignac fut égale à celle de M. de

Blanchefort : ils se reconnurent bientôt pour rivaux. Leurs caractères étaient absolument opposés : le comte de Blanchefort voulait, dans toutes ses démarches, mettre le public dans ses intérêts ; et il y avait si bien réussi, que personne ne jouissait d'une réputation plus entière ; le marquis de La Valette, au contraire, ne faisait cas de la réputation qu'autant qu'elle était appuyée du témoignage qu'il se rendait à lui-même ; il faisait ce qu'il croyait devoir faire, et laissait juger le public : c'était l'homme du monde le plus aimable, quand il le voulait ; mais il ne voulait plaire qu'à ceux qui lui plaisaient.

Mademoiselle d'Essei avait beaucoup d'inclination pour lui, et le traitait par-là plus froidement que son rival ; il en était désespéré. Est-il possible, mademoiselle, lui dit-il un jour, que la situation où je suis, qui m'afflige si sensiblement, de ne pouvoir vous offrir une fortune dont je ne puis encore disposer, soit un bien pour moi ! Oui, mademoiselle, je serais désespéré, si vous refusiez l'offre de ma main ; et je vois que vous la refuseriez, si j'étais en concurrence avec le comte de Blanchefort.

Mademoiselle d'Essei n'était pas en garde contre les reproches du marquis de La Valette ; elle n'écouta dans ce moment, que son penchant pour lui : Non, lui dit-elle avec un souris plein de charmes, vous ne croyez point qu'il fût préféré.

La joie qu'elle vit dans les yeux du marquis de La Valette, l'avertit de ce qu'elle venait de dire ; elle en fut honteuse. Il avait trop d'esprit pour ne pas s'apercevoir de cette honte, et pour l'augmenter encore par des remercîmens. Il crut avoir beaucoup obtenu, et ne chercha point à prolonger une conversation dont il sentait bien que mademoiselle d'Essei était embarrassée.

Quel reproche ne se fit-elle point quand elle fut seule! me voilà donc, disait-elle, ce que j'ai craint d'être! me voilà coquette! j'ai deux amans, et je sais bien qu'ils peuvent tous deux se flatter d'avoir des droits sur mon cœur. Comment pourrai-je, après ce que je lui ai dit, soutenir les regards du marquis de La Valette en présence du comte de Blanchefort? Et comment pourrai-je agir avec ce dernier comme j'ai fait jusqu'ici, puisque j'ai donné lieu à un autre de croire que je le préférais? Les femmes dont la conduite est la plus blâmable ont commencé comme je fais. Il faut m'arracher à cette indignité; il faut renoncer à ces frivoles espérances d'établissement; il faut retourner dans mon couvent; il m'en coûtera moins de vivre dans la solitude, que d'avoir des reproches légitimes à me faire.

Mademoiselle d'Essei était dans cette disposition : elle voulait en parler à madame de Polignac, quand elle vit entrer dans sa chambre mademoiselle de Magnelais : elles s'embrassèrent avec beaucoup de marques de tendresse. Mademoiselle de Magnelais était arrivée la veille de la campagne, où elle était depuis plusieurs mois. Après les premières caresses, elles se demandèrent des nouvelles de ce qui leur était arrivé depuis leur séparation.

Mademoiselle d'Essei n'était pas assez vaine pour faire un étalage de ses conquêtes, et d'ailleurs elle était si mécontente d'elle dans ce moment, qu'elle avait encore moins d'envie de parler : elle dit simplement que madame de Polignac avait souhaité de la garder quelque temps, et qu'elle retournerait dans peu de jours au Paraclet.

Je vous prie du moins, répondit mademoiselle de Magnelais, de ne partir qu'après mon mariage, qui se fera incessamment. Il faut qu'en épousant mon amant, j'aie encore la satisfaction de vous voir partager ma joie. C'est donc le chevalier de Benauges que vous épousez? dit mademoiselle d'Essei.

Il m'avait trompée par un faux nom, répondit mademoiselle de Magnelais; c'est le marquis de La Valette. Il ne sait point encore son bonheur : son père et le mien ont tout réglé, et nous sommes revenus pour faire le mariage.

Si mademoiselle de Magnelais avait fait attention au changement de visage de mademoiselle d'Essei, elle aurait soupçonné qu'elle prenait un intérêt particulier à ce qu'elle venait d'apprendre. Quel coup pour mademoiselle d'Essei! il ne pouvait être plus sensible. Un homme à qui elle avait eu la faiblesse de laisser voir son inclination en aimait une autre, et n'avait cherché qu'à la tromper!

Toutes les réflexions les plus affligeantes et les plus humiliantes se présentèrent à elle dans ce moment. Il fallut cependant faire un effort pour cacher son trouble. Bien résolue de partir le lendemain, elle laissa croire à mademoiselle de Magnelais qu'elle resterait jusqu'après son mariage.

Cette conversation, si pénible pour elle, finit enfin. Elle alla s'enfermer dans sa chambre pour se remettre avant que de se montrer : elle y était à peine, que madame de Polignac y entra. J'avais raison, lui dit-elle, ma fille (car elle ne lui donnait point d'autre nom), de bien espérer de votre fortune. Le comte de Blanchefort vient de me déclarer qu'il est prêt à vous épouser, et qu'il se croira trop heureux si vous trouvez quelque plaisir à tenir de lui le rang et le bien dont vous jouirez.

Vous ne me répondez point? continua madame de Polignac. Pouvez-vous être incertaine sur cette proposition? Je ne devrais point l'être, répliqua mademoiselle d'Essei; j'avoue pourtant que je le suis. La disproportion infinie qui est entre le comte de Blanchefort et moi me blesse. Plus je sens dans mon cœur tout ce qu'il faut pour être reconnaissante, et plus je crains la nécessité de l'être. Cette reconnaissance ne vous coûtera rien pour le plus honnête homme du monde, qui vous adore, et que vous ne pouvez vous empêcher d'estimer, répliqua madame de Polignac; mais vous dirai-je ce que je pense? peut-être hésiteriez-vous moins s'il était question du marquis de La Valette.

Ah! madame, s'écria mademoiselle d'Essei, ne me faites point cette injustice : le marquis de La Valette ne m'a jamais aimée, et je viens d'apprendre de mademoiselle de Magnelais elle-même qu'il va l'épouser. Eh bien! dit madame de Polignac, punissez-le, en épousant le comte de Blanchefort, d'avoir voulu vous faire croire qu'il vous aimait.

Cette idée de vengeance frappa mademoiselle d'Essei. On ne se dit jamais bien nettement qu'on n'est pas aimée. Malgré la persuasion où elle était de l'amour du marquis de La Valette pour mademoiselle de Magnelais, elle croyait cependant qu'il ne verrait son mariage avec le comte de Blanchefort qu'avec peine. Un autre motif acheva de la déterminer : le plaisir d'être d'un rang égal à celui de mademoiselle de Magnelais. La différence que leur naissance avait mise entre elles ne l'avait point touchée jusque-là ; mais elle en était humiliée depuis qu'elle savait l'amour du marquis de La Valette. Le procédé de M. de Blanchefort, où il paraissait tant de noblesse, lui faisait encore mieux sentir l'injuste préférence qu'elle avait donnée à son rival, et la disposait encore plus favorablement pour lui.

Cependant, avant que de prendre aucun engagement, elle voulut lui représenter les raisons qui pouvaient s'opposer à leur mariage. Vous savez, lui dit-elle, le peu que je suis ; songez qu'un homme de votre rang doit, en quelque façon, compte au public de ses démarches ; celle que vous voulez faire en ma faveur sera sûrement désapprouvée. Je me flatte que ma conduite vous justifiera autant que vous pouvez l'être ; mais c'est un moyen lent ; et, en attendant qu'il ait quelque succès, vous serez exposé à des choses désagréables : on n'osera vous parler de votre mariage, et ce sera vous le reprocher ; vous ne trouverez peut-être plus dans le monde les mêmes agrémens que vous y avez trouvés jusqu'ici.

Eh ! pourquoi ne les y trouverais-je pas ? répondit le comte de Blanchefort. Je travaille, il est vrai, pour mon bonheur; mais je fais une action digne de louange, de partager ma fortune avec la personne du monde la plus estimable. Les actions les plus vertueuses, répliqua mademoiselle d'Essei, sont dégradées quand on croit que l'amour y a part : je vous le demande, et pour vous et pour moi, ne précipitez rien ; pour donner le temps à vos réflexions, je veux retourner à l'abbaye du Paraclet ; et si, après une absence raisonnable, vous pensez de même, je pourrai alors me déterminer.

Non, mademoiselle, lui dit-il, je ne consens point à votre éloignement : il faut que vous me haïssiez pour m'imposer des lois aussi dures. Que m'importe que mon mariage soit approuvé de ce public dont vous me menacez ? vous suffirez seule à mon bonheur : vous me seriez mille fois moins chère si vous étiez née dans le rang le plus élevé. Si ma naissance était égale à la vôtre, répondit-elle, je recevrais avec joie l'honneur que vous me faites; mais c'est par la distance qu'il y a entre nous, que je dois me mettre à plus haut prix.

Elle achevait à peine de prononcer ces paroles, que le marquis de La Valette entra avec quelques autres personnes de la cour. Mademoiselle d'Essei était trop fière pour lui laisser croire qu'elle était touchée du procédé qu'il avait pour elle; aussi affecta-t-elle de le recevoir de la même façon dont elle l'avait toujours reçu; mais elle lui trouva un air si content, qu'elle en fut déconcertée, et qu'elle n'eut plus la force de soutenir la gaieté qu'elle avait affectée d'abord.

Le comte de Blanchefort sortit presque aussitôt que le marquis de La Valette fut entré : mademoiselle d'Essei se leva en même temps que lui, en disant tout haut, qu'elle allait chez mademoiselle de Magnelais. Vous la connaissez donc, mademoiselle? lui dit le marquis de La Valette. Nous avons passé une partie de notre vie ensemble, répondit mademoiselle d'Essei, et je puis vous assurer, ajouta-t-elle en le regardant, que sa confiance pour moi a toujours été sans réserve. Et moi, mademoiselle, lui dit-il en s'approchant d'elle, et en lui parlant de façon à n'être pas entendu du reste de la compagnie, je prends la liberté de vous assurer, à mon tour, qu'elle ne vous a pas tout dit.

Mademoiselle d'Essei, qui ne voulait pas engager de conversation avec le marquis de La Valette, fit mine de ne l'avoir pas entendu, et sortit. On lui dit, à la porte de mademoiselle de Magnelais, que M. le duc d'Hallwin s'était trouvé mal; que sa fille était auprès de lui, et qu'on ne pouvait la voir. Mademoiselle d'Essei, que cette visite embarrassait, ne fut pas fâchée de s'en voir dispensée.

Aussitôt qu'elle fut seule avec madame de Polignac, elles convinrent qu'il ne fallait point différer de s'en retourner au Paraclet. Le mariage de mademoiselle de Magnelais devenait une nouvelle raison pour mademoiselle d'Essei de s'éloigner; aussi reprit-elle, dès le lendemain, la route de son couvent. Madame de Polignac fut chargée de donner un prétexte à ce prompt départ.

Les soins du comte de Blanchefort suivirent mademoiselle d'Essei dans sa retraite : il ne laissait presque passer aucun jour sans lui donner des marques de son amour. Elle en était touchée, et n'y était point sensible : l'idée du marquis de La Valette l'occupait malgré elle : elle se rappelait le discours qu'il lui avait tenu la dernière fois qu'il l'avait vue : il lui venait alors dans l'esprit que mademoiselle de Magnelais n'en était pas aussi aimée qu'elle le croyait. Eh! pourquoi, disait-elle, examiner si elle est aimée, ou si elle ne l'est pas? voudrais-je conserver des prétentions sur le cœur de son amant? voudrais-je en être aimée, moi qui viens presque de prendre des engagemens avec un autre? quel que soit le marquis de La Valette, je ne dois jamais le voir, et je me trouve coupable d'avoir besoin d'en prendre la résolution.

Cependant il semblait que l'absence eût encore augmenté l'amour du comte de Blanchefort. Madame de Polignac, engagée par ses prières, et par le désir qu'elle avait de voir cette aimable fille établie, se détermina à l'aller chercher. Il fut convenu qu'elle l'amènerait dans une de ses terres; que le comte viendrait les y joindre; que le mariage se ferait sans beaucoup de cérémonie, et qu'il resterait secret pendant quelque temps.

Ce projet fut exécuté. Mademoiselle d'Essei ne quitta point sa retraite sans répandre des larmes. Je ne puis, lui dit madame de Polignac, vous pardonner votre tristesse : il faut, pour vous faire sentir votre bonheur, que je vous conte le malheur de mademoiselle de Magnelais. La Valette, après l'avoir aimée depuis long-temps, l'a abandonnée dans le moment que tout était préparé pour leur mariage. Elle l'aime encore, elle est affligée : sa douleur, qu'elle ne cache point, intéresse pour elle; et, pour achever de se rendre odieux, La Valette s'est battu pour une femme avec Bellomont, qui lui avait sauvé la vie au siége d'Amiens. Quoiqu'il soit très-blessé, et même en grand danger, le duc d'Épernon ne veut point le voir, et menace de le déshériter. On rappelle encore, à cette occasion, son aventure avec mademoiselle de Luxembourg, qui a été depuis duchesse de Ventadour : il ne voulut point l'épouser, quoique leur mariage eût été arrêté, et qu'il y eût consenti. C'est un homme perdu dans le monde. Il a paru vous aimer ; vous ne l'auriez peut-être pas haï : voyez combien vous devez au comte de Blanchefort de vous avoir sauvée du péril où vous étiez exposée !

Le procédé du marquis de La Valette donnait à mademoiselle d'Essei tant d'indignation contre lui, et tant de colère contre elle-même de la préférence qu'elle lui avait donnée dans son cœur, que son estime pour le comte de Blanchefort en augmentait; elle trouvait qu'elle avait à réparer avec lui. Il vint les joindre, plus amoureux encore, s'il était possible, qu'il ne l'avait été.

Madame de Polignac était un peu malade quand il arriva ; mais son mal paraissait si médiocre, que mademoiselle d'Essei n'en était point alarmée : la fièvre augmenta si fort le lendemain et les jours suivans, que l'on commença à craindre pour sa vie. Dès qu'elle connut l'extrémité où elle était, elle fit approcher mademoiselle d'Essei et le comte de Blanchefort : Ma mort, dit-elle au comte, va priver mademoiselle d'Essei des secours qu'elle pouvait attendre de mon amitié; mais je lui laisse en vous plus qu'elle ne perd en moi : j'eusse voulu être témoin de votre union et de votre bonheur.

Non, madame, s'écria le comte de Blanchefort, nous ne vous perdrons point : le ciel vous rendra à nos larmes ; vous serez témoin de notre bonheur.... Mais pourquoi le différer? poursuivit-il. Je puis, dès ce moment, recevoir la foi de mademoiselle d'Essei, et lui donner la mienne. Consentez à mon bonheur, ajouta-t-il en se jetant aux pieds de mademoiselle d'Essei ; payez par un peu de confiance l'amour le plus tendre. Hélas! qu'est-ce que j'exige? que vous ne me croyiez pas le plus scélérat des hommes. Si les ménagemens que j'ai à garder m'obligent dans ces premiers momens de tenir notre mariage secret, je suis sûr que je pourrai bientôt le déclarer.

Mademoiselle d'Essei fondait en larmes : ce temps d'attendrissement et de douleur fut favorable au comte de Blanchefort. D'ailleurs, un sentiment généreux lui fit trouver de la satisfaction à faire quelque chose pour un homme qui faisait tout pour elle. Moins elle l'aimait, plus elle croyait lui devoir.

L'autorité de madame de Polignac acheva de la déterminer. Donnez votre main, ma fille, au comte de Blanchefort, lui dit-elle, après avoir fait appeler le curé du lieu; jurez-vous devant nous la foi conjugale. Votre probité, continua-t-elle en s'adressant au comte, me répond de votre parole. Voici, ajouta-t-elle en s'adressant à mademoiselle d'Essei, une cassette qui renferme quelques pierreries; je vous prie, ma chère fille, de les accepter : si je pouvais disposer du reste de mon bien, il serait à vous.

Mademoiselle d'Essei était si troublée de l'engagement qu'elle venait de prendre, et si pressée de sa douleur, qu'elle tomba en faiblesse aux pieds de madame de Polignac : on l'emporta hors de sa chambre; on la mit au lit; elle passa la nuit dans des pleurs continuels. Le comte de Blanchefort fut toujours auprès d'elle.

Cependant, madame de Polignac parut un peu mieux pendant quelques jours. Cette espérance, qui donna tant de joie à mademoiselle d'Essei, ne dura guère : le mal augmenta, et on lui annonça qu'il fallait se préparer à la mort. Elle voulut encore parler à mademoiselle d'Essei. Il faut, quand je ne serai plus, lui dit-elle, que vous retourniez auprès de ma sœur : c'est là que vous devez attendre la déclaration de votre mariage; tout autre lieu blesserait la bienséance : vous pouvez lui confier votre secret; la tendresse qu'elle a pour vous vous répond de sa discrétion.

Madame de Polignac ne vécut que quelques heures après cette conversation; elle mourut entre les bras de mademoiselle d'Essei, et la laissa inconsolable. Le comte de Blanchefort l'arracha de ce château, la mena à l'abbaye du Paraclet, et de là à une maison de campagne où l'abbesse était alors, sans qu'elle sût presque où on la menait.

Madame du Paraclet aimait tendrement sa sœur : elle la pleura avec mademoiselle d'Essei, et les premiers jours ne furent employés qu'à ce triste exercice. Mais, quand la douleur de mademoiselle d'Essei se fut un peu modérée, sa situation, à laquelle elle n'avait presque pas réfléchi, commença à l'étonner : elle en parla à madame du Paraclet : Je suis persuadée, dit-elle, que le comte de Blanchefort vous tiendra sa parole. Mais enfin, il peut y manquer; il vous voit tous les jours : il faut, sans lui marquer une méfiance injurieuse, le déterminer à ce qu'il doit faire.

La grossesse de mademoiselle d'Essei, dont

elle s'aperçut alors, ne lui permettait plus de différer la publication de son mariage. Je vous ai donné, par ma confiance, dit-elle au comte de Blanchefort, la marque d'estime la plus flatteuse que je pusse vous donner; j'attendrais même avec tranquillité les arrangemens que vous êtes peut-être obligé de prendre pour déclarer notre mariage, si ma grossesse, dont je ne puis douter, m'en laissait la liberté.

Le comte de Blanchefort parut transporté de joie, dans ce premier moment, d'apprendre que mademoiselle d'Essei était grosse; il l'embrassa avec beaucoup de tendresse. Le nouveau lien qui va être entre nous, lui dit-il, m'attache encore, s'il est possible, plus fortement à vous. Je partirai demain pour demander au connétable de Luynes, qui m'honore d'une amitié particulière, de faire approuver mon mariage au roi et à la reine : je suis nécessairement attaché à la cour par mes emplois; il faut m'assurer que vous y serez reçue comme vous devez l'être.

Je n'ai rien à vous prescrire, répliqua mademoiselle d'Essei; mais je vous prie de songer que tous les momens que vous retardez exposent ma réputation. Doutez-vous, lui dit-il, qu'elle ne me soit aussi chère qu'à vous? Mon voyage ne sera que de peu de jours, et j'aurai bientôt la satisfaction de faire admirer mon bonheur à toute la cour.

Mademoiselle d'Essei, qu'aucun soupçon n'alarmait, vit partir le comte de Blanchefort sans inquiétude, persuadée qu'il viendrait remplir ses promesses.

Il revint effectivement à peu près dans le temps qu'il lui avait promis; mais, dans les premiers momens qu'ils furent ensemble, elle trouva dans ses manières quelque chose de si contraint, qu'elle en fut troublée.

Qu'avez-vous, monsieur? lui dit-elle avec beaucoup d'émotion, vos regards ont peine à s'arrêter sur moi : vous est-il arrivé quelque malheur que vous craigniez de m'apprendre? Ah! ne me faites pas cette injustice; je serai bien plus pressée de partager vos peines, que je ne le suis de partager votre fortune.

M. de Blanchefort soupirait et n'avait pas la force de répondre. Parlez, lui dit-elle encore, rompez ce cruel silence; prouvez-moi ce que vous m'avez dit tant de fois, que je vous tiendrais lieu de tout. Je vous le répète encore, dit le comte de Blanchefort; mais puis-je m'assurer que vous m'aimez?

Quel doute! s'écria mademoiselle d'Essei; oubliez-vous que c'est à votre femme que vous parlez? avez-vous oublié les nœuds qui nous lient? Mais, continua-t-il, m'aimez-vous assez pour entrer dans mes raisons? voudrez-vous vous prêter aux ménagemens que je dois à ma fortune? Le connétable, à qui je voulais faire part du dessein où j'étais de vous épouser, m'a proposé de me donner sa sœur : c'était me perdre que de lui dire que j'avais pris des engagemens sans son aveu : tout ce que j'ai pu faire a été de lui demander du temps. Votre grossesse ne doit point vous affliger : je prendrai des mesures pour dérober la connaissance de votre accouchement; pour écarter les soupçons, je ne vous verrai que rarement.

Ce que je viens d'entendre est-il possible! s'écria mademoiselle d'Essei. Non, monsieur, vous voulez m'éprouver; vous n'exposerez point votre femme à la honte d'un accouchement secret; vous ne rendrez point la naissance de votre enfant douteuse : son état et le mien sont assurés, puisque j'ai votre parole.

Je conviens de ce que je vous ai promis, répondit-il; mais vous y avez mis vous-même un obstacle insurmontable. Je me rappelle sans cesse ce que vous m'avez dit sur la manière dont mon mariage serait regardé dans le monde. Je vous l'avoue, je suis flatté de l'approbation que le public m'a accordée jusqu'ici; je ne veux point m'exposer à en être blâmé.

Vous craignez, dit-elle, d'être exposé à quelque blâme, et vous ne craignez pas de manquer aux engagemens les plus sacrés? Voyez-moi à vos pieds, poursuivit-elle; voyez cette femme que vous aimiez. C'est moi qui vous demande, le cœur pénétré de douleur, la grâce que vous me demandiez quand vous étiez aux miens. Ce n'est point de ma faiblesse que vous m'avez obtenue, c'est au plus honnête homme de toute la France que j'ai cru me donner. Pourriez-vous vous résoudre à perdre ce titre auprès de moi? pourriez-vous jouir d'une réputation que vous ne mériteriez plus? Hélas! je n'ose vous parler de l'état où vous allez me réduire; je sens que je ne vous touche plus: mais cette créature, qui est votre sang aussi-bien que le mien, ne mérite-t-elle rien de vous? la laisserez-vous naître dans l'opprobre? Condamnez-moi à vivre dans quelque coin du monde, ignorée de toute la terre; mais ne m'ôtez pas la consolation de pouvoir vous estimer; assurez l'état de mon enfant; et, de quelque façon que vous traitiez sa malheureuse mère, elle ne vous fera point de reproches.

Le comte de Blanchefort ne put voir à ses pieds, sans en être attendri, cette femme qu'il avait tant aimée, qu'il aimait encore, abîmée de douleur et baignée de ses larmes. Il la releva avec toutes les marques de la plus grande sensibilité : il voulut, par des espérances et par des offres les plus considérables, calmer son désespoir.

Qu'osez-vous me proposer ? lui dit-elle avec indignation ; que pouvez-vous m'offrir qui soit digne de moi ? vous - même ne m'en avez paru digne que parce que je vous ai cru vertueux. Mais, reprit-elle en le regardant avec des yeux que ses pleurs rendaient encore plus touchans, pourrez-vous cesser de l'être ? vous êtes-vous bien peint la peine qu'il y a d'être mécontent de soi ? vous êtes-vous bien endurci contre les reproches de votre propre conscience ? avez-vous pensé à cette idée si flatteuse que j'avais de vous, à celle que j'en dois avoir ?

Je sais, reprit-il, l'horreur que vous aurez pour moi ; j'en sens tout le poids, puisque, malgré mon injustice, ma passion est encore aussi forte ; mais, telle qu'elle est, je ne puis me résoudre à faire ce que vous désirez.

Et moi, lui dit-elle, je ne puis plus soutenir la vue d'un homme qui m'a si cruellement trompée. Jouissez, si vous le pouvez, de cette réputation de vertu que vous méritez si peu, tandis qu'avec une âme véritablement vertueuse j'aurai toute la honte et l'humiliation attachées au crime. Elle entra, en achevant ces paroles, dans un cabinet dont elle ferma la porte. M. de Blanchefort sortit aussitôt, monta à cheval et prit le chemin de Paris.

Madame du Paraclet, surprise de ce prompt départ, et ne voyant point mademoiselle d'Essei, alla la chercher. L'état où elle la trouva ne lui apprit que trop son malheur. Elle était baignée de ses larmes, et toute son action était d'une personne livrée au désespoir. Ah! madame, lui dit-elle, je suis abandonnée, je suis trahie, je suis déshonorée par le plus lâche de tous les hommes!

Quoi! s'écriait-elle, je ne serai donc plus qu'un objet de mépris! et je pourrais vivre! et je pourrais soutenir ma honte! Non, il faut que la mort me délivre de l'horreur que j'ai pour ce traître, et de celle que j'ai pour moi-même. Ses larmes et ses sanglots arrêtèrent ses plaintes. Madame du Paraclet, attendrie et effrayée d'un état aussi violent, mit tout en usage pour la calmer.

Vous vous alarmez trop vite, lui dit-elle: le comte de Blanchéfort vous aime, il ne résistera point à vos larmes; d'ailleurs, il craindra le tort qu'une affaire comme celle-ci peut lui faire.

Eh! madame, répliqua-t-elle, il a vu mon désespoir, il m'a vue mourante à ses pieds sans en être ému. Qui pourrait lui reprocher son crime? Madame de Polignac n'est plus, et vous savez que le curé et les deux témoins de mon mariage ont été écartés par les soins d'un perfide.

Mais quand tout vous manquerait, dit madame du Paraclet, mon amitié et votre vertu vous restent; croyez-moi, on n'est jamais pleinement malheureuse, quand on n'a rien à se reprocher; ne me donnez pas, ajouta-t-elle en l'embrassant, le chagrin mortel de vous perdre; vous avez du courage; que la tendresse que j'ai pour vous, que celle que vous me devez, vous obligent à en faire usage; je resterai ici avec vous pendant un temps; nous prendrons toutes les mesures convenables pour dérober la connaissance de votre malheur.

Mademoiselle d'Essei pleurait, et ne répondait point; enfin, à force de prières, de tendresses, mêlées de l'espérance que madame du Paraclet tâchait de lui donner du repentir du comte de Blanchefort, elle se calma un peu. Je paierais son repentir de ma propre vie, disait-elle, et voyez l'affreuse situation où je suis; ce que je souhaite avec tant d'ardeur me rendrait à un homme pour qui je ne puis avoir que du mépris.

Les journées et les nuits se passaient presque entières dans de pareilles conversations. La pitié que madame du Paraclet avait pour mademoiselle d'Essei l'attachait encore plus fortement à cette malheureuse fille.

J'étais bien destinée, disait-elle, à trouver de la mauvaise foi et de la perfidie : le marquis de La Valette aurait dû m'inspirer de la méfiance pour tous les hommes. Elle conta alors à madame du Paraclet l'amour qu'il avait feint pour elle, dans le temps qu'il était engagé avec mademoiselle de Magnelais.

Après quelques jours, elle écrivit au comte de Blanchefort de la manière la plus propre à l'attendrir et à le toucher. Madame du Paraclet lui écrivit aussi, et lui faisait tout craindre pour la vie de mademoiselle d'Essei. Elle envoya à Paris un homme à elle, pour rendre leurs lettres en mains propres.

On juge avec quel trouble et quelle impatience mademoiselle d'Essei en attendait la réponse. Elle était seule dans sa chambre, occupée de son malheur, quand on vint lui dire qu'un homme qui lui apportait une lettre demandait à lui parler. Elle s'avança avec précipitation au-devant de celui qu'on lui annonçait, et, sans s'apercevoir qu'il la suivait, elle prit la lettre.

Quelle fut sa surprise, quand, après en avoir vu quelques lignes, elle reconnut qu'elle était du marquis de La Valette. Grand Dieu! dit-elle en répandant quelques larmes et en se laissant aller sur un siége, le marquis de La Valette voudrait donc encore me tromper! Non, mademoiselle, lui dit, en se jetant à ses genoux, celui qui lui avait rendu la lettre, et en se faisant connaître pour le marquis de La Valette lui-même, je ne veux point vous tromper; je vous adore, et je viens mettre à vos pieds une fortune dont je puis disposer présentement

La surprise, le trouble, et plus encore un sentiment vif de son malheur, que cette aventure rendait plus sensible à mademoiselle d'Essei, ne lui laissaient ni la force de parler, ni la hardiesse de regarder le marquis de La Valette.

Vous ne daignez pas jeter un regard sur moi, lui dit-il : me suis-je trompé, quand j'ai cru vous voir attendrie en lisant ma lettre? Vous me croyez coupable. Vous avez pensé, comme le public, de mon procédé avec mademoiselle de Magnelais; j'ai souffert, j'ai même vu avec indifférence les jugemens qu'on a faits de moi; mais je ne puis conserver cette indifférence avec vous; il me faut votre estime; celle que j'ai pour vous la rend aussi nécessaire à mon bonheur que votre tendresse même.

Tant de témoignages d'une estime dont mademoiselle d'Essei ne se croyait plus digne achevaient de l'accabler. Écoutez-moi, de grâce, poursuivit le marquis de La Valette; c'est pour vous seule que je veux rompre le silence que je m'étais imposé; mais il y va de tout pour moi de vous faire perdre des soupçons qui me sont si injurieux.

Sa justification devenait inutile à mademoiselle d'Essei dans la situation où elle était; mais l'inclination qu'elle avait pour lui, lui faisait sentir quelque douceur à ne le plus trouver coupable. Ce que vous avez à m'apprendre, lui dit-elle après l'avoir fait relever, ne changera ni votre fortune ni la mienne. Parlez cependant, puisque vous le voulez.

Il ne suffit pas toujours d'être honnête homme, dit le marquis de La Valette; il faut encore que la fortune nous serve, et ne nous mette pas dans des situations où le véritable honneur exige que nous en négligions les apparences.

Vous avez sans doute entendu parler de la façon dont je rompis avec mademoiselle de Luxembourg. Notre mariage était prêt à se conclure; je n'y avais point apporté d'obstacle; je rompis cependant presque au moment où il devait s'achever. Ce procédé, si bizarre en apparence et qui m'attira tant de blâme, était pourtant généreux : mademoiselle de Luxembourg me déclara qu'elle aimait le duc de Ventadour, et en était aimée; qu'elle n'aurait cependant pas la force de désobéir à son père; qu'elle me priait de prendre sur moi la rupture de notre mariage. Pouvais-je me refuser à ce qu'elle désirait ?

Le feu roi faisait alors la guerre en Picardie; j'allai l'y joindre, avec quelques troupes que j'avais levées à mes dépens. Le désir de me distinguer me fit exposer un peu trop légèrement au siége d'Amiens; je fus renversé par les assiégés du haut de leurs murailles; je tombai dans le fossé, très-blessé, et j'aurais peut-être péri sans le secours de Bellomont, qui me releva et ne me quitta point qu'il ne m'eût remis entre les mains de mes gens.

Ce service était considérable; ma reconnaissance y fut proportionnée : dès ce même jour, je ne voulus plus que le chevalier eût d'autre tente et d'autres équipages que les miens. Sa naissance et sa fortune sont si fort au-dessous des miennes, qu'il pouvait sans honte recevoir mes bienfaits. Nous devînmes inséparables, et les éloges que je lui prodiguai lui attirèrent, de la part du roi et des principaux officiers, des distinctions flatteuses. Plus je faisais pour lui, plus je m'y attachais, et plus je croyais lui devoir.

Il voulut m'accompagner en Flandre, où le roi m'envoya pour négocier avec quelques seigneurs qui lui étaient attachés. Comme la négociation exigeait le plus grand secret, le roi m'ordonna de n'y paraître que sous un faux nom, et en simple voyageur. J'allai à Lille, où je devais trouver ceux avec qui j'avais à traiter. C'est là où je vis mademoiselle de Magnelais et madame sa mère, qui étaient allées dans leurs terres.

Je ne parus chez elles que sous le nom du chevalier de Benauges, que j'avais pris, et j'y fus beaucoup mieux reçu par mademoiselle de Magnelais, que ne devait l'être un homme de la condition dont je paraissais. Je crus que je lui plaisais, et je fus flatté de ne devoir cet avantage qu'à mes seules qualités personnelles : je m'attachai d'abord bien plus à elle par amour-propre que par amour; mais je vins insensiblement à l'aimer, et j'aurais cru ne pouvoir aimer mieux, si ce que je sens pour vous ne m'avait fait connaître toute la sensibilité de mon cœur.

Comme mon déguisement était le secret du roi, je ne le dis point à mademoiselle de Magnelais; je me faisais encore un plaisir de celui qu'elle aurait, quand je lui serais connu, de trouver dans le marquis de La Valette un amant plus digne d'elle que le chevalier de Benauges.

Mon séjour à Lille fut de trois mois : j'eus la satisfaction d'apprendre en partant que mademoiselle de Magnelais viendrait bientôt à Paris. Elle m'avait permis de mettre Bellomont dans notre confidence ; et, lorsqu'il naissait entre nous quelque petit différent, c'était toujours lui qui rétablissait la paix.

Quelques jours après mon retour, mademoiselle de Magnelais fut présentée à la reine : j'étais dans la chambre de cette princesse, et je jouis du trouble et de la joie de mademoiselle de Magnelais, quand elle m'eut reconnu. J'allai chez elle ; et, quoique j'eusse à essuyer quelques reproches du mystère que je lui avais fait, elle était si contente de trouver que le chevalier de Benauges était le marquis de La Valette, que je n'eus pas de peine à obtenir mon pardon.

Je lui rendais tous les soins que la bienséance me permettait. La douceur de notre commerce était quelquefois troublée par ses jalousies : je ne voyais point de femme dont elle ne prît ombrage, et elle me réduisait presque au point de n'oser parler à aucune : j'étais quelquefois prêt à me révolter ; mais la persuasion que j'étais aimé me ramenait bien vite à la soumission.

Quand ma conduite ne donnait lieu à aucun reproche, j'en avais d'une autre espèce à essuyer. On se plaignait que je n'étais pas jaloux. Vous voulez bien me laisser penser, lui disais-je, mademoiselle, que j'ai le bonheur de vous plaire :

puis-je être jaloux sans vous offenser, et me le pardonneriez-vous? Je ne sais si je vous le pardonnerais, me répondit-elle; mais je sais bien que j'en serais plus sûre que vous m'aimez.

Ce sentiment me paraissait bizarre; je m'en plaignais à Bellomont : il justifiait mademoiselle de Magnelais, et m'obligeait à lui rendre grâce d'une délicatesse que je n'entendais point. Cependant mon attachement pour elle fit du bruit : le duc d'Épernon, qui souhaitait de me marier, m'en parla, et ne trouva en moi nulle résistance. Le mariage fut bientôt arrêté entre M. le duc d'Hallwin et lui; mais quelques raisons particulières les obligèrent à le différer.

Cependant, comme les paroles étaient données, j'eus beaucoup plus de liberté de voir mademoiselle de Magnelais : je passais les journées chez elle, et j'avais lieu d'être content de la façon dont elle vivait avec moi. Un jour que j'étais entré dans son appartement pour l'attendre, j'entendis qu'elle montait l'escalier avec quelqu'un que je crus être un homme. Le plaisir de faire une plaisanterie sur le défaut de jalousie qu'elle me reprochait si souvent, me fit naître l'envie de me cacher. Je me coulai dans la ruelle du lit, qui était disposé de manière que je ne pouvais être aperçu.

Vous avez tort, disait mademoiselle de Magnelais à l'homme qui était avec elle, que je ne pouvais voir; bien loin de me faire des reproches, vous me devez des remercîmens : il est vrai que je suis ambitieuse; mais c'est bien moins par ambition que je l'épouse, que pour m'assurer le plaisir de vous voir. Pourquoi, répondit celui à qui elle parlait, que je reconnus pour Bellomont, lui faire croire que vous l'aimez? pourquoi tous ces reproches de ce qu'il n'est pas jaloux?

Je vous avoue, répliqua-t-elle, que la vanité que je trouvais à en être aimée m'avait d'abord donné du goût pour lui : votre amour ne m'avait pas encore fait connaître le prix de mon cœur; je croyais presque le lui devoir. Laissons-lui penser qu'il est aimé; cette opinion écartera ses soupçons, et, en lui reprochant sa confiance, je l'augmente encore.

Les premiers mots de cette conversation me causèrent tant de surprise, qu'elle aurait seule suffi pour arrêter les effets de ma colère; mais tous les sentimens dont j'étais agité firent bientôt place au mépris et à l'indignation, qui prenaient dans mon cœur celle de l'amour et de l'amitié : je ne fus pas même honteux d'avoir été trompé; tout honnête homme aurait pu l'être, et cela me suffisait.

Mademoiselle de Magnelais et Bellomont dirent encore plusieurs choses qui me firent comprendre que leur intelligence avait commencé presque aussitôt que j'avais cru être aimé. Ils se séparèrent dans la crainte que je ne vinsse ; car, quelque sûr que l'on fût de moi, on voulait pourtant me ménager. Mademoiselle de Magnelais passa dans l'appartement de madame sa mère, et me laissa la liberté de sortir.

J'allai m'enfermer chez moi pour réfléchir sur le parti que j'avais à prendre : je pouvais perdre d'honneur mademoiselle de Magnelais ; mais n'était-ce pas la punir d'une manière trop cruelle, d'une légèreté dont il ne m'était arrivé aucun mal? et pouvais-je employer contre elle des armes qu'elle n'aurait pu en pareil cas employer contre moi? Pour Bellomont, il me trahissait, mais il m'avait sauvé la vie : il m'était plus aisé de pardonner l'injure, que de manquer à la reconnaissance.

Pour ne pas priver le chevalier d'une protection aussi nécessaire pour lui que celle de M. d'Épernon, je me déterminai à lui cacher ce que le hasard m'avait fait découvrir. A l'égard de mon mariage, j'avais le temps pour moi. Il ne me restait qu'à prendre des mesures pour éviter de voir mademoiselle de Magnelais : elle m'était devenue, dès ce moment-là, si indifférente, que je n'avais pas même besoin de lui faire des reproches. Je projetais un voyage à la campagne, quand j'appris que mademoiselle de Magnelais y était allée elle-même.

J'eus l'honneur, mademoiselle, de vous voir à peu près dans ce temps-là, et dès ce moment je n'imaginai plus qu'on pût me proposer mademoiselle de Magnelais. Cette jalousie qu'elle m'avait demandée, et que je ne connaissais point, je la connus alors : tout ce qui vous environnait me faisait ombrage; tout me paraissait plus capable que moi de vous plaire, et aucun ne me semblait digne de vous.

Je craignis cependant le comte de Blanchefort un peu plus que les autres : moi, qui jusque-là n'avais fait aucun cas des louanges de la multitude, je me sentis affligé de celles que cette multitude donnait à mon rival. Il pouvait aussi vous offrir sa main, et moi je ne pouvais, pendant la vie du duc d'Épernon, vous proposer qu'un mariage secret, à quoi mon respect ne pouvait consentir ; ce fut ce qui me retint le jour que j'osai vous parler du comte de Blanchefort. Quelle joie, mademoiselle, répandîtes-vous dans mon cœur! je crus voir que vous étiez touchée de l'excès de ma passion.

Cependant, le voyage de mademoiselle de Magnelais, qui me laissait respirer, n'avait été entrepris que pour me jeter dans de nouvelles peines. Elle avait déterminé le duc d'Hallwin à ne plus différer notre mariage, et, à leur retour, le duc d'Épernon et lui en marquèrent le jour.

Mon refus m'attira la disgrâce de mon père. Je ne lui en donnai point de raisons : celles que la conduite de mademoiselle de Magnelais me fournissait n'auraient point été crues, et d'ailleurs, depuis que je vous avais vue, mademoiselle, je sentais que ce n'était pas le plus grand obstacle à notre mariage; mais je crus aussi qu'il fallait, surtout dans les premiers momens, lui cacher mon attachement pour vous.

Je ne pus cependant me refuser le plaisir de vous voir le lendemain. J'étais plein de la joie de me voir libre : je voulais vous la montrer; je me flattais que vous en démêleriez le motif; mais cette joie ne dura guère : vos regards et le ton dont vous me parlâtes me glacèrent de crainte. Oserai-je cependant vous l'avouer? me pardonnerez-vous de l'avoir pensé? Ce que vous me dîtes de mademoiselle de Magnelais me donna lieu de me flatter qu'elle avait part au mauvais traitement que je recevais.

Cette idée me donna un peu de tranquillité, et je pris dès lors la résolution de ne vous rien cacher de ce qui s'était passé entre elle et moi. Je retournai dans cette intention chez madame de Polignac; j'appris d'elle-même, mademoiselle, que vous étiez retournée à l'abbaye du Paraclet; je fis dessein d'y aller, et j'avais tout disposé pour cela.

Je reçus, la surveille de mon départ, un billet de Bellomont : il me priait de me trouver le lendemain matin à un endroit d'un faubourg de Paris, assez écarté. Je ne suis pas naturellement porté à la méfiance; j'eusse voulu d'ailleurs le trouver moins coupable. Je me figurai qu'il avait dessein de m'avouer ce qui s'était passé, et de concerter avec moi les moyens d'épouser mademoiselle de Magnelais.

La conversation commença par les protestations de son attachement pour moi. Après le début, qui me confirmait encore dans mon idée: Comment est-il possible, me dit-il, que vous puissiez faire le malheur d'une fille dont vous êtes si tendrement aimé? J'ai été encore hier témoin de ses larmes : c'est par son ordre que je vous parle; elle est instruite de votre amour pour mademoiselle d'Essei. Permettez-moi, mademoiselle, ajouta le marquis de La Valette, de vous taire ce qu'il eut l'audace d'ajouter.

Peut-être n'aurais-je encore payé tant d'artifice et de mauvaise foi que par le plus profond mépris; mais je ne fus plus maître de mon indignation, quand il osa manquer au respect qui vous est dû de toute la terre. Taisez-vous, lui dis-je avec un ton de fureur, ou je vous ferai repentir de votre insolence. Vous et mademoiselle de Magnelais êtes dignes l'un de l'autre; et je vous aurais puni de toutes vos trahisons, si le mépris ne vous avait sauvé de ma vengeance.

A qui parles-tu donc? répliqua Bellomont. As-tu oublié que tu me dois la vie? Mais tu ne jouiras plus d'un bienfait dont tu abuses; il vint en même temps sur moi, et, avant que je me fusse mis en défense, il me porta deux coups d'épée: je tirai la mienne, et, comme il voulait redoubler, je le blessai à la hanche en me défendant; il tomba, je fus sur lui, et, après l'avoir désarmé: Je te donne la vie, lui dis-je, et me voilà délivré de la honte de devoir quelque chose au plus lâche de tous les hommes.

Cependant mon sang coulait en abondance, et j'allais tomber moi-même, et être exposé à la rage de ce méchant, dont la blessure était légère, quand des paysans, qui venaient à la ville, arrivèrent dans le lieu où nous étions. Mes habits, qui étaient magnifiques, les firent d'abord venir à moi. Je me fis porter dans la plus prochaine maison, qui se trouva, par hasard, appartenir à un homme qui nous était attaché: je le chargeai d'aller avertir le comte de Ligny, avec qui j'étais lié d'amitié depuis notre première enfance. Les chirurgiens, qui avaient d'abord annoncé que ma vie était dans le plus grand péril, commencèrent, quelques jours après, à concevoir de l'espérance.

A mesure que l'extrême danger diminuait, mes inquiétudes augmentaient. La discrétion que j'avais toujours reconnue dans le comte de Ligny, et le besoin de m'ouvrir à quelqu'un, m'obligèrent à lui parler. Nous convînmes qu'il enverrait au Paraclet un homme à lui, qui devait tâcher de vous parler : j'eusse bien voulu vous écrire; mais je n'en avais ni la force, ni même la hardiesse.

Celui qui avait été chargé d'aller au Paraclet, nous rapporta que vous n'y étiez plus, que vous étiez chez madame de Polignac, où il avait vainement tenté de vous parler. Ces nouvelles me jetèrent presque dans le désespoir. Comment se flatter que les faibles bontés que vous m'aviez marquées tiendraient contre des torts assez apparens et contre les soins de mon rival?

Le comte de Ligny tâchait en vain de me consoler; il était lui-même obligé de convenir que mes craintes étaient légitimes. Je voulais, tout faible que j'étais, aller moi-même chez madame de Polignac; mais les efforts que je voulais faire retardaient encore ma guérison; et, pour achever de m'accabler, le duc d'Épernon tomba malade dans le même temps, et mourut sans avoir voulu m'accorder le pardon que je lui fis demander. Les calomnies de Bellomont avaient achevé de l'irriter contre moi : il avait eu l'audace de lui dire que je l'avais attaqué le premier, et que je ne m'étais porté à cette violence que parce qu'il avait voulu me représenter mes devoirs.

Cette imposture exigeait de moi que je le visse encore l'épée à la main : j'attendais avec impatience que mes forces me le permissent, quand un intérêt plus pressant m'a fait différer ma vengeance. Le comte de Ligny entra, il y a trois jours, dans ma chambre, avec un air de joie dont je fus étonné : Réjouissez-vous, me dit-il, le comte de Blanchefort, ce rival si redoutable, vient de faire part au roi de son mariage avec la sœur du connétable.

Mademoiselle d'Essei avait écouté jusque-là le marquis de La Valette avec un saisissement de douleur, qu'elle avait eu peine à cacher; mais elle n'en fut plus la maîtresse.

Quoi! s'écria-t-elle en répandant un torrent de larmes, le comte de Blanchefort est marié! Ces paroles furent les seules qu'elle put prononcer : elle tomba en faiblesse. Le marquis de La Valette n'était guère dans un état différent : la vue de mademoiselle d'Essei mourante, et mourante pour son rival, lui faisait sentir tout ce que l'amour et la jalousie peuvent faire éprouver de plus cruel. Il fut quelques momens immobile sur son siége; enfin l'amour fut le plus fort; il prit mademoiselle d'Essei entre ses bras pour tâcher de la faire revenir.

Dans le même temps qu'il appelait du secours, madame du Paraclet, étonnée de ne point voir mademoiselle d'Essei, venait la chercher : sa surprise fut extrême de la trouver évanouie dans les bras d'un homme qu'elle ne connaissait point; mais le plus pressé était de la faire revenir. Son évanouissement fut très-long; elle ouvrit enfin les yeux, et, les portant sur tout ce qui l'environnait, elle vit le marquis de La Valette à ses pieds, qui lui tenait une main qu'il mouillait de ses larmes. La crainte de la perdre avait étouffé la jalousie : il eût consenti dans ce moment au bonheur du comte de Blanchefort.

Laissez-moi, marquis, lui dit-elle en retirant sa main; votre amour et votre douleur achèvent de me faire mourir. Que je vous laisse, mademoiselle! s'écria-t-il; vous le voulez en vain : il faut que je meure à vos pieds, du désespoir de n'avoir pu vous toucher, et de vous trouver sensible pour un autre. Comment a-t-il touché votre cœur? Quelle marque d'amour vous a-t-il donnée? Par quel endroit a-t-il mérité de m'être préféré? Je suis donc destiné à être trahi ou méprisé! Hélas! je venais mettre ma fortune à vos pieds, et c'est de mon rival que vous voulez tenir ce que mon amour voulait vous donner !

Les larmes et les sanglots de mademoiselle d'Essei l'empêchèrent long-temps de répondre ; enfin, prenant tout d'un coup son parti : Je vais vous montrer, lui dit-elle, que je suis encore plus malheureuse et plus à plaindre que vous. Le comte de Blanchefort est mon mari; la raison, et peut-être encore plus le dépit dont j'étais animée contre vous, m'ont déterminée à lui donner la main ; et, dans le temps que son honneur et le mien demandent la déclaration de notre mariage, j'apprends qu'il est engagé avec une autre. Vous voyez, par l'aveu que je vous fais, que je suis, du moins, digne de votre pitié ; et j'ose encore vous dire, ajouta-t-elle en répandant de nouveau des larmes, que, si le fond de mon cœur vous était connu, je le serais de votre estime.

Oui, madame, répliqua le marquis de La Valette : il ne m'est plus permis de vous parler de mon amour ; mais je vais, du moins, vous prouver mon estime, en vous vengeant de l'indigne comte de Blanchefort. Vous m'estimez, répondit mademoiselle d'Essei, et vous me proposez de me venger d'un homme à qui j'ai donné ma foi ! Ah ! mademoiselle, dit le marquis de

La Valette, avec une extrême douleur, vous l'aimez! l'amour seul peut retenir une vengeance aussi légitime que la vôtre.

Je vous l'ai déjà dit, répliqua-t-elle, et peut-être vous l'ai-je trop dit; la raison seule et les conseils de madame de Polignac m'avaient déterminée; mais la trahison du comte de Blanchefort ne m'affranchit pas de mes devoirs; il sera père de cette misérable créature, dont je serai la mère; et pourrais-je ne pas respecter ses jours, et pourrais-je aussi me résoudre à exposer les vôtres? Adieu, monsieur, lui dit-elle encore; le ciel sera peut-être touché de mon innocence et de mon malheur; c'est à lui de me venger, si je dois l'être: mais ne me voyez plus, et laissez-moi jouir de l'avantage de n'avoir à pleurer que mes malheurs, et non pas à rougir de mes faiblesses.

M. de La Valette, que l'admiration et la pitié la plus tendre attachaient encore plus fortement à mademoiselle d'Essei, ne s'en sépara qu'avec la plus sensible douleur. Ce qu'il m'en coûte pour vous obéir, lui dit-il en la quittant, mérite du moins que vous daigniez vous souvenir que le pouvoir que vous avez sur moi est sans bornes.

Elle n'en était que trop persuadée pour son repos. Je suis la seule au monde, disait-elle à madame du Paraclet, pour qui la fidélité d'un homme tel que le marquis de La Valette soit un nouveau malheur; tous mes sentimens sont contraints, ajoutait-elle, je n'ose ni me permettre de haïr, ni me permettre d'aimer.

Elle resta dans cette maison aussi long-temps qu'il fallait pour cacher son malheureux état. Elle écrivit encore à M. de Blanchefort; elle lui manda la naissance d'un garçon dont elle était accouchée; toutes ses répugnances cédèrent à ce que l'intérêt de cet enfant demandait d'elle; rien ne fut oublié dans cette lettre pour exciter la pitié de M. de Blanchefort; et tout fut inutile. Non-seulement il ne lui fit aucune réponse, il ne daigna pas même s'informer où elle était.

Mademoiselle d'Essei, quoique ce procédé l'accablât de la plus vive douleur, ne laissa pas de soutenir le personnage de suppliante pendant près de six mois que son fils vécut; mais, dès qu'elle l'eût perdu, elle écrivit à M. de Blanchefort sur un ton bien différent. Voici ce que contenait cette lettre.

« La mort de mon fils rompt tous les liens » qui m'attachaient à vous; je n'ai rien oublié » pour lui sauver la honte que vous avez attachée à sa naissance. Voilà le motif des démarches que j'ai faites, et que j'ai faites si

» inutilement. Je souhaite que le repentir fasse » naître en vous la vertu, dont vous savez si » bien affecter les dehors, tandis que le fond » de votre cœur cache des vices si odieux. »

Après avoir écrit cette lettre, mademoiselle d'Essei se crut libre, et elle se disposa à prendre le voile dans l'abbaye du Paraclet. A peine y avait-il deux mois qu'elle était dans le noviciat, quand la femme qui l'avait autrefois amenée dans cette maison y vint avec un homme que son air et une croix de l'ordre de Malte annonçaient pour un homme de condition.

Ils demandèrent à madame l'abbesse des nouvelles de la jeune fille appelée mademoiselle d'Essei, qu'on avait remise entre ses mains il y avait douze ans. Elle est dans cette maison, répondit l'abbesse, et l'intention de ses parens a été remplie, elle est religieuse. Ah! s'écria cet homme, il faut qu'elle quitte le cloître; il faut qu'elle vienne consoler une mère de la perte d'un mari et d'un fils unique, et jouir du bien que la mort de son frère lui laisse, et qui la rend une des plus grandes et des plus riches héritières de France. Permettez, dit-il à madame du Paraclet, que je puisse la voir et lui parler; la qualité de son oncle m'en donne le droit.

On alla chercher la jeune novice; et, dès

qu'elle parut, son oncle s'empressa de lui apprendre qu'elle était fille du duc de Joyeuse; que l'envie de rendre son frère un plus grand seigneur avait engagé son père et sa mère à lui cacher sa naissance, et à la faire élever dans un cloître, où l'on voulait qu'elle se fît religieuse; mais qu'il semblait que le ciel eût pris plaisir à confondre des projets aussi injustes; que ce frère, à qui on l'avait sacrifiée, était mort; que son père ne lui avait survécu que peu de jours. J'ai été témoin de son repentir, dit M. le Bailli de Joyeuse, et je suis dépositaire de ses dernières volontés. Venez, continua-t-il en s'adressant à sa nièce, prendre possession des grands biens dont vous êtes la seule héritière. Oubliez, s'il vous est possible, l'inhumanité qu'on a exercée envers vous, et à laquelle je me serais opposé de toute ma force, si j'en avais eu le moindre soupçon.

Ce que vous m'apprenez, monsieur, dit mademoiselle de Joyeuse, ne changera en moi que mon nom : rien ne saurait m'obliger à rompre les engagemens que j'ai pris. Vous n'avez point encore d'engagement, reprit M. le Bailli, puisque vous n'avez pas prononcé vos vœux. Les vœux, répliqua mademoiselle de Joyeuse, m'engageraient avec les autres; mais le voile que je porte, suffit pour m'engager avec moi-même.

Les raisons et les prières de M. le Bailli ne purent ébranler la résolution de mademoiselle de Joyeuse. Sans se plaindre de sa mère, elle représentait avec douceur, et cependant avec force, que la manière dont elle avait été traitée la dispensait de l'exacte obéissance. Madame du Paraclet, à qui M. le Bailli eut recours, était trop instruite des malheurs de mademoiselle de Joyeuse et de sa façon de penser, pour laisser quelque espérance à M. le Bailli. Après quelques jours de séjour au Paraclet, pendant lesquels mademoiselle de Joyeuse prit connaissance des biens dont elle avait à disposer, le Bailli partit pour aller annoncer à madame de Joyeuse la résolution de sa fille, et l'impossibilité de la faire changer.

Cependant la lettre qu'elle avait écrite au comte de Blanchefort avait non-seulement fait naître son repentir, mais lui avait redonné tout son amour. Il avait cru jusque-là qu'elle reviendrait à lui dès qu'il le voudrait. La certitude, au contraire, d'être haï, méprisé, les reproches qu'il se faisait d'avoir perdu, par sa faute, un bien dont il connaissait alors tout le prix, lui faisaient presque perdre la raison. Son mariage avec la sœur du connétable n'avait pas eu lieu : rien ne l'empêchait d'aller confirmer ses engagemens avec mademoiselle d'Essei :

il se flattait quelquefois que les mêmes raisons qui les lui avaient fait accepter les lui feraient accepter encore, et qu'elle ne résisterait point à la fortune et au rang qu'il pouvait lui donner.

Il partit pour le Paraclet, dans la résolution de mettre tout en usage, jusqu'à la violence même, pour se ressaisir d'un bien sur lequel il croyait que la vivacité de son amour lui avait rendu ses droits. Quel nouveau sujet de désespoir, quand il sut la véritable condition de mademoiselle d'Essei, et l'engagement qu'elle avait pris! Sa douleur était si forte et si véritable, que madame du Paraclet, qui lui avait annoncé des nouvelles si accablantes, ne put lui refuser quelque pitié, et ne put se défendre de parler à mademoiselle de Joyeuse. Obtenez de grâce, lui disait-il, qu'elle daigne m'entendre : sa vertu lui parlera pour moi : elle se ressouviendra de nos engagemens : elle ne voudra point m'exposer et s'exposer elle-même aux effets de mon désespoir.

La perfidie du comte de Blanchefort, répondit mademoiselle de Joyeuse quand madame du Paraclet voulut s'acquitter de sa commission, m'a affranchie de ces engagemens qu'il ose réclamer : je ne crains point les effets de son désespoir : qu'il rende, s'il en a la hardiesse, mon aventure publique : ma honte sera ensevelie dans cette maison, et j'aurai moins de peine à la soutenir que je n'en aurais de voir et d'entendre un homme pour qui j'ai la plus juste indignation et le plus profond mépris.

Ces premiers refus ne rebutèrent point M. de Blanchefort : il mit tout en usage pour parler à mademoiselle de Joyeuse; et, n'ayant pu y réussir, il attendit, caché dans une maison du bourg, le temps où elle devait prendre les derniers engagemens, résolu d'y mettre obstacle; mais, lorsqu'elle parut avec le voile qui la couvrait; qu'il aperçut le drap mortuaire sous lequel elle devait être mise; qu'il se représenta que c'était lui, que c'étaient ses perfidies qui l'avaient contrainte à s'ensevelir dans un cloître; que cet état, peut-être si contraire à son inclination, lui avait paru plus doux que de vivre avec lui, il se sentit pénétré d'une douleur si vive, et fut si peu maître de la cacher, qu'on l'obligea de sortir de l'église.

M. le vicomte de Polignac, neveu de madame l'abbesse, qui était présent, le mena dans l'appartement des étrangers : son désespoir était si grand, qu'il fallut le sauver de sa propre fureur. Enfin, après bien de la peine, il obéit à l'ordre de partir qu'on lui donna de la part de mademoiselle de Joyeuse, et se retira dans une de ses terres, occupé uniquement de son amour et du bien qu'il avait perdu : une maladie de langueur termina au bout de quelques mois sa vie et ses peines.

Cependant la scène qui s'était passée dans l'église, si nouvelle pour les religieuses, excita leurs murmures : les plus accréditées représentèrent à madame du Paraclet qu'un éclat de cette espèce demandait que mademoiselle de Joyeuse fût examinée de nouveau, et que la profession fût différée. Il fallut se soumettre à cette condition. Le temps qu'on avait demandé pour cet examen n'était pas encore écoulé quand M. de La Valette arriva au Paraclet. Le changement de fortune et d'état de mademoiselle de Joyeuse ne lui avait pas été long-temps caché : si, par respect pour elle, il s'était soumis à l'ordre qu'elle lui avait donné de renoncer à la voir, il n'en avait pas été moins attentif et moins sensible pour elle. Quoiqu'il n'eût conservé aucune espérance, il n'avait cependant jamais envisagé l'horreur d'une séparation éternelle : cette idée se présenta à lui pour la première fois, lorsqu'il sut que mademoiselle de Joyeuse avait pris le voile.

Il courut à l'abbaye du Paraclet. Mademoiselle de Joyeuse ne put se résoudre à le traiter comme elle avait traité M. de Blanchefort : elle vint au parloir où il l'attendait. Ils furent assez long-temps sans avoir la force de parler ni l'un ni l'autre : le marquis de La Valette, suffoqué par ses larmes et par ses sanglots, après avoir considéré mademoiselle de Joyeuse presque ensevelie dans l'habillement bizarre dont elle était revêtue, restait immobile sur la chaise où il était assis. Je n'aurais pas dû vous voir, dit enfin mademoiselle de Joyeuse. Ah! s'écria le marquis, que vous me vendez cher cette faveur! Je mourrai, oui, je mourrai à vos yeux si vous persistez dans cette résolution. Mes malheurs, répliqua mademoiselle de Joyeuse, ne m'ont pas laissé le choix de ma destinée; il faut vivre dans la solitude, puisque je ne saurais plus me montrer dans le monde avec honneur. Eh! pourquoi, dit M. de La Valette, vous faire cette cruelle maxime? pourquoi vous punir de ce que le comte de Blanchefort est le plus scélérat des hommes? Il n'en coûte guère, répliqua mademoiselle de Joyeuse, de quitter le monde quand on ne peut y vivre avec ce qui nous l'aurait fait aimer.

Que me faites-vous envisager? s'écria le marquis de La Valette. Serais-je en même temps le plus heureux et le plus malheureux des hommes? Non, poursuivit-il en la regardant de la manière la plus tendre, je ne renoncerai point à des prétentions que votre cœur semble ne pas dédaigner. J'avoue, répliqua mademoiselle de

Joyeuse, que, si je l'avais écouté, il n'eût parlé que pour vous. Il faut vous avouer plus, ajouta-t-elle; ce fut pour me venger de vous, dont je croyais avoir été trompée, que je me précipitai dans l'abîme des malheurs où je suis tombée. Accordez-moi donc, interrompit le marquis de La Valette, la gloire de les réparer. C'est assez pour moi, répliqua mademoiselle de Joyeuse, que vous ayez pu en concevoir l'idée; mais j'en serais bien indigne si j'étais capable de m'y prêter. Quand ma funeste aventure serait ignorée de toute la terre, quand j'aurais une certitude entière que vous l'ignoreriez toujours, il me suffirait de la savoir, il me suffirait de la nécessité où je serais de vous cacher quelque chose, pour empoisonner le repos de ma vie.

Ah! dit le marquis de La Valette avec beaucoup de douleur, je me suis flatté trop légèrement, et vous-même vous vous êtes trompée; vous avez cru me vouloir quelque bien, seulement parce que je ne vous suis pas aussi odieux que M. de Blanchefort. Il serait à souhaiter pour mon repos, reprit-elle, que je fusse telle que vous le pensez : croyez cependant que l'oubli des injures que j'ai reçues n'est pas le seul sacrifice que j'aie à faire à Dieu en me donnant à lui. Il faut, ajouta-t-elle, finir une conversation trop difficile à soutenir pour l'un et pour l'autre. Adieu, monsieur, je vais faire des vœux au ciel pour votre bonheur; souvenez-vous quelquefois à quoi j'eusse borné le mien.

Elle sortit en prononçant ces paroles, et laissa le marquis de La Valette dans un état plus aisé à imaginer qu'à représenter. Madame du Paraclet, que mademoiselle de Joyeuse en avait priée, vint pour remettre quelque calme dans son esprit. Il ne fut de long-temps en état de lui répondre; ses actions, ses discours se ressentaient du trouble de son âme; il voulait voir mademoiselle de Joyeuse, il voulait lui parler encore une fois : Je ne lui demande, disait-il, que quelque délai; je me soumettrai ensuite à tout ce qu'elle voudra m'ordonner.

La sensibilité que mademoiselle de Joyeuse s'était trouvée pour M. de La Valette la pressait, au contraire, de se donner à elle-même des armes contre sa propre faiblesse : De grâce, dit-elle à madame du Paraclet, obtenez du marquis qu'il me laisse travailler à l'oublier; obligez-le de s'éloigner : ce qu'il m'en coûte, ajouta-t-elle, pour le vouloir, ne le dédommage que trop.

M. de La Valette ne pouvait se résoudre à ce départ auquel on le condamnait; mais madame du Paraclet lui représenta avec tant de force la peine qu'il faisait à mademoiselle de Joyeuse, et l'inutilité de sa résistance, qu'il se vit contraint d'obéir. Toujours occupé de son amour et de ses regrets, il passa deux années dans une de ses terres, et ne retourna à la cour que lorsque la nécessité de remplir les fonctions de sa charge l'y obligea.

Mademoiselle de Joyeuse qui, en prononçant ses vœux, avait pris le nom d'Eugénie, eut peu de temps après la douleur sensible de perdre madame l'abbesse du Paraclet. Il ne lui fut plus possible, après cette perte, de rester dans un lieu où tout la lui rappelait : elle obtint de venir à Paris dans l'abbaye de Saint-Antoine. Les arrangemens qu'elle avait pris en disposant de son bien, la mirent en état d'y être reçue avec empressement.

M. le marquis de La Valette, après son retour à la cour, apprit qu'elle y était, et lui fit demander la permission de la voir. Soit effectivement que le temps, l'absence, et la perte de toute espérance, eussent produit sur lui leur effet ordinaire, ou qu'il eût la force de se contraindre, il ne montra à Eugénie que les sentimens qu'elle pouvait recevoir. Le commerce qui s'établit dès lors entre eux leur a fait goûter à l'un et à l'autre les charmes de la plus tendre et de la plus solide amitié. Eugénie a voulu en vain le déterminer à se marier; il lui a toujours répondu qu'il voulait se garder tout entier pour l'amitié.

Vous voyez, me dit Eugénie, quand elle eut achevé de me conter son histoire, que, si les malheurs que l'on a éprouvés dans le monde étaient une sûreté pour trouver de la tranquillité et du repos dans la retraite, personne n'avait plus de droit de l'espérer que moi : j'avoue cependant, à la honte de ma raison, qu'elle m'a souvent mal servie, et que mes regards se sont plus d'une fois tournés vers ce monde, où j'avais éprouvé tant de différentes peines.

Puisque mes aventures, dis-je, ne sont pas ignorées, le mariage ne saurait être pour moi qu'une source de peines. Eugénie me répondit que le président l'avait prévenue sur cet article; qu'il ne demandait de ma part qu'une entière sincérité : la vérité est auprès de lui presque de niveau avec l'innocence; d'ailleurs vous n'avez rien à avouer qui blesse l'honneur.

Je n'étais pas aussi persuadée qu'elle de l'indulgence du président d'Hacqueville : je ne pouvais croire qu'il voulût d'une femme qui avait poussé aussi loin le mépris de toute sorte de bienséance : je me flattais que l'aveu que j'en ferais le dégoûterait de m'épouser, et que, sans qu'il y eût de ma faute, ce mariage, dont je ne pouvais m'empêcher de sentir les avantages, et pour lequel j'avais cependant tant de répugnance, se trouverait rompu.

Il fallait ne guère connaître le cœur humain pour concevoir une pareille pensée. Les malheurs, les trahisons qu'une jolie femme a éprouvés ne la rendent que plus intéressante : les miens d'ailleurs n'étaient qu'une suite de ma bonne foi; et, en peignant mon cœur si tendre, si sensible, je ne fis qu'augmenter le désir de s'en faire aimer, et j'en fis naître l'espérance. Le président d'Hacqueville m'écoutait avec une attention où il était aisé de démêler le plus tendre intérêt; et, lorsque je voulais donner à mes folies leur véritable nom, il me les justifiait à moi-même : toute autre aurait fait ce que j'avais fait, se serait conduite comme moi : il faisait plus que de me le dire, il le pensait.

J'eus avec lui plusieurs conversations de cette espèce, qui durent le convaincre de ma franchise. Je fus convaincue aussi que j'étais aimée comme je pouvais désirer de l'être. Mon esprit était persuadé; mais il s'en fallait beaucoup que mon cœur fût touché. Eugénie et le commandeur de Piennes ne cessaient de me dire qu'il suffisait, quand on était honnête personne, d'estimer un mari; mais, sans le dépit et la jalousie dont j'étais animée, leurs raisons eussent été sans succès.

Un homme de confiance, que j'avais envoyé à Francfort il y avait déjà quelque temps, revint alors : j'appris de lui que la femme de Barbasan était allée le joindre ; qu'elle avait amené avec elle l'enfant dont elle était accouchée, et qu'il n'avait pas été possible de découvrir le lieu où ils s'étaient retirés.

Cette attention de se cacher ne pouvait regarder que moi. Je crus qu'on craignait de ma part quelque trait de passion pareil à mon voyage de Francfort. Je voulais ôter à mon ingrat une crainte si humiliante : je voulais, quelque prix qu'il pût m'en coûter, le convaincre qu'il n'était plus aimé : je me figurais encore qu'il sentirait ma perte dès qu'elle deviendrait irréparable. Voilà ce qui me déroba la vue du précipice où j'allais me jeter, et ce qui m'arracha le consentement qu'on me demandait.

Mon courage se soutint assez bien pendant le peu de jours qui précédèrent mon mariage. Si je n'étais pas gaie, je ne montrais du moins aucune apparence de chagrin. M. d'Hacqueville était comblé de joie, et me peignait sa reconnaissance de façon à augmenter celle que je lui devais.

Mais quel changement produisit en moi ce

oui terrible, ce *oui* qui me séparait pour jamais de ce que j'aimais! Que devins-je, grand Dieu! quand je me vis dans ce lit que mon mari allait partager avec moi! Toutes mes idées furent bouleversées. Je me trouvais seule coupable; je trahissais Barbasan; si je l'avais bien aimé, aurais-je dû m'autoriser de son exemple? Il pouvait revenir à moi: je m'ôtais le plaisir de lui pardonner; je m'ôtais du moins celui de penser à lui, de l'aimer sans crime. Étais-je digne de la tendresse de M. d'Hacqueville? N'était-ce pas le tromper que de l'avoir épousé, le cœur rempli de passion pour un autre?

Après avoir renvoyé tous ceux qui étaient dans la chambre, il me demanda la permission de se mettre au lit. Mes larmes et mes sanglots furent ma première réponse. L'état où vous me voyez, lui dis-je enfin, ne vous apprend que trop ce qui se passe dans mon cœur. Ayez compassion de ma malheureuse faiblesse; n'exigez point ce que je n'accorderais qu'au devoir: laissez à mon cœur le temps de revenir de ses égaremens: je suis trop pleine d'estime et d'amitié pour vous, pour n'en pas triompher.

Que me demandez-vous, madame? s'écria mon mari. Comprenez-vous le supplice auquel vous me condamnez? Il se tut après ce peu de mots: nous restâmes tous deux dans un morne silence. Je l'interrompis après quelques momens pour lui demander pardon. C'est à moi, madame, me dit-il, à vous le demander : je vous ai forcée par mes importunités à vous faire à vous-même la contrainte la plus affreuse. J'en suis bien puni. Ne craignez rien de ma part ; je ne serai du moins jamais votre tyran. Je vous prie seulement, ajouta-t-il en se levant pour passer dans un cabinet, et je vous en prie, pour votre intérêt plus que pour le mien, de dérober à tout le monde la connaissance de ce qui vient de se passer entre nous. Cette précaution n'était pas nécessaire ; ma conduite me paraissait à moi-même si blâmable que je n'étais nullement tentée d'en parler.

Je passai la nuit à me repentir et à m'applaudir de ce que je venais de faire. Je connaissais mon injustice ; je me la reprochais ; mais je ne pouvais m'empêcher de sentir une sécrète joie d'avoir donné au comte de Barbasan une marque d'amour que j'eusse pourtant été désespérée qu'il eût pu savoir.

M. d'Hacqueville sortit de ma chambre sur le matin, et me dit seulement qu'il me conseillait de feindre d'être malade, pour lui donner un prétexte de reprendre son appartement. Cette feinte indisposition nous exposa à beaucoup de plaisanteries. Enfin, après quelques jours, nous fûmes traités comme de vieux mariés, et l'on ne prit plus garde à nous.

A l'exception d'un seul point, je mettais tout en usage pour contenter M. d'Hacqueville. Tous ses amis devinrent bientôt les miens : je me conformais à tous ses goûts ; mes soins et mes attentions ne se démentaient pas un moment ; mais nos tête-à-tête étaient difficiles à soutenir ; nous trouvions à peine quelques mots à nous dire. M. d'Hacqueville me regardait, soupirait et baissait les yeux ; il commençait souvent des discours qu'il n'osait achever ; il me serrait les mains, il me les baisait ; il m'embrassait, quand nous nous séparions, avec une tendresse qui me disait ce qu'il n'osait me dire.

Je sentais qu'il n'était point heureux, et j'en avais honte ; je me reprochais sans cesse de faire le malheur de quelqu'un qui n'était occupé que de faire mon bonheur. Et quel obstacle encore s'opposait à mes devoirs ! une passion folle, dont mon amour-propre seul aurait dû triompher. La tristesse où M. d'Hacqueville était plongé, l'effort généreux qu'il faisait pour me la cacher excitaient ma pitié, et m'attendrissaient encore. L'estime, l'amitié, la reconnaissance, me composaient une sorte de sentiment qui me fit illusion ; et, à force de vouloir l'aimer, je me persuadais que je l'aimais ; je désirais sortir de l'état de contrainte où nous étions l'un et l'autre. Je lui avais d'abord parlé, sans beaucoup de peine, du penchant malheureux qui m'entraînait vers Barbasan; quand je crus en avoir triomphé, je me trouvai embarrassée de le lui dire.

Nous avions passé l'automne dans une maison de campagne que mon mari, toujours occupé de me plaire, avait achetée, seulement parce que j'en avais loué la situation. Comme elle était à peu de distance de Paris, nous y avions toujours beaucoup de monde. J'en étais souvent importunée; c'était, de plus, un obstacle au dessein qui me roulait dans l'esprit, et que la mélancolie de mon mari me pressait d'exécuter.

Enfin, quelques jours avant celui où nous avions fixé notre retour à Paris, nous nous trouvâmes seuls. J'étais restée dans ma chambre, pour quelque légère indisposition; il vint m'y trouver, et s'assit au pied d'une chaise longue où j'étais couchée.

Mon Dieu! lui dis-je, que le monde est quelquefois importun! Je ne sais si vous êtes comme moi; mais j'avais besoin d'un peu de solitude. Que ferons-nous de cette solitude? me répondit M. d'Hacqueville; et, tombant tout de suite à mes genoux: Je vous adore, ma chère Pauline, poursuivit-il, vous connaissez mon cœur, vous savez si je connais le prix du vôtre. Serai-je toujours malheureux? Je baissai les yeux. Mon mari prit ma main, la baisa et la mouilla de quelques larmes. Je n'étais pas éloignée d'en répandre. Me pardonnerez-vous? lui dis-je. Mon mari ne me répondit que par les transports les plus vifs. Ses caresses n'étaient interrompues que pour me rendre de nouvelles grâces.

Après s'être mis en possession de tous ses droits, il m'en demandait encore la permission; il eût bien voulu partager mon lit, mais, comme c'était une nouveauté pour mes femmes, je ne pus m'y résoudre, et mon mari voulut bien se prêter aux précautions que j'exigeais pour cacher notre commerce. Ce mystère, qui laissait toujours à M. d'Hacqueville quelque chose à désirer, soutenait la vivacité de sa passion, et lui donnait pour moi ces attentions, ces soins, qui ne sont mis en usage que par les amans, et dont ils se dispensent même bien vite quand ils se croient aimés.

A notre retour, Eugénie, que nous voyions presque tous les jours, remarqua avec plaisir la joie et la satisfaction de M. d'Hacqueville. Je n'étais pas de même; mais je n'avais plus ce trouble et cette inquiétude dont on ne se délivre jamais entièrement quand on s'écarte de ses devoirs. Enfin, je faisais ce que je pouvais pour me trouver heureuse, et je l'étais autant qu'on peut l'être par la raison.

Notre maison de campagne avait acquis de nouveaux charmes pour M. d'Hacqueville ; il voulut y retourner dès le commencement de la belle saison. Quelques arrangemens domestiques m'obligèrent à le laisser partir seul.

Le lendemain de son départ, je reçus un billet par le curé de notre paroisse. On me priait, au nom de Dieu, de venir dans un endroit qu'on m'indiquait ; on ajoutait qu'on avait des choses importantes à me dire, et qu'il n'y avait point de temps à perdre. Le curé, homme d'honneur, s'offrit de me conduire. Ce billet, et ce qu'il contenait, me donnèrent une telle émotion, que je n'eus pas l'assurance de demander à mon conducteur l'éclaircissement de cette aventure.

Dès que je fus entrée dans la chambre où il me mena, et à portée du lit, une personne qui y était couchée fit un effort pour se mettre sur son séant. Je vous demande pardon, madame, me dit-elle d'une voix faible et tremblante, d'oser paraître devant vous. Je suis cette malheureuse qui vous ai causé tant de peines ; c'est moi qui vous ai séparée de ce que vous aimiez ; c'est moi qui ai causé les malheurs de l'un et de l'autre ; et c'est moi qui cause son éloignement et peut-être sa mort; mais l'état où je suis vous demande grâce. Ayez pitié de moi; daignez adoucir l'amertume de mes derniers momens par un pardon généreux. J'ose plus encore, j'ose implorer votre bonté pour une misérable créature : c'est le fruit de mon crime; mais c'est l'enfant de celui que vous avez aimé, et ma mort va le laisser sans aucun secours.

Les larmes que cette femme répandait en abondance l'empêchèrent de continuer. Je suis naturellement bonne, et j'eusse été sensiblement touchée de l'état où je la voyais, si un vif sentiment de jalousie n'eût étouffé tout autre sentiment. Cet étalage de tout ce qu'elle avait fait contre moi, le pardon qu'elle me demandait, étaient une nouvelle injure; je m'en sentais humiliée.

Le bon ecclésiastique, qui n'avait garde de pénétrer ce qui se passait dans mon cœur, m'exhortait avec tout le zèle que la charité lui inspirait, d'avoir pitié et de la mère et de l'enfant. L'un et l'autre, dis-je enfin, n'ont aucun besoin de moi. Madame de Barbasan, ajoutai-je, a des titres pour demander la restitution des biens de son mari. Hélas! madame, s'écria douloureusement cette personne, je ne suis point sa femme. Vous ne l'êtes point? lui dis-je avec beaucoup de surprise. Non, madame: je vois ce qui vous a donné lieu de le croire. Écoutez-moi un moment; je vous dois à vous, madame, et à M. de Barbasan l'aveu de ma honte. Qu'importe ce que j'en souffrirai; mes peines ne méritent pas d'être comptées; elles ne sont que trop dues à mes folies.

Je suis fille du geôlier à qui le soin des prisons du Châtelet était commis. Ma mère, qui mourut en accouchant de mon frère et de moi, n'avait point laissé d'autre enfant à mon père. La ressemblance, assez ordinaire entre les jumeaux, était si parfaite entre nous, qu'il fallait, pour nous reconnaître dans notre première enfance, nous donner quelque marque particulière; et, dans un âge plus avancé, ceux qui n'y regardaient pas de bien près y étaient encore trompés.

Une petite partie de société nous avait engagés à prendre les habits l'un de l'autre le jour que M. de Barbasan fut conduit au Châtelet. Mon père, qui me trouva la première, m'ordonna d'aller avec lui conduire le prisonnier dans la chambre qui lui était destinée. Je m'aperçus, quand nous y fûmes, qu'il y avait quelques marques de sang sur ses habits: je lui demandai, avec inquiétude, s'il n'était point blessé. Il ne l'était point, et j'en sentis de la joie. Son air noble, sa physionomie, les grâces répandues sur toute sa personne firent dès ce moment leur impression sur moi.

Quelle différence de la nuit qui suivit, avec toutes celles que j'avais passées jusque-là! J'étais dans une agitation que je prenais pour l'effet de la simple pitié! Hélas! si j'avais connu quel sentiment s'établissait dans mon cœur, peut-être aurais-je eu la force de le combattre et d'en triompher. J'obtins le lendemain de mon frère que j'irais à sa place servir le prisonnier.

Je devançai le temps où le nouveau-venu devait être interrogé, pour lui offrir mes soins: la tristesse dont il était accablé se répandait dans mon âme. Je n'ai guère passé d'heure plus agitée que celle que dura son interrogatoire: il semblait que le péril me regardait. Les témoins qui lui étaient confrontés me paraissaient mes propres ennemis. Chaque jour, chaque instant ajoutait à ma peine. J'entendais dire à mon père, que je ne cessais de questionner, que l'affaire devenait très-fâcheuse, et que les suites ne pouvaient en être que funestes.

La maladie de M. de Barbasan arrêta les procédures, sans ralentir la haine de ceux qui voulaient le perdre, et me fit éprouver une inquiétude encore plus cruelle que celle où j'étais livrée.

Je ne quittais presque point le malade: je

n'avais pas même besoin pour cela d'user de déguisement : il faisait si peu d'attention à moi, qu'à peine en étais-je aperçue. Combien de larmes le danger où je le voyais me faisait-il répandre! Ce danger augmentait encore mon attendrissement, et ma passion en prenait de nouvelles forces. Enfin, après avoir lutté plusieurs jours entre la vie et la mort, sa jeunesse et la force de son tempérament le rétablirent.

Ce fut dans ce même temps qu'on fit des propositions pour la liberté du prisonnier. L'établissement dont mon père jouissait lui paraissait préférable à une fortune plus considérable, pour laquelle il eût fallu abandonner sa patrie, et s'exposer même aux plus grands périls; mais sa tendresse pour mon frère et pour moi l'emporta : il céda à nos prières et à nos importunités, et nous le déterminâmes enfin à ce qu'on souhaitait de lui. Je n'avais point fait mystère à mon frère de ma passion; je la lui avais montrée aussi violente qu'elle était, bien sûre que l'amitié qu'il avait pour moi l'engagerait à me servir.

Je lui avais persuadé que j'étais aimée autant que j'aimais; que M. de Barbasan m'épouserait dès que nous serions en sûreté. Mon frère était chargé d'accompagner M. de Barbasan, et mon père et moi devions prendre une route différente de la leur. Au moment du départ, mon frère consentit à me donner sa place : la chose était d'autant plus facile, que nous ne pouvions partir que la nuit, et qu'il avait été résolu entre nous que je suivrais mon père avec des habits d'homme: mon frère s'était chargé de lui apprendre, lorsqu'ils seraient en chemin, mon prétendu mariage. Je disais que, s'il en eût été instruit plus tôt, il en eût parlé à M. de Barbasan, et lui eût par-là donné lieu de soupçonner que je me méfiais de lui.

Comment vous peindre ce qui se passait dans mon cœur? Mes alarmes sur la réussite de notre entreprise, l'impatience d'en voir arriver le moment, et la joie que j'allais goûter d'être avec M. de Barbasan, de ne partager avec personne le plaisir de le servir, toutes ces différentes pensées me donnaient un trouble et une agitation peut-être plus difficiles à soutenir qu'un état purement de douleur. Le moment marqué pour notre fuite fut retardé par un accident qui faillit à me faire mourir de frayeur.

J'étais déjà dans la chambre de M. de Barbasan; je lui avais donné un habit de religieux, à la faveur duquel il pouvait sortir comme s'il fût venu de confesser quelque prisonnier malade, lorsque mon père vint nous avertir qu'il avait ordre de ne se point coucher. Cet ordre, dont nous n'imaginions pas les motifs, nous fit craindre que notre dessein n'eût été découvert, et nous jeta dans le désespoir. Nous en fûmes heureusement quittes pour la peur : il ne s'agissait que d'un prisonnier qu'on devait amener cette même nuit : il arriva vers le minuit; et son arrivée, qui occasiona plusieurs allées et venues dans la prison, servit encore à favoriser notre fuite.

Nous arrivâmes à Nancy sans aucune mauvaise rencontre, et sans que M. de Barbasan eût le moindre soupçon de mon déguisement. Après quelques heures de repos, nous remontâmes à cheval. Mon cher maître (c'était le nom que je lui donnais, et que mon cœur lui donnait encore plus que ma bouche) mourait d'impatience d'être à Mayence. L'empressement qu'il eut de demander ses lettres, avant même que nous fussions descendus de cheval, l'avidité avec laquelle il lut et relut celle que le caractère me fit juger d'une femme, tout cela me fit sentir mon malheur. Ce qui se passait dans mon cœur me donnait l'explication de ce que je voyais : M. de Barbasan aimait.

Combien de soupirs, combien de larmes cette cruelle connaissance me fit-elle verser! La jalousie avec toutes ses horreurs vint s'emparer de moi. J'accusais M. de Barbasan d'ingratitude, presque de perfidie. Il aurait dû deviner mes sentimens : il aurait dû deviner ce que j'étais : se serait-il mépris s'il n'avait pas été prévenu pour une autre? Pardonnez-moi, madame; je ne pouvais m'imaginer que cette autre eût fait autant pour lui. Mon pays abandonné, mon père, mon frère, pour qui j'aurais donné ma vie dans d'autres temps, exposés aux plus grands dangers : enfin, que n'avais-je point fait! Hélas! disais-je, je m'en tenais payée par l'espérance d'être aimée. Un moindre bien m'aurait satisfait : il m'eût suffi qu'il n'eût eu pour personne les sentimens qu'il me refusait. Il me passa plusieurs fois dans la tête de me jeter à ses pieds, de répandre devant lui les larmes que je dévorais en secret; mais un reste de pudeur, que je n'avais pas encore perdu, me retint.

Les bottes qu'il portait, et qui n'étaient pas faites pour lui, l'avaient blessé si fort, que nous fûmes obligés de séjourner plusieurs jours à Mayence. Comme les nouvelles qu'il attendait n'en étaient pas retardées, M. de Barbasan se résolut à se reposer. Je fus chargée, deux jours après, d'aller à la poste chercher ses lettres. Voici, madame, où commencent mes trahisons : j'en trouvai deux; l'une de ce caractère à qui je voulais tant de mal, et l'autre de celui d'un homme. J'ouvris d'abord la première : ma curiosité était excitée par un intérêt trop pressant pour pouvoir m'en défendre. J'en fus punie : ce que je lus ne m'apprit que trop que celle qui l'avait écrite méritait d'être aimée, et je m'en désespérais. Je n'avais point encore pris mon parti de la supprimer : celle que j'ouvris ensuite m'y détermina.

Elle était d'un homme qui paraissait votre ami aussi-bien que celui de M. de Barbasan : il l'exhortait par honneur, par reconnaissance, par amour même, de renoncer à vous : Voulez-vous, lui disait-il, en faire une fugitive? Voulez-vous qu'elle devienne la femme d'un proscrit? Soyez assez généreux pour vous laisser soupçonner de légèreté. Nous ferons valoir, madame Eugénie et moi, votre changement, et nous tâcherons d'établir la tranquillité dans le cœur de quelqu'un à qui vous devez trop pour ne pas lui rendre le repos, quelque prix qu'il puisse vous en coûter.

Cette lettre, que je lus et relus, m'affranchit de tout scrupule. Bien loin de me repentir de ce que je venais de faire, je trouvai que je rendais un très-grand service à M. de Barbasan, de travailler à le guérir d'une passion qui ne pouvait jamais être heureuse. Le plus sûr moyen était de supprimer toutes vos lettres. Je commençai par celle que je tenais; il me parut très-important, au contraire, de lui rendre celle de cet ami, que je recachetai.

J'examinai, avec une attention inquiète, l'impression qu'elle faisait sur lui. Hélas! il ne put la lire d'un œil sec; sa douleur, son accablement, furent si extrêmes, et j'en étais si attendrie, qu'il y avait des momens où j'étais tentée de lui rendre celle que je retenais : mais ma passion, que je masquais de l'intérêt même de M. de Barbasan, m'arrêta et m'affermit dans le projet que j'avais formé. Tous les paquets qui arrivèrent furent supprimés. Je ne laissai passer que ceux de cet ami, dont les conseils étaient si conformes à mes desseins.

Le chagrin de M. de Barbasan aigrit son mal; nous fûmes obligés de séjourner à Mayence pendant plusieurs mois. Nous en partîmes enfin; mais à peine eûmes-nous fait deux journées que je me trouvai hors d'état de poursuivre le voyage. La fièvre qui me prit fut d'abord si violente, que M. de Barbasan, par humanité et par un sentiment d'amitié (car il en a eu pour moi aussi long-temps qu'il a ignoré qui j'étais), s'arrêta au bourg où nous étions, avec d'autant moins de peine que c'était le chemin des courriers.

Je fus plusieurs fois au moment d'expirer. Mes rêveries auraient découvert à M. de Barbasan et mon sexe et mes sentimens, s'il y avait fait attention; mais je crois qu'il les ignorerait encore, si une femme qu'on avait mise auprès de moi pour me servir ne l'en eût instruit. Les soins qu'il faisait prendre de moi firent croire à cette femme que je lui étais fort chère : elle voulut se faire un mérite de garder notre secret. M. de Barbasan ne comprenait rien aux assurances qu'elle ne cessait de lui donner de sa discrétion. Enfin, à force de questions, il l'obligea de lui parler clair. La découverte d'une chose qui me perdait d'honneur l'affligea sensiblement, et autant que s'il avait eu à se la reprocher. Il résolut, dès que je serais rétablie, de me chercher un mari, et de me mettre jusque-là dans un couvent.

A mesure que mon mal diminuait, ses visites furent plus courtes et moins fréquentes : j'en étais désespérée, et n'osais m'en plaindre d'autre façon que par la joie que je lui marquais lorsque je le voyais.

Quelques jours après que j'eus quitté la chambre, il me fit dire de passer dans la sienne : cet ordre n'avait rien qui dût m'étonner; j'en fus cependant troublée; un pressentiment m'avertissait du malheur qui me menaçait. Que devins-je, grand Dieu! lorsque après m'avoir fait asseoir, et m'avoir dit qu'il n'ignorait plus ce que j'étais, il finit par m'annoncer qu'il fallait nous séparer.

Ma douleur fut presque sans bornes quand j'entendis ce funeste arrêt. Pourquoi, dis-je, a-t-on pris tant de soin de ma vie? Pourquoi m'a-t-on arrachée à la mort? C'était alors qu'il fallait m'abandonner ; je serais morte du moins avec la douceur de penser que, si vous eussiez connu mes sentimens, vous en auriez été touché, et j'ai, au contraire, l'affreuse certitude que je vous suis odieuse. Pourquoi, si vous ne me haïssez pas, vouloir que je vous quitte? Pourquoi m'envier le bonheur de rester auprès de vous? S'il faut, pour obtenir cette grâce, vous promettre que je ne vous donnerai jamais aucune connaissance de mes sentimens, que je me rendrai maîtresse de mes actions, de mes paroles; je vous le promets. Oui, je vous aime assez pour vous cacher que je vous aime. Le plaisir de vous voir, d'habiter les mêmes lieux, me suffira. Enfin, que ne dis-je point! Mais tout fut inutile : il demeura ferme sur le parti du couvent. J'obtins seulement, après beaucoup de larmes, que celui où j'entrerais serait dans le lieu où M. de Barbasan fixerait sa demeure.

Nous partîmes le lendemain de cette conversation. Jour malheureux ! jour funeste pour

M. de Barbasan et pour moi! nous descendîmes dans une hôtellerie si pleine de monde, qu'à peine pûmes-nous obtenir une très-petite et très-mauvaise chambre. Il n'y avait qu'un lit : M. de Barbasan, par égard pour mon sexe, et aussi à cause de la langueur où j'étais encore, voulut que je l'occupasse : je m'en défendis autant que je pus; mais il fallut obéir.

Peu de momens après que je fus couchée, j'eus une espèce de faiblesse qui obligea M. de Barbasan à s'approcher de mon lit. Il avait pris mon bras pour me tâter le pouls; je lui retins la main lorsqu'il voulut la retirer; je la serrai quelque temps entre les miennes avec un sentiment si tendre que je ne pus retenir mes larmes : elles tombaient sur cette main que je tenais; il en fut apparemment plus touché qu'il ne l'avait été jusque-là.

Que vous dirai-je, madame? Il oublia dans ce moment ce qu'il vous devait, et j'oubliai ce que je me devais à moi-même. Il n'est guère possible qu'un homme de l'âge de M. de Barbasan puisse résister aux occasions, surtout quand il se voit passionnément aimé.

Au bout de quelque temps, je m'aperçus que j'étais grosse : loin de m'en affliger, j'en eus une extrême joie. M. de Barbasan ne fut pas de même; il en eut au contraire un très-vif chagrin. Peut-être mon état lui représentait-il plus vivement le tort qu'il avait avec vous, et même avec moi. Il ne pouvait oublier qu'il me devait la vie. Mon père, dans la vue d'assurer pour toujours un protecteur à mon frère et à moi, ne lui avait pas laissé ignorer ce que nous avions fait pour lui : sans doute cette considération, plus encore que mes larmes, l'engagea à ne pas m'abandonner. J'obtins que je resterais avec lui jusqu'au temps que je pourrais entrer dans un couvent.

Nous arrivâmes à Francfort, où je pris les habits de mon sexe : on me fit l'honneur de croire que j'étais sa femme. Cette opinion me flattait trop pour ne pas chercher à l'accréditer. M. de Barbasan, qui ne voyait personne, n'en était point informé. J'avais pris aussi le soin d'empêcher mon père et mon frère de nous joindre à Francfort, sous le prétexte qu'il fallait attendre que nous fussions à Dresde, où je supposais que nous devions fixer notre séjour.

La solitude dans laquelle nous vivions, quelques agrémens que l'on trouvait en moi, firent penser que M. de Barbasan était très-amoureux et même jaloux. Ma conduite ne détruisait pas ces soupçons. Je ne le quittais presque jamais. Sa tristesse, qui augmentait tous les jours, lui faisait chercher les promenades les plus solitaires; ou je l'y accompagnais, ou j'allais l'y chercher; mais je n'osais troubler ses rêveries, ni lui en marquer ma peine; je craignais des reproches que bien souvent il ne pouvait retenir. Je les méritais trop pour m'en offenser.

Je m'en faisais à moi-même de bien cruels. Quel était le fruit de mes tromperies et de ma folle passion? Je m'étais précipitée dans un abîme de malheurs, et, ce qui est encore au-dessus des malheurs, je m'étais couverte de honte. Les nuits entières étaient employées à pleurer. Hélas! aurais-je pu penser que je regretterais un état si affreux? Comment m'imaginer que des malheurs mille fois plus grands m'attendaient encore?

Un jour, que, malgré la vue d'une mort prochaine, je ne puis encore me rappeler qu'avec douleur, je sortis pour aller à l'église; M. de Barbasan y vint un moment après moi : je crus m'apercevoir qu'il avait l'air distrait et quelque nouvelle inquiétude. Je me fis effort pour lui dire quelque bagatelle; il n'y répondit point, et sortit le premier. Une femme de ma connaissance m'arrêta quelques momens, et m'empêcha de le suivre. Lorsque je rentrai dans la maison, j'appris qu'il n'y était pas encore revenu : je l'attendis une partie du jour; je le fis chercher et le cherchai moi-même dans tous les endroits où il pouvait être, et même dans ceux où il n'allait jamais. Le jour et la nuit se passèrent sans que j'en apprisse aucune nouvelle.

Grand Dieu! quel jour et quelle nuit! Mon inquiétude et mon impatience me causaient une douleur presque aussi sensible que celle que je ressentis en lisant la fatale lettre qu'un inconnu remit le lendemain à une femme qui me servait.

La voici, me dit Hippolyte en me présentant cette lettre; je la pris en tremblant, et j'y lus ces paroles :

« Les remords dont je suis déchiré, que je » n'ai cessé de sentir, même dans les momens » où je me rendais le plus coupable, me forcent » de vous abandonner. L'abîme de malheurs où » je vous ai précipitée achève de me rendre le » plus indigne de tous les hommes : si je vous » avais montré mon cœur, si vous aviez connu » la passion dont il était rempli, si je vous » avais appris par combien de liens j'étais atta- » ché à ce que j'adore, vous auriez surmonté » une malheureuse inclination qui nous a per- » dus tous deux. Adieu pour jamais, je vais » dans quelque coin du monde, où le souvenir » de mon crime me rendra aussi misérable que » je mérite de l'être. »

Quelle révolution cette lettre et ce que je venais d'entendre produisirent en moi! Quelle tendresse se réveilla dans mon cœur ! Barbasan se présentait à mon imagination, accablé de douleur pour une faute qui n'en était plus une, que je ne lui reprochais plus, puisqu'il m'avait toujours aimée ; et, quand il eût été le plus coupable de tous les hommes, quel crime un repentir tel que le sien n'aurait-il pas effacé? Moi seule je restais chargée de son malheur et du mien.

Cette femme, que j'avais regardée d'abord comme une rivale odieuse, devint pour moi un objet attendrissant. Je plaignais son malheur, j'excusais ses faiblesses, je sentais même de l'amitié pour elle. Pouvais-je la lui refuser? Elle semblait n'avoir aimé Barbasan que pour me donner des preuves qu'il ne pouvait aimer que moi.

J'exhortai à mon tour le curé de donner tous ses soins pour le soulagement de la malade : je l'assurai des secours dont elle aurait besoin. Je me fis apporter cet enfant malheureux : je le considérais avec attendrissement; je sentais qu'il me devenait cher. Ma tendresse pour le père se tournait au profit du fils. Nul scrupule ne me retenait; il me semblait au contraire que la simple humanité aurait exigé de moi tout ce que je faisais.

La malade me pria de faire emporter cet enfant : Je sens, dit-elle en répandant quelques larmes, que c'est m'arracher le cœur; mais je n'avance que de peu de jours une séparation que ma mort rendra bientôt nécessaire. Peut-être, ô mon Dieu! poursuivit-elle, daignerez-vous me regarder en pitié! peut-être que ce sacrifice, tout forcé qu'il est, désarmera votre justice! Voilà, dit-elle en embrassant son fils, les dernières marques que tu recevras de ma tendresse : puisses-tu être plus heureux que ton père; et puissent les malheurs de ma vie servir à ton instruction, et t'apprendre dans quel abîme de maux on se précipite, quand on quitte le chemin de la vertu!

Le curé se chargea de chercher un lieu où cet enfant pût être élevé : je voulais qu'on n'y épargnât rien; mais le secret que j'étais obligée de garder ne me permit pas de faire tout ce que j'aurais voulu.

La singularité de cette aventure, le plaisir d'avoir appris, par ma rivale même, que Barbasan m'avait toujours été fidèle, le spectacle d'une femme mourante, qui ne mourait que de la douleur d'avoir été abandonnée, et qui ne l'avait été que pour moi, m'avait mise dans une situation où je ne sentis d'abord que de la tendresse et de la pitié; mais lorsque, rendue à moi-même, je fis réflexion à ce que je devais à mon mari, à ce que la reconnaissance, à ce que le devoir exigeaient de moi, je me sentis accablée de douleur.

Comment soutenir la présence de ce mari, dont les bontés, dont la confiance, me reprocheraient dans tous les instans ce que j'avais dans le cœur? Comment recevrais-je des témoignages d'une estime dont je n'étais plus digne? Comment répondrais-je aux marques d'une passion que je payais si mal? Les idées dont j'avais le cœur et la tête remplie m'occupaient le jour et la nuit. J'avais promis de ne rester qu'un jour ou deux à Paris; mais il me fallait plus de temps pour me rendre maîtresse de mon extérieur.

Eugénie, à qui j'allai conter ce qui venait de m'arriver, lut dans mon cœur, à travers toutes mes douleurs, une joie secrète que me donnait la fidélité de Barbasan. Voilà votre véritable malheur, me disait-elle; vous ne combattez que faiblement des sentimens auxquels il me semble que votre devoir seul met obstacle; il faut cependant en triompher, et votre repos l'exige autant que votre devoir. Quoique l'offense que vous feriez à votre mari fût renfermée dans le fond de votre cœur, elle n'en serait pas moins une offense, et vous ne devriez pas moins vous la reprocher. Il faut même, poursuivit-elle, vous précautionner pour l'avenir : M. de Barbasan peut reparaître en ce pays-ci; il peut chercher à vous voir. Ah! m'écriai-je, je ne serai pas assez heureuse pour être dans le cas de l'éviter : il aura trouvé la mort qu'il allait chercher, et vous voulez m'ôter la triste consolation de le pleurer.

Mes larmes, qui coulaient en abondance, ne me permirent pas d'en dire davantage. Eugénie, à qui je faisais pitié, était prête à en répandre; mais son amitié toujours sage ne lui laissait pour ma faiblesse que des instans d'indulgence : elle me pressa d'aller trouver mon mari : sa présence, dit-elle, vous soutiendra. J'avais de la peine à suivre ce conseil; mais Eugénie l'emporta, et me fit partir. J'étais si changée que M. d'Hacqueville me crut malade; ses soins, ses tendresses, ses inquiétudes, redoublaient ma peine; j'éprouvais ce que j'avais déjà éprouvé dans le commencement de mon mariage, qu'il n'est point d'état plus difficile à soutenir que celui où l'on est mal avec soi-même.

La mort d'Hippolyte, que j'appris quelques jours après, me coûta encore des larmes. Hélas! pourquoi la pleurai-je? Son sort était préférable au mien : elle ne sentait plus l'affreux malheur de n'avoir point été aimée, et je n'osais sentir le plaisir de l'être. Quelle contrainte! Lorsque j'étais seule avec mon mari, je ne trouvais plus rien à lui dire : il m'était également impossible de dissimuler ma tristesse, et de cacher mon embarras lorsqu'il m'en demandait la cause.

Après plusieurs mois passés de cette sorte, où je n'avais eu de consolation que d'aller de temps en temps prodiguer mes caresses au fils de Barbasan, j'appris un matin que M. d'Hacqueville était parti dès la pointe du jour pour aller à une terre qu'il avait dans le fond de la Gascogne.

Ce départ si prompt, dont il ne m'avait point parlé, aurait dû me donner de l'inquiétude; j'aurais pu même m'apercevoir, depuis quelque temps, que mon mari n'était plus le même pour moi; mais ce que j'avais dans la tête et dans le cœur me dérobait la vue de tout ce qui ne tenait pas à cet objet dominant. Je crus donc ce qu'on vint me dire, que M. d'Hacqueville, sur des nouvelles qu'il avait reçues, avait été obligé de partir sur-le-champ. Comme on m'assurait que je recevrais bientôt des lettres, je les attendis pendant dix ou douze jours : elles ne vinrent point : ce long silence n'était pas naturel ; je ne me dissimulai pas que j'étais en quelque sorte coupable.

Eugénie, à qui j'allai porter cette nouvelle inquiétude, approuva la résolution que j'avais prise, d'aller joindre mon mari sans attendre qu'il m'en eût donné la permission, sans même la lui demander. Je le trouvai dans son lit avec la fièvre : elle me paraissait si médiocre que je n'aurais pas dû en être alarmée; je le fus cependant beaucoup; quelque chose me disait que j'avais part à son mal, et la façon dont je fus reçue ne me le confirma que trop. Au lieu de ces empressemens auxquels j'étais accoutumée, je ne trouvai qu'un froid méprisant; à peine pus-je obtenir un regard; et, se démêlant de mes bras lorsque je voulus l'embrasser : Épargnez-vous, me dit-il, toutes ces contraintes, ou plutôt tous ces artifices; je ne puis plus y être trompé.

Quoi! monsieur, m'écriai-je, vous m'accusez d'artifice? Eh! par laquelle de mes actions ai-je pu m'attirer un reproche si sensible, si amer? Ne me demandez point, me dit-il, un éclaircissement inutile et honteux pour l'un et pour l'autre. Non, non, m'écriai-je encore, il faut me dire mon crime, ou me rendre une estime sans laquelle je ne puis vivre!

Vous l'auriez conservée, reprit-il, si vous aviez eu pour moi la sincérité que je vous avais demandée; elle vous aurait tenu lieu d'innocence; loin de vous reprocher vos faiblesses, j'aurais mis tous mes soins à vous en consoler, à vous les faire oublier; mais vous ne m'avez pas assez estimé pour me croire capable d'un procédé généreux : il vous a paru plus sûr de me tromper, et vous n'avez pas même daigné prendre les précautions nécessaires pour y réussir.

J'étais si étonnée, si troublée de ce que j'entendais, que M. d'Hacqueville eut le temps de me dire tout ce que son ressentiment lui inspirait, avant que j'eusse la force de répondre; j'étais cependant bien éloignée de comprendre que l'on me croyait mère du fils de Barbasan. Ce que je ressentis, lorsque enfin je fus instruite de mon prétendu crime, ne se peut exprimer. Toutes mes douleurs passées étaient faibles au prix de celle-là ; on n'a point de courage contre un malheur de cette espèce, ou l'on serait peu sensible à l'honneur si on avait la force d'en faire usage.

Mes larmes furent long-temps ma seule défense : Quoi ! dis-je d'un ton qui, à travers le désespoir, marquait ma surprise et mon indignation, vous accusez votre femme d'un crime honteux ! Vous la réduisez à la nécessité de se justifier ! vous lui faites subir cette humiliation ! Ah ! poursuivis-je, vous serez pleinement éclairci. M. le curé de Saint-Paul vous apprendra de quelle façon j'ai eu connaissance de ce malheureux enfant. Me dira-t-il aussi, dit M. d'Hacqueville avec un souris amer, par quel hasard cet enfant ressemble à votre amant? Je ne devrais, dis-je, reconnaître personne à ce titre : je vous l'ai avoué; j'ai eu de l'inclination, même de la tendresse, pour un homme que j'en ai cru digne; mais, si je me suis souvenue de lui depuis que mon devoir m'a fait une loi de l'oublier, j'en étais punie et vous en étiez vengé par les reproches que je m'en faisais. Tout autre enfant que le sien aurait, dans des circonstances pareilles, obtenu mon secours ; c'est des mains de sa mère et de sa mère mourante que je l'ai reçu; mais ce n'est point moi que vous en devez croire; mon honneur demande un éclaircissement qui ne laisse aucun doute; peut-être alors aurez-vous quelque regret de la douleur que vous me causez.

La vérité a des droits qu'elle ne perd jamais entièrement : quelque prévenu que fût M. d'Hacqueville, elle fit sur lui son impression. Je me croyais, dit-il, plus fort contre vous : finissons de grâce une conversation que je ne suis plus en état de soutenir. Ses gens, qu'il avait appelés, entrèrent dans le moment; il me dit devant eux qu'il avait besoin de repos; qu'il me priait d'aller dans l'appartement qui m'était destiné. Mon inquiétude ne me permit pas d'y demeurer ; je revins passer la nuit dans sa chambre, et je ne le quittai plus.

La fièvre augmenta considérablement dès cette

nuit-là; et, le cinquième jour de mon arrivée, elle fut si violente, que l'on commença à désespérer de sa vie. M. d'Hacqueville connut son état plus tôt que les médecins. Loin d'en être alarmé, la vue du péril lui donna une tranquillité et un repos dont il avait été bien éloigné jusque-là : je ne voyais que trop que ce repos et cette tranquillité étaient l'effet de la plus affreuse douleur, et mon cœur en était déchiré. Quels reproches ne me faisais-je pas de l'imprudence de ma conduite! j'aurais évité le malheur où je touchais, si je n'avais point caché ma dernière aventure. L'amitié que, malgré ma malheureuse inclination, j'avais ressentie pour mon mari, se réveillait dans mon cœur : je ne pouvais penser que j'allais le perdre, sans être pénétrée de douleur. J'étais sans cesse baignée dans mes larmes : la nécessité de les lui cacher m'obligeait, malgré moi, de m'éloigner de temps en temps du chevet de son lit.

J'étais retiré dans un cabinet qui touchait à sa chambre, lorsqu'il demanda à me parler. La mort, me dit-il lorsqu'il me vit seule auprès de lui, va nous séparer; elle fera ce que je n'aurais peut-être jamais eu la force d'exécuter. Ah! m'écriai-je en versant un torrent de larmes, que me faites-vous envisager? le comble de la honte et du malheur. Est-il possible que je vous sois devenue si odieuse? C'est par un sentiment tout contraire, reprit-il, que j'aurais dû vous affranchir du malheur de vivre avec un mari que vous n'avez pu aimer, et qui vous a mise en droit de le haïr. Innocente ou coupable, les offenses que je vous ai faites sont de celles que l'on ne pardonne jamais.

L'état où vous me voyez, lui dis-je, répond pour moi : je rachèterais votre vie de la mienne propre. Qu'en ferais-je? reprit-il; elle ne serait qu'une source de peines. Ma fatale curiosité m'a ôté l'illusion qui me rendait heureux. J'ai vu par moi-même votre tendresse pour cet enfant. Je n'ai rien ignoré de ce que vous avez fait pour lui : je vous ai soupçonnée. Que sais-je si je ne vous soupçonnerais pas encore? que sais-je si vous pourriez vous justifier pleinement, et quelle serait la destinée de l'un et de l'autre? toujours en proie à mon amour et à ma jalousie, je finirais peut-être par ce que je crains le plus, par être votre tyran. Adieu, madame, continua-t-il, je sens que ma fin s'approche. Par pitié, ne me montrez point vos larmes; laissez-moi mourir sans faiblesse.

Il se retourna, en prononçant ces paroles, de l'autre côté de son lit; et, quelque effort que je fisse, il ne me voulut plus entendre. Sa tête, qui avait été libre jusqu'alors, s'embarrassa dès la même nuit; la connaissance ne lui revint plus, et il expira dans mes bras.

Ma douleur était telle, que l'horreur du spectacle ne trouvait rien à y ajouter. Je perdais un mari le plus honnête homme du monde, qui m'avait adorée, à qui je devais toute sorte de reconnaissance, que je regardais comme mon ami, pour qui j'avais la plus tendre amitié; et c'était moi qui causais sa mort, c'était moi qui lui avais enfoncé un poignard dans le sein.

Il y a des douleurs qui portent avec elles une sorte de douceur; mais il faut pour cela n'avoir à pleurer que ce qu'on aime, et n'avoir pas à pleurer ses propres fautes. J'étais dans un cas bien différent. Tous mes souvenirs m'accablaient: je ne pouvais supporter la vue de moi-même, et je ne pouvais me résoudre à me montrer dans le monde: il me semblait que mes aventures étaient écrites sur mon front. Je ne m'occupais que de la perte que j'avais faite. Barbasan même ne me faisait aucune distraction.

Je ne pensai à lui dans les premiers momens que pour m'affermir dans la résolution d'y renoncer pour toujours : je trouvais que je devais ce sacrifice à la mémoire de mon mari. Mais ce n'est pas de la solitude qu'il faut attendre un remède contre l'amour. Ma passion se réveilla insensiblement; la mélancolie où j'étais plongée y contribua encore. Mes rêves se sentaient de la noirceur de mes idées : Barbasan y était toujours mêlé. J'en fis un où je crus le voir tomber à mes pieds tout couvert de sang ; et, lorsque je voulus lui parler, il ne me répondit que ces mots : Vous vous êtes donnée à un autre.

Quelle impression ce rêve fit-il dans mon cœur! je crus qu'il m'annonçait la mort de Barbasan, et je crus qu'il était mort plein de ressentiment contre moi. J'allais porter cette nouvelle matière de douleur, peut-être la plus accablante de toutes, dans un bois de haute-futaie, qui faisait ma promenade ordinaire. La solitude et le silence qui y régnaient y répandaient une certaine horreur conforme à l'état de mon âme. Je m'accoutumai insensiblement à y passer les journées presque entières : mes gens m'avaient vainement représenté qu'il était rempli de sangliers ; qu'il pouvait m'y arriver quelque accident. Les exemples qu'on me citait de ceux qui y étaient déjà arrivés ne pouvaient m'inspirer de la crainte. Je trouvais que ces sortes de malheurs n'étaient pas faits pour moi ; et puis, qu'avais-je à perdre? une malheureuse vie dont je souhaitais à tout moment la fin.

J'étais restée un soir dans la forêt encore plus tard qu'à l'ordinaire. Dans le plus fort de ma rêverie, je me sentis tout d'un coup saisie par un homme qui, malgré mes cris et mes efforts, m'emportait, quand un autre, sorti du plus épais du bois, vint à lui l'épée à la main : je profitai de la liberté que leur combat me donnait pour fuir de toute ma force : mes gens, que mes cris avaient appelés, coururent au secours de mon défenseur. J'étais si troublée et si éperdue, qu'on fut obligé de me mettre au lit dès que je fus arrivée.

Peu de temps après, j'appris que celui qui m'avait secourue avait blessé à mort l'homme qui voulait m'enlever; mais qu'il l'avait été lui-même d'un coup de pistolet par un autre homme venu au secours du premier; que mon défenseur avait eu assez de force pour aller sur cet homme; qu'il lui avait passé son épée au travers du corps, et l'avait laissé mort sur la place; que ceux qui gardaient, à quelque distance de là, des chevaux et une chaise, apparemment destinée pour moi, avaient pris la fuite.

J'ordonnai qu'on portât au château mon défenseur, et je fis en même temps monter à cheval plusieurs personnes pour aller chercher les secours dont il avait besoin. Mon homme d'affaires, par humanité, et dans la vue de tirer quelque éclaircissement sur les auteurs de cette violence, y fit porter en même temps l'autre blessé, et cette précaution ne fut pas inutile.

Cet homme, à qui les approches de la mort

faisaient sentir l'énormité de son crime, apprit à mon homme d'affaires que le duc de N......, mon beau-pére, était l'auteur de cet enlèvement; que son dessein était de me conduire dans un vieux château qui lui appartenait, situé dans les montagnes du Gévaudan; que les biens considérables que l'on m'avait reconnus quand je m'étais mariée, lui avaient fait naître le dessein de s'en rendre maître, et que, pour y parvenir, il avait voulu s'assurer de ma personne, pour m'obliger, le poignard sur la gorge, de faire une donation à mon frère. Cet homme ajouta que mon beau-père ne m'eût pas laissé le temps de révoquer ce que j'aurais fait; mais que je n'avais plus rien à craindre, et que c'était lui qui avait été tué par celui qui m'avait secourue.

Mon homme d'affaires, qui me rendit compte de ce qu'il venait d'apprendre, me glaça d'effroi. Le péril que j'avais couru augmentait encore ma reconnaissance et mon inquiétude pour mon défenseur : j'en demandais des nouvelles à tout moment. Mes gens, qui voyaient que j'avais besoin de repos, me cachèrent, le plus longtemps qu'il leur fut possible, le malheureux état où il était. La connaissance ne lui revint que lorsqu'on eut sondé ses blessures : il voulut savoir son état, et le demanda de façon que les chirurgiens furent contraints de lui avouer qu'il n'avait pas vingt-quatre heures à vivre. Un homme, que l'on jugea son valet de chambre, vint dans la nuit; dès qu'il le vit, il pria qu'on les laissât seuls.

Ce ne fut que le lendemain qu'on m'annonça ces affligeantes nouvelles ; et, peu d'heures après, on m'apprit qu'il allait expirer. On pense aisément à quel point je fus touchée de la mort de quelqu'un à qui je devais la vie. J'étais encore dans le saisissement, quand on me dit que l'homme qui avait passé la nuit auprès de lui demandait à me voir : il s'approcha de mon lit, et voulut me présenter une lettre qu'il tenait, mais je n'étais pas en état de la recevoir. J'eus à peine jeté les yeux sur lui que je perdis toute connaissance : elle ne me revint qu'après plusieurs heures, et ce ne fut que pour quelques momens : je passai de cette sorte tout le jour et toute la nuit.

Dès que je pus parler, je demandai à revoir cet homme : malgré les effets qu'on en craignait, on fut contraint de m'obéir; ce fut alors qu'il me remit la lettre que voici:

« Daignerez-vous, madame, reconnaître le » caractère de ce malheureux que vous devez » regarder comme le plus coupable et le plus » perfide de tous les hommes? Hélas! madame, » je me suis peut-être jugé plus rigoureusement

» que vous ne m'auriez jugé vous-même. Mon » repentir et ma douleur m'ont fait un supplice » de tous les instans de ma vie. Je me suis cru » indigne de porter à vos pieds ce repentir et » cette douleur, et ce n'est que dans ce moment, » où je n'ai plus que quelques heures à vivre, » que j'ose vous dire que, tout criminel que je » suis, je n'ai jamais cessé un moment de vous » adorer. Je ne serai plus, madame, quand » vous recevrez cette lettre. Si vous vous ressou- » venez quelquefois du misérable Barbasan, » souvenez-vous aussi quel a été son repentir. »

A peine pouvais-je discerner les caractères au travers des pleurs dont mes yeux étaient remplis. Il est mort! m'écriai-je après l'avoir lue; je ne le verrai plus! Je ne pourrai jamais lui dire que je l'ai toujours aimé. Pourquoi m'a-t-il sauvé la vie? Que je serais heureuse si je l'avais perdue!

Beauvais (car c'était ce fidèle domestique) pleurait avec moi : sa douleur me le rendait nécessaire; je ne voulais voir que lui; je passais les jours et les nuits à lui parler de Barbasan et à m'en faire parler. Je l'obligeais de me dire ce qu'il m'avait déjà dit mille fois.

Il me conta qu'il avait été joindre son maître à Francfort; qu'il l'avait trouvé plongé dans la plus profonde tristesse; qu'autorisé par ses longs services, il avait pris la liberté de lui en demander la cause plusieurs fois, et long-temps sans succès; qu'enfin Barbasan, accablé de ses peines, n'avait pu se refuser la consolation de les lui dire.

Beauvais me répéta alors ce que je savais de la fille du geôlier : il ajouta que Barbasan m'avait vue dans une église; qu'il avait été d'abord fort éloigné de penser que ce fût moi; mais que la seule ressemblance lui avait fait une impression si vive, et avait augmenté ses remords de telle sorte, qu'il ne lui avait plus été possible de supporter la vue d'Hippolyte; qu'il avait été se réfugier chez un Français de sa connaissance; et que, pressé par son inquiétude, il avait envoyé Beauvais s'informer de cet étranger.

Beauvais, après plusieurs recherches inutiles, avait enfin découvert, par hasard, la femme chez qui j'avais logé. Les détails qu'il apprit d'elle éclaircirent pleinement Barbasan. Cette nouvelle marque de ma tendresse, si singulière, si extraordinaire, augmenta sa confusion et son désespoir à un tel point, qu'il était près d'attenter sur sa vie : il voulait me suivre : il voulait s'aller jeter à mes pieds; il trouvait ensuite qu'il n'était digne d'aucune grâce. Que lui dirai-je? disait-il; que tandis qu'elle faisait tout pour moi, je la trahissais d'une manière si indigne ! M'en croira-t-elle quand je lui protesterai que je l'ai toujours adorée ?

Enfin, après bien des irrésolutions, le désir de me voir l'emporta : il se mit en chemin, bien résolu de me suivre en France. Loin qu'il fût arrêté par le péril qu'il y avait pour lui d'y paraître, il y trouvait au contraire de la satisfaction : c'était du moins me donner une preuve du prix dont j'étais à ses yeux. Il suivit la route que j'avais prise : sa diligence était si grande, que, malgré l'avance que j'avais sur lui, il m'aurait jointe infailliblement sans l'accident qui le retint.

Le gouverneur de Philisbourg venait de recevoir ordre d'arrêter un homme de grande importance, qui avait quitté le service de l'empereur pour passer dans celui de France. Les instances que Barbasan fit à la poste pour avoir des chevaux, et plus encore sa bonne mine, firent soupçonner qu'il était celui que cet ordre regardait. On l'arrêta, et on le conduisit chez le gouverneur, homme exact et incapable de se relâcher sur ses devoirs. Tout ce que Barbasan put lui dire fut inutile : il l'envoya prisonnier à la citadelle.

Il y fut retenu pendant plus d'une année, et il n'en sortit que quand la place fut prise par le maréchal d'Estrées.

Barbasan en était connu, et en était particulièrement estimé. Le maréchal lui conseilla de passer au service du roi de Suède. Mon mariage, qu'il apprit dans le même temps, le détermina à prendre un parti où il espérait trouver la fin de ses maux. Il fit, en cherchant la mort, des actions si héroïques, que le roi de Suède crut ne pouvoir trop le récompenser ; mais il refusa constamment tout ce qu'on lui offrit, et ne voulut point sortir de l'état de simple volontaire.

Beauvais me dit encore que Barbasan, toujours plein de son amour et de sa douleur, était revenu en France, sans autre projet, sans autre espérance que de me voir, ne fût-ce même que de loin ; qu'il était arrivé à Paris précisément dans le temps que j'en étais partie pour aller joindre mon mari en Gascogne ; que, persuadé de la part que le commandeur de Piennes et Eugénie avaient à mon mariage, il n'avait voulu les voir ni l'un ni l'autre ; mais que, sans leurs secours, il avait été instruit de tout ce qu'il avait intérêt de savoir ; qu'il n'avait pas hésité de me suivre en Gascogne ; qu'il s'était arrêté à Marmande, petite ville à un quart de lieue de la terre où j'étais, et que c'était là qu'il avait appris la mort de mon mari, et mon extrême affliction ; que, comme je ne sortais point du château, il avait cherché à s'y introduire, et qu'il m'avait vue plusieurs fois, pendant la messe, dans la chapelle du château, et toujours avec un nouveau saisissement; que, lorsque je commençai à aller dans la forêt, il quitta Marmande, et vint se loger dans une petite maison attenante à cette même forêt; qu'instruit par son hôte du péril où j'étais exposée, il me suivait avec encore plus de soin; que l'épaisseur du bois lui donnait toutes sortes de facilités de se cacher; qu'il fut cent fois au moment de se jeter à mes pieds, d'obtenir son pardon ou de se donner la mort; mais que les larmes qu'il me voyait répandre, et qu'il croyait que je donnais au seul souvenir de M. d'Hacqueville, le retenaient et lui faisaient éprouver en même temps ce que la jalousie a de plus cruel; qu'enfin ce jour fatal, ce jour qui devait mettre le comble à toutes les infortunes de ma vie, le malheureux Barbasan, qui ne pouvait plus soutenir l'excès de son désespoir, s'avançait vers moi, lorsqu'il entendit mes cris, et qu'il vit le péril où j'étais.

Ce récit que me faisait Beauvais, me perçait le cœur, et c'était pourtant la seule chose que j'étais capable d'entendre.

Le corps de Barbasan avait été mis, par mon ordre, dans un cercueil de plomb; j'allais l'arroser de mes larmes. Je nourrissais ma douleur de l'espérance que du moins un jour la même terre nous couvrirait tous deux.

J'aurais passé le reste de ma vie dans cette triste occupation, si le commandeur de Piennes n'était venu m'arracher de ce lieu. Ses prières et ses instances eussent cependant été inutiles, si le désir de revoir cet enfant, que la mort de son père m'avait rendu mille fois plus cher, et qui était devenu mon unique bien, ne m'avait rappelée à Paris. Je trouvai que la mort du duc de N..... y était déjà oubliée. Sa famille, qui avait voulu cacher la honte de son aventure, avait pris soin de publier qu'il était mort d'apoplexie dans ses terres du Gévaudan.

J'allai m'enfermer avec ma chère Eugénie; et, sans m'engager par des vœux, je renonçai au monde pour jamais. Mes malheurs m'ont fourni, pendant un grand nombre d'années, assez d'occupation pour vivre dans la solitude. Le temps a enfin un peu affaibli la vivacité du sentiment; mais il m'est resté un fonds de tristesse et de mélancolie qui m'accompagnera jusqu'à mon dernier moment. La fortune de ce malheureux enfant est la seule chose qui a pu faire quelque distraction à ma douleur. Je l'ai mis de bonne heure dans les troupes; il y jouit d'une réputation brillante : il est actuellement dans les premiers grades. J'ai cru devoir lui laisser toujours ignorer ce qu'il est. Il ne sait pas même d'où lui vient le bien qu'il reçoit : j'ai mieux aimé renoncer à sa reconnaissance que de lui donner la mortification de se connaître.

FIN DES MALHEURS DE L'AMOUR.

ANECDOTES

DE LA COUR ET DU RÈGNE

D'ÉDOUARD II,

ROI D'ANGLETERRE.

ANECDOTES

DE LA COUR ET DU RÈGNE

D'ÉDOUARD II,

ROI D'ANGLETERRE.

LIVRE PREMIER.

Le règne d'Édouard Ier. ne fut presque qu'une suite de victoires; la principauté de Galles était soumise et réunie à la couronne; l'Écosse, conquise trois fois, paraissait enfin accoutumée au joug. Les Anglais, amusés par tant de triomphes, n'avaient pas eu le temps de former des factions : d'ailleurs l'admiration qu'ils avaient pour les grandes qualités d'Édouard, avait retenu leur inquiétude naturelle; et, pendant un règne de trente-six ans, il n'avait presque trouvé aucune opposition à ses volontés. Mais Édouard connaissait trop bien sa nation, pour ne pas sentir que cet état de calme était pour elle un état forcé. La faction des barons n'était pas détruite; elle

13*

pouvait reparaître et faire éprouver à son successeur les mêmes revers qu'elle avait fait éprouver à Henri III, son père. Ces malheurs lui paraissaient d'autant plus à craindre, qu'il ne voyait dans le prince de Galles aucune des qualités nécessaires pour s'attirer des grands et du peuple ce respect, seul capable de les contenir dans le devoir.

Le prince de Galles, peu propre aux affaires, pour lesquelles il avait de l'éloignement, n'était sensible qu'aux plaisirs. Cet attachement pour ses favoris, qui lui fut depuis si funeste, paraissait déjà. Édouard, qui en craignait les suites, crut devoir éloigner Gaveston, gentilhomme de Guyenne qui avait été élevé avec le prince, et celui de tous pour lequel il avait le plus de goût. Ce favori fut exilé au delà de la mer, et le roi obligea son fils à s'engager par serment de ne le rappeler jamais.

Il crut encore qu'il fallait, par une nouvelle alliance avec la France, assurer au dehors la tranquillité du règne de son successeur. Le mariage d'Isabelle, fille de Philippe le Bel, et du prince de Galles fut arrêté. La cour de France et celle d'Angleterre devaient se rendre à Boulogne pour en faire la cérémonie, quand la révolte presque entière de l'Écosse obligea Édouard à d'autres soins.

Il marcha à la tête de la plus belle armée qu'il eût mise sur pied, pour conquérir ce royaume une quatrième fois; mais il fut arrêté à Carlisle par une maladie violente, et il mourut à Bruhe, petite ville d'Écosse, où il voulut être transporté, afin de mourir dans le pays qui avait été tant de fois le théâtre de sa gloire. Le prince de Galles fut aussitôt proclamé roi, et prit le nom d'Édouard II. Le roi son père lui avait recommandé en mourant de ne quitter les armes que lorsqu'il aurait remis les Écossais dans l'obéissance, de ne jamais rappeler Gaveston, et de conclure son mariage avec Isabelle; mais, de toutes les volontés d'Édouard, cette dernière fut la seule exécutée.

Le nouveau roi, content de l'hommage de quelques seigneurs écossais, quitta l'Écosse et se pressa de passer à Boulogne : il avait ordonné à Gaveston de s'y rendre. Ce favori avait reçu de la nature tout ce qu'il faut pour plaire : sa taille, quoique médiocre, était si bien prise qu'on n'y trouvait rien à désirer : il avait tous les traits réguliers; sa physionomie était vive et spirituelle. Personne n'avait plus de charmes et d'agrémens dans l'esprit. Généreux, naturellement porté à faire du bien, peut-être aurait-il joui de sa fortune avec modération, si elle ne lui avait pas été disputée; mais l'orgueil des grands fit naître le sien, et il soutint avec hauteur un rang qu'il n'avait pris d'abord qu'avec quelque sorte de peine.

On juge bien que Gaveston devait réussir auprès des femmes; aussi n'en avait-il trouvé presqu'aucune qui ne se crût honorée de ses soins. Ses succès passés lui donnaient une audace qui lui en assurait de nouveaux. Il était cependant amoureux, et l'amour subsistait dans son cœur, malgré les infidélités dont le désir de plaire le rendait souvent coupable.

Édouard, charmé de revoir un homme que l'absence semblait lui avoir rendu encore plus cher, voulut le combler de biens. Gaveston accepta les libéralités de son maître, bien moins par un principe d'ambition que par un autre motif. Il se laissa donner le titre de comte de Cornouaille, qui avait toujours été affecté aux princes du sang royal. Le duc de Lancastre, cousin germain du roi, ne vit qu'avec indignation un titre, qui devait lui appartenir, possédé par un étranger : il prit dès lors pour le favori une haine que l'amour et la jalousie portèrent dans la suite aux derniers excès.

La fortune ne pouvait susciter à Gaveston un ennemi plus dangereux. Le duc de Lancastre était né avec le désir de commander; mais, comme il ne pouvait espérer d'être roi, il voulut se faire un parti qui le rendît redoutable au roi même. Tous les mécontens trouvaient auprès de lui un appui assuré : il soulageait de son bien ceux qui se plaignaient des charges publiques; et, en redoublant par-là leur haine pour le gouvernement, il se les attachait encore plus fortement. Son extérieur était modeste; et, quoiqu'il fût magnifique en tout, il paraissait cependant ennemi du faste. Tant de vertus apparentes lui avaient attiré l'estime publique, et personne n'avait osé le condamner, dans quelques occasions où les apparences ne lui avaient pas été favorables.

La plupart des seigneurs anglais, blessés de l'élévation de Gaveston, s'unirent encore plus étroitement au duc de Lancastre. Mais toutes ces haines furent suspendues par les réjouissances du mariage d'Édouard et d'Isabelle. Philippe avait amené sa fille à Boulogne. Les deux cours étalaient à l'envi tout ce qu'elles avaient de magnificence. Les femmes de la première qualité d'Angleterre étaient venues à Boulogne pour faire leur cour à la reine, ou pour former sa maison : elles étaient presque toutes belles et bien faites; mais la beauté de mademoiselle de Glocester surpassait toutes les autres, et, quoique très-différente, ne pouvait être comparée qu'à celle de la reine. Mademoiselle de

Glocester avait le regard tendre, et je ne sais quoi de passionné dans toute sa personne. Isabelle, au contraire, était belle de cette beauté qui pique plus qu'elle ne touche : les qualités de son âme répondaient à sa figure; elle était plus susceptible de passion que de tendresse; plus capable de bien haïr que de bien aimer; impérieuse, fière, ambitieuse et douce, complaisante, bonne même quand son intérêt le demandait. Comme elle était dans la première jeunesse, elle paraissait n'avoir de goût que pour les plaisirs. La coquetterie remplissait son ambition : mais cette coquetterie était encore plus le désir de dominer que celui de plaire. Le duc de Lancastre, flatté de la confiance que la reine lui marquait, s'attacha à elle dans l'espérance de la faire servir à ses projets; et, séduit par les charmes de cette princesse, son cœur alla plus loin qu'il ne voulait. Ce ne fut d'abord que dans la vue de plaire à Philippe le Bel, que Gaveston fit sa cour à la reine; mais ses soins furent reçus de façon à l'engager d'en rendre de nouveaux. Il se promit une conquête plus brillante, que toutes celles qu'il avait faites jusque-là; et, si elle ne flattait pas son cœur, elle flattait trop sa vanité pour la négliger.

Mortimer, d'une des premières maisons de

Normandie, dont les ancêtres avaient passé en Angleterre à la suite de Guillaume le Conquérant, n'avait pas de moindres prétentions. Il avait vu Isabelle dans un voyage qu'il avait fait en France, à la suite d'Édouard Ier., et il avait conçu, dès ce temps-là, un violent amour pour elle : quoiqu'il ne lui eût montré que de l'admiration et du respect, elle avait pénétré ses sentimens, et lui en avait su gré.

Les trois amans d'Isabelle cherchèrent à se distinguer dans toutes les fêtes qu'on faisait pour elle. Il y eut plusieurs tournois à Boulogne, où les chevaliers prirent des livrées et des devises galantes. Mortimer seul affecta d'y paraître sans aucune distinction. Les dames l'en raillèrent le soir chez la reine, qui l'en railla elle-même; et, comme elle avait cru en être aimée, il y avait dans son ton, sans qu'elle s'en aperçût, une sorte d'aigreur.

Il est vrai, dit-elle, que Mortimer me donnerait mauvaise opinion de la galanterie anglaise, si je ne la connaissais que par lui.

Il y a des situations, madame, lui dit Mortimer, en s'approchant d'elle d'un air soumis, où l'on n'ose se permettre d'être galant.

L'air avec lequel il regarda la reine, aurait suffi pour lui faire entendre ce qu'il voulait lui dire : elle ne put s'empêcher d'en rougir; et, pour n'avoir pas l'embarras de se taire, elle fit mine d'avoir quelque chose à dire au roi qui entrait dans la chambre. Mortimer, content d'avoir été entendu, fut encore plus assidu à lui faire sa cour : il ne perdait aucune occasion de se montrer à elle; elle ne pouvait presque lever les yeux sans voir Mortimer. Il avait toutes ces attentions qui deviennent plus flatteuses à mesure qu'elles tombent sur de plus petites choses.

Malgré tant de soins, le comte de Cornouaille était préféré : il offrait à la vanité d'Isabelle un triomphe plus flatteur. C'était l'emporter sur toutes les femmes, que de s'attacher un homme à qui toutes avaient voulu plaire; mais cette préférence n'était point une exclusion dans le cœur de la reine pour ses autres amans.

Les deux cours se séparèrent après deux mois de séjour à Boulogne. Le roi, qui avait remis son couronnement après la conclusion de son mariage, fit tout préparer pour la cérémonie : il voulut que Gaveston y portât la couronne de saint Édouard, dont on se servait toujours dans ces occasions, et celle qui était destinée à couronner la reine. Les grands seigneurs d'Angleterre, de tout temps en possession de cet honneur, ne purent se le voir enlever par un étranger, sans en marquer tout leur mécontentement.

Leurs plaintes allèrent si loin, que la reine en fut alarmée : elle en parla à Gaveston. Vous les connaissez, lui dit-elle ; ils passent dans un moment du murmure jusqu'à la sédition : cédez-leur une prérogative dont ils sont si jaloux. Je ne puis céder, madame, lui dit-il, une distinction, un honneur qui a quelque rapport à votre majesté ; et, puisque la fortune ne m'a pas donné la couronne de l'univers pour la mettre à vos pieds, souffrez du moins que je porte un moment celle qui vous est destinée.

Vous êtes si accoutumé, répondit la reine, aux discours de galanterie, que les choses qui en sont les moins susceptibles prennent ce tour-là dans votre esprit ; mais songez que je vous parle sérieusement. Je serais plus coupable, madame, d'oser dire une galanterie à votre majesté, que de lui avouer une vérité qu'il n'a pas été en mon pouvoir de dissimuler. Cette déclaration était trop précise pour n'être pas entendue ; mais la reine, trop favorablement disposée pour le comte de Cornouaille, n'avait pas la force de s'en offenser.

Je vous ordonne, lui dit-elle d'un ton qui démentait son discours, de ne me plus parler ; je ne veux ni vous croire, ni me fâcher contre vous.

Le couronnement se fit comme il avait été

arrêté. Gaveston y parut avec une magnificence qui acheva d'irriter les grands seigneurs. Ceux dont le ressentiment parut le plus vif, furent le comte de Pembrocke, le comte de Warwick, et le comte d'Arondel. Le premier avait un motif pour haïr Gaveston encore plus fort que l'ambition : il était éperdument amoureux de mademoiselle de Glocester; et cette belle personne, par une fatalité dont elle gémissait, avait une inclination pour Gaveston, dont elle ne pouvait triompher. Elle eut la douleur de s'apercevoir des soins qu'il rendait à la reine, et de ne pouvoir s'en dissimuler le motif. Elle était naturellement douce : sa jalousie conserva le même caractère. Elle s'affligeait sans concevoir de haine pour sa rivale, ni de ressentiment pour un ingrat.

Comme elle avait perdu son père et sa mère de très-bonne heure, elle avait toujours été sous la conduite de madame de Surrey, sa tante, et ce n'était que depuis qu'elle était à la cour, qu'elle était auprès de la comtesse d'Herefort, sa sœur aînée. Quoique madame d'Herefort eût plusieurs années de plus que mademoiselle de Glocester, elle ne lui avait jamais fait sentir aucune supériorité. Ses manières, si propres à gagner la confiance d'une jeune personne pleine de vertu, firent leur effet. Mademoiselle de Glocester se reprochait de n'avoir pas fait à sa sœur l'aveu de ce qui se passait dans son cœur. Elle cherchait un moment propre à cette confidence ; mais les embarras du voyage de Boulogne et la cérémonie du couronnement, où les deux sœurs devaient paraître, les avaient si fort occupées, qu'elles n'avaient presque pas eu le temps de se parler en particulier depuis qu'elles étaient ensemble. Un jour que la comtesse gardait le lit pour quelque légère indisposition, et que mademoiselle de Glocester était seule auprès d'elle : Je vous trouve plus rêveuse qu'à l'ordinaire, ma chère sœur, lui dit la comtesse ; avez-vous quelque peine que j'ignore? Je ne veux les savoir que pour les partager avec vous. Comme pourrai-je, répondit mademoiselle de Glocester en se jetant dans les bras de sa sœur, vous avouer mes faiblesses? Oui, ajouta-t-elle, je dois vous les dire, et pour me punir, et pour m'aider de vos conseils.

Vous savez que le duc de Glocester, notre grand-père, confia, après la mort de mon père et de ma mère, mon éducation à madame de Surrey, sa fille. Elle a passé une partie de sa vie à la cour ; et la part qu'elle avait dans les bonnes grâces de la reine Isabelle, lui en donnait presque dans toutes les intrigues et les affaires de ce temps-là ; mais, après la mort de cette princesse, elle ne trouva plus les mêmes agrémens. Marguerite de France, qu'Édouard épousa en secondes noces, donna à madame de Surrey des dégoûts qu'elle sentit vivement, et qui l'obligèrent de sortir de la cour. Il fallait ne pas donner à cette retraite un air de disgrâce; et, ce qui était aussi nécessaire, il fallait mettre quelque occupation à la place des affaires et des intrigues. La dévotion satisfaisait à tout cela; et ma tante fut dévote. Les femmes et les hommes qu'elle recevait chez elle ne pouvaient convenir à une fille de mon âge. Je n'allais dans aucune assemblée, et je ne sortais que pour accompagner ma tante à l'église. Elle allait toujours dans celle où il y avait quelque dévotion particulière; et, comme la foule y est toujours plus grande, un jour que j'avais peine à m'en démêler, un homme que je ne connaissais point s'empressa de me faire faire place. Comment est-il possible, me dit-il en me donnant la main pour m'aider à marcher, qu'une beauté comme la vôtre n'attire pas les respects de tous les hommes? Je suis cependant bien heureux que la grossièreté de ces gens-ci m'ait donné occasion de voir une aussi belle personne, et de lui rendre un petit service. Ma tante, qui entendit qu'on me parlait, se retourna, et me fit signe de la suivre. Je n'eus que le temps de faire la révérence à celui qui m'avait parlé, sans oser presque le regarder. Je ne le vis cependant que trop pour mon repos. Il vint se mettre à quelque distance de nous; et quoique je ne levasse pas les yeux, il me semblait cependant qu'il n'avait cessé de me regarder. Je le trouvai plusieurs jours de suite dans les églises où j'allais. Ma tante, surprise de le voir dans un lieu où son air et sa parure annonçaient quelque dessein, voulut savoir qui il était : elle fit questionner ses gens, qui ne firent aucun mystère du nom de leur maître. Nous apprîmes que c'était Gaveston, le favori du prince de Galles. Madame de Surrey le soupçonna d'être amoureux de moi. Elle le connaissait par plusieurs aventures qui avaient fait du bruit dans le monde. Plus il lui parut aimable, plus elle le trouva dangereux : aussi ne songea-t-elle qu'à lui ôter toutes les occasions de me voir.

Je n'eus plus la permission de sortir que les jours que j'étais indispensablement obligée d'aller à l'église, encore choisissait-on les églises les plus éloignées et les moins fréquentées. Mais tous ces soins ne servirent qu'à me faire encore mieux remarquer les empressemens de Gaveston : c'était toujours la première personne que je voyais. Nous sortions aussitôt que ma tante l'avait aperçu, et nous allions achever nos dévotions dans un autre endroit. C'était avec aussi peu de fruit : nous retrouvions toujours Gaveston. Enfin, lassée de le fuir inutilement à la ville, madame de Surrey me mena à la campagne. Gaveston trouva le moyen de m'y occuper toujours de lui, même par les soins qu'il fallait que je prisse pour l'éviter : il paraissait tous les jours dans quelque nouveau déguisement, et il se conduisait de manière, qu'il semblait qu'il ne cherchait qu'à me voir, et qu'il craignait presque d'être vu. Toutes mes femmes étaient gagnées, surtout une d'elles en qui j'avais plus de confiance : elle ne perdait aucune occasion de me parler de Gaveston; elle me faisait valoir les soins qu'il prenait pour me plaire : elle me répétait sans cesse que le plus aimable de tous les hommes, le plus accoutumé à voir ses soins récompensés, quittait tous les plaisirs de la cour pour venir passer une partie de son temps, caché dans une maison de paysan, seulement pour me voir sans être vu. Ces discours ne faisaient que trop d'impression sur moi. J'avais eu cependant le courage de refuser une lettre dont elle s'était chargée, et je lui avais défendu d'accepter à l'avenir de pareilles commissions.

Gaveston, qui voulait me parler, imagina d'acheter une terre qui joignait le parc de la maison de madame de Surrey : il en fit offrir un prix si fort au-dessus de sa valeur, que le marché en fut bientôt conclu; et, sous prétexte du voisinage, il fit demander à ma tante la permission de la voir. C'eût été une incivilité trop marquée de le refuser. Cette première visite se passa en politesses; ma tante ne me perdait pas de vue: Gaveston ne me put dire un seul mot; mais il trouva le moyen de me donner une lettre. Il fallait la prendre ou faire voir à ma tante que je la refusais: pour éviter cet inconvénient, et peut-être encore plus pour lire cette lettre, je me déterminai à la recevoir. Gaveston resta encore quelque temps avec nous; et, quoique j'eusse un très-grand plaisir à le voir, je mourais d'envie qu'il s'en allât, pour avoir la liberté de voir ce qu'il m'avait écrit.

Dès que je fus dans ma chambre, je décachetai cette lettre avec un battement de cœur que je ne puis vous exprimer. Elle aurait dû m'ouvrir les yeux sur le caractère de Gaveston: quoiqu'elle parlât d'amour, elle n'était point tendre; mais mon sentiment y ajoutait ce qui y manquait. Je la relus plus d'une fois; je la portais toujours sur moi, et il m'arrivait souvent de mettre la main dans ma poche pour avoir la satisfaction de m'assurer qu'elle y était. Il ne fut pas possible à ma tante d'éviter les visites de Gaveston. Le prince de Galles vint chez lui : il l'engagea à nous venir voir. Que je suis faible, ma chère sœur ! Gaveston trouva le moyen de me parler en particulier : j'étais bien loin de le connaître assez pour être assurée de ses sentimens, et je lui fis l'aveu des miens. Ma sincérité, qui ne me permettait pas de croire qu'on pût tromper ; mon cœur, qui me faisait juger du sien ; ma malheureuse sensibilité ; enfin jusqu'à la beauté du lieu, des jours, tout servait à m'attendrir, tout conspirait contre moi. Je ne vous redirai point les discours que Gaveston me tint pour me persuader ; ils ne suffiraient pas pour m'excuser de la promptitude de mon aveu ; je ne répéterais que ses discours, et je ne pourrais rendre la grâce et la séduction qui les accompagnaient. Bien loin de se laisser aller à cet air audacieux qui lui est naturel, je croyais voir en lui ce respect qui rassure, cette timidité qui caractérise les grandes passions, et qui faisait d'autant plus d'impression sur moi, qu'elle était plus éloignée de son caractère. Il avait trop d'expérience pour n'avoir pas pénétré mon secret ; mais il semblait l'apprendre : il en recevait l'aveu avec un transport qui tenait de la surprise, et qui était mêlé d'un doute qu'il affectait, pour se le faire assurer davantage. Que vous dirai-je, ma chère sœur ? J'aimais, j'adorais Gaveston ; je ne lui cachai rien de ce que je pensais ; et, loin d'avoir des remords, je m'applaudissais de ma franchise. Je sentis une douceur inexprimable à la montrer toute entière ; je crus connaître combien il la méritait. Nous nous quittâmes enfin contens l'un de l'autre. Il trouva dans la suite de nouveaux moyens de nous voir ; et les difficultés qu'il fallait surmonter pour y réussir lui donnaient tant d'occupation, qu'il n'avait pas le temps de m'être infidèle.

Le roi, qui avait dès lors le dessein de l'éloigner du prince de Galles, rappela mon frère, qui visitait depuis quelques années les cours de l'Europe, et lui donna la charge de chambellan du prince. Gaveston y avait prétendu; et on crut qu'il ne pardonnerait pas au comte de Glocester de l'avoir emporté sur lui ; mais, loin de marquer de l'éloignement pour mon frère, Gaveston le prévint, au contraire, par mille marques d'estime : il fit plus, il engagea le prince, qui avait d'abord reçu le comte de Glocester avec beaucoup de froideur, à le bien traiter. Mon frère fut touché d'un procédé si noble, et il prit dès lors pour Gaveston cette amitié dont il lui a donné depuis tant de marques.

Peu de temps après, le comte de Glocester devint amoureux de madame Sterling, qui était jeune, jolie, et veuve depuis quelque temps. Gaveston connut son amour aussitôt qu'il le connut lui-même. Comme elle était encore dans la dépendance de sa famille, mon frère ne pouvait ni la voir, ni lui faire tenir ses lettres qu'avec beaucoup de ménagement. Gaveston, fertile en ressources par l'expérience de ses galanteries, se chargea de lui faciliter l'un et l'autre, et il en vint bientôt à bout. Il trouva le moyen d'introduire, la nuit, le comte de Glocester dans l'appartement de madame Sterling. Comme elle logeait chez son père, homme sévère sur le point d'honneur, Gaveston, pour assurer la sûreté des rendez-vous, passait dans la rue tout le temps que son ami était dans la maison. Tant de soins et tant de marques d'amitié ne trouvaient pas mon frère ingrat; il ne désirait qu'une occasion de donner à Gaveston des preuves de sa reconnaissance : c'était où celui-ci voulait le conduire. Après avoir affecté pendant quelques jours un air de tristesse, qui fut d'autant plus remarqué qu'il ne lui était pas ordinaire, il proposa à Glocester de venir se promener avec lui dans un jardin qui était peu fréquenté. Ils firent quelques tours de promenade, pendant lesquels mon frère ne put arracher de Gaveston que quelques paroles prononcées avec un air distrait et occupé. Pourquoi, lui dit mon frère, me faites-vous un secret de ce qui vous occupe si fort? Vous n'êtes plus le même depuis quelques jours. Que voulez-vous que je pense de votre amitié, si vous ne me donnez pas dans votre confiance la même part que vous avez dans la mienne? C'est pour ne plus mériter vos reproches, lui dit-il, que je vous ai prié de venir ici; mais je vous avoue que je n'ai plus la force de parler; je vais peut-être perdre cette amitié, qui m'est si chère, et m'ôter une espérance qui, toute légère qu'elle est, fait pourtant mon bonheur. Non, lui dit mon frère, ma tendresse sera toujours la même, puisque je suis bien sûr que vous ne pouvez rien m'apprendre qui diminue mon estime pour vous. Souvenez-vous du moins, dit Gaveston, que c'est à mon ami, et non pas au comte de Glocester, que je fais l'aveu de l'amour que j'ai pour sa sœur. Mon frère resta quelque temps sans parler, et puis tout d'un coup, embrassant de nouveau Gaveston : L'envie de deviner, lui dit-il, comment il était possible que ma sœur, presque ignorée de toute la terre, fût connue de vous, a causé mon silence. Bien loin d'être fâché que vous l'aimiez, je suis fort aise, au contraire, que l'alliance vienne encore serrer les nœuds de notre amitié. Ma sœur sait-elle que vous l'aimez? Je ne vous demande point si elle vous aime : répondez à cette première question, et je serai éclairci de la seconde. Gaveston répondit aux amitiés de mon frère par une entière confiance, et ne lui laissa rien ignorer de ce qui s'était passé entre nous.

Je blâmerais ma sœur, lui dit le comte de Glocester, et je ne sais même si je lui pardonnerais d'avoir reçu vos soins sans l'aveu de ceux dont elle dépend, si je ne trouvais, dans les sentimens que vous m'avez inspirés à moi-même, de quoi la justifier. Je ne vous promets pas de vous servir auprès d'elle, je vois que vous n'en avez pas besoin ; mais je vous servirai auprès de madame de Surrey, et je mettrai tout en usage pour qu'elle vous soit favorable auprès de mon grand-père. Donnez-moi, ajouta-t-il en riant, une lettre de créance auprès de ma sœur ; elle n'oserait se confier à moi, et j'ai besoin de concerter avec elle les mesures que nous devons prendre. Gaveston m'écrivit. Mon frère vint me voir le même jour, et me dit, en me donnant la lettre dont il était chargé, qu'il viendrait prendre la réponse le lendemain.

J'avais besoin de ce délai pour me remettre; j'étais dans une confusion telle que vous pouvez vous la représenter. Je passai la nuit à étudier ce que je dirais à mon frère : quoique sa conduite dût me promettre beaucoup d'indulgence, je mourais de honte de ce qu'il savait ma faiblesse. Il m'apporta une seconde lettre le lendemain, et me demanda si j'avais fait réponse. Je suis fâchée, lui dis-je, de m'être mise à portée de recevoir de pareilles lettres; j'ai tant de peur d'avoir perdu votre estime, que je n'ai plus rien à dire à celui qui me les écrit. Je vous avoue, dit le comte, que j'aurais été très-affligé, si je vous avais vue penser pour un autre comme vous pensez pour Gaveston; mais j'ai tant d'estime et d'amitié pour lui, il vous aime si véritablement, que, bien loin de m'opposer à l'inclination que vous avez l'un pour l'autre, je ferai tous mes efforts pour qu'il obtienne l'agrément de notre famille. Je sais que sa naissance et sa fortune sont bien au-dessous de ce que vous pourriez prétendre; mais la faveur du prince, qu'il possède toute entière, le mettra tôt ou tard dans le rang le plus élevé.

Depuis ce jour, mon frère n'en passait aucun sans m'apporter des lettres de Gaveston: je ne dissimulai plus le plaisir qu'elles me faisaient. L'amitié que j'ai toujours eue pour le comte de Glocester était bien augmentée depuis qu'il était mon confident: nos conversations ne finissaient plus; et, ce qui m'y attachait davantage, c'étaient les louanges qu'il donnait à son ami. C'est toujours un plaisir d'entendre louer ce qu'on aime, mais ce plaisir est encore plus sensible, quand les louanges viennent de quelqu'un qui nous est cher.

Il fallait, pour la satisfaction de Gaveston, et un peu pour la mienne, qu'il pût être reçu chez ma tante. Mon frère le souhaitait presque autant que nous : il parla à madame de Surrey, et lui représenta qu'il fallait bien que je connusse le monde, puisque je devais y vivre. Ce n'était pas par goût que madame de Surrey avait pris le parti de la retraite ; d'ailleurs, quelque dévote que soit une femme, elle est toujours bien aise que des raisons de bienséance l'obligent à se permettre des amusemens qu'elle a presque toujours quittés à regret ; elle consentit sans beaucoup de peine à ce que mon frère désirait.

Lorsqu'on sut à la cour que madame de Surrey voulait recevoir du monde, les hommes et les femmes s'empressèrent d'y venir.

Le comte de Pembrocke devint amoureux de moi dans ce temps-là : il ne perdait aucune occasion de me marquer son amour. J'étais si satisfaite de voir Gaveston, quoique je ne lui parlasse presque jamais, que j'en souffrais le comte de Pembrocke avec moins de peine. Il est aimable, il pouvait me plaire, il pouvait obtenir l'aveu de ma famille ; Gaveston en fut jaloux ; s'il m'avait bien aimée, sa jalousie l'aurait rendu plus tendre ; il aurait cru ne me pas assez mériter, et il aurait craint de me perdre; il m'aurait fait des prières, et non pas des reproches; mais il avait plus de vanité que d'amour. Il m'écrivit d'abord des lettres remplies de plaintes, et s'approchant de moi pendant que madame de Surrey était occupée à parler à quelqu'un : Je vous félicite, mademoiselle, me dit-il, de vos conquêtes. Savez-vous, ajouta-t-il, qu'on ne conserve pas long-temps les premières, quand on a tant de plaisir à en faire de nouvelles. J'aimais de trop bonne foi pour m'alarmer de la jalousie de Gaveston; et bien loin d'être blessée du ton dont il me parlait, je lui tins compte de sa vivacité. Il n'était cependant guère possible que je manquasse de politesse pour un homme du rang du comte de Pembrocke : mais Gaveston ne goûtait point mes raisons; il me quitta brusquement aussitôt que je voulus lui en parler; il passa deux jours sans m'écrire. Je m'en plaignis à mon frère : il me dit que Gaveston était au désespoir; que, si je l'avais aimé, je lui aurais fait le sacrifice du comte de Pembrocke, sans qu'il l'eût demandé; et que, bien loin d'avoir quelque égard pour sa peine, j'avais regardé le comte de Pembrocke des mêmes yeux. J'aimais Gaveston; je me rangeai de son parti contre moi-même; je crus avoir tort, puisqu'il était fâché; et je me reprochai l'amour de Pembrocke, comme si j'avais eu dessein de le lui inspirer. J'en promis le sacrifice, et je l'écrivis à Gaveston; il s'apaisa, et nous nous raccommodâmes. Je fus pénétrée de joie de quelques mots qu'il me dit; nos yeux reprirent leur ancienne intelligence. Gaveston était satisfait; il en paraissait plus aimable, et je l'en aimais davantage de cette satisfaction que je lui avais donnée. L'embarras était de tenir parole : Pembrocke, malgré mes froideurs, et presque mes incivilités, ne se rebutait point; j'en étais désespérée; je voyais à tout moment la jalousie de Gaveston prête à s'allumer. Un jour qu'ils étaient tous deux chez madame de Surrey avec plusieurs personnes de la cour, on y proposa une partie de promenade dans un jardin, à un mille de Londres. Gaveston, qui n'osait me donner la main, la donnait à ma tante; je ne pus refuser celle de Pembrocke. Gaveston, qui marchait avant moi avec madame de Surrey, tourna la tête et jeta sur moi un regard où je lus sa colère. Je n'y pus faire autre chose que de feindre de m'être fait mal au pied en marchant. Je fis un cri, en disant que je ne pouvais aller plus loin; on m'aida à rentrer dans la chambre. Je ne sais si Pembrocke avait vu la manière dont Gaveston m'avait regardée; mais il ne fut point la dupe de mon artifice. Je vois bien, dit-il, mademoiselle, que c'est moi qui vous ai porté malheur. J'éviterai à l'avenir de causer de pareils accidens ; mais je vous demande de vouloir m'entendre encore une fois : je ne vous dirai rien que de conforme au respect que j'ai pour vous. Il sortit en même temps, et me laissa très-interdite et très-embarrassée. Le prétendu accident qui m'était arrivé avait rompu la promenade ; tout le monde s'empressait à me demander de mes nouvelles. Gaveston s'approcha de moi comme les autres, et trouva le moyen de me parler un moment. Qui n'aurait été trompé à tout ce qu'il me dit de tendre pour me remercier de ce que je venais de faire ? Cette marque de ma complaisance lui persuadait que j'avais de la bonté pour lui, et c'était le souverain bonheur. Hélas! je le croyais, et peut-être le croyait-il aussi lui-même. La plupart des hommes prennent un sentiment vif d'amour-propre pour de l'amour; je servais si bien celui de Gaveston, qu'il croyait être tendre, quand il n'était que reconnaissant; je lui dis que Pembrocke avait demandé à me parler; il se croyait si sûr de mon cœur, qu'il consentit à cette conversation. Je l'eus dès le lendemain. Ma tante s'était accoutumée à me voir avec les hommes qui venaient chez elle : il arrivait même assez souvent, quand elle avait affaire, de me laisser dans sa chambre avec ses femmes. Elle était entrée dans son cabinet, quand le comte de Pembrocke arriva. Je m'étais mise sur un lit pour continuer la feinte de la veille. Sa vue m'embarrassa; il s'en aperçut. Ne craignez point, me dit-il, mademoiselle, ce que j'ai à vous dire; je ne suis pas assez malheureux pour être en droit de vous faire des reproches; je me plains seulement de mon malheur; et peut-être me serait-il moins sensible, si je ne prévoyais le vôtre : oui, mademoiselle, ce rival, que vous me préférez, n'est pas digne de vous; il ne connaîtra plus le prix de votre cœur, dès qu'il croira en être assuré; il lui faut des obstacles à vaincre, et, tout malheureux que je suis, je vois que je lui ai fait ombrage. Je me retire, non pas pour faire cesser ses inquiétudes, mais pour vous donner cette marque de respect. Je trouvai tant de franchise dans le procédé du comte de Pembrocke, et j'en ai tant moi-même, que, si je ne lui avouai pas ma faiblesse, je n'eus pas non plus la force de la lui désavouer. J'entends, mademoiselle, me répondit-il, tout ce que vous n'osez me dire : ma conduite vous prouvera que je mérite votre sincérité. Peut-être connaîtrez-vous quelque jour combien l'attachement que j'ai pour vous est différent de celui de mon rival ; je vous demande alors de vous souvenir que mon cœur n'a jamais été sensible que pour vous. Je vois, ajouta-t-il en me regardant, que ce que je viens de vous dire vous déplaît ; mais pardonnez quelque chose à un homme à qui vous avez inspiré un amour qui ne finira jamais, et à qui vous venez d'ôter toute espérance. Quelques personnes qui entrèrent mirent fin à une conversation que je ne pouvais plus soutenir. Le comte de Pembrocke sortit, et partit le lendemain pour la campagne. Les premiers jours qui suivirent son éloignement, furent pleins de douceur. Gaveston redoubla d'attention et de vivacité.

Plusieurs hommes de la cour me rendirent des soins; mais il est vrai qu'une femme n'a point d'amans quand elle n'en veut point avoir. Les miens se lassèrent d'une persévérance inutile, et me laissèrent jouir du plaisir de prouver à Gaveston que je ne voulais plaire qu'à lui. Ce temps heureux, et le seul heureux de ma vie, ne dura guère; j'eus bientôt lieu de m'apercevoir que l'esprit de Gaveston avait plus besoin d'occupation que son cœur. Au lieu de cette vivacité qu'il marquait auparavant pour trouver une occasion de me dire un mot, il laissait échapper celles qui se présentaient naturellement : c'était moi qui me plaignais ; j'avais pris son rôle, et il n'avait pas pris le mien : mais quelle différence dans nos procédés ! je n'avais point examiné si ses inquiétudes étaient raisonnables ; je m'affligeais de ce qui l'affligeait ; je n'avais jamais vu que sa peine, et j'avais mis tout en usage pour la faire cesser. Lui, au contraire, m'écoutait avec une espèce de joie tranquille ; je lisais dans ses yeux que le plaisir d'être aimé ne lui laissait point d'attention pour les peines que ma tendresse me donnait.

Mon frère, à qui je confiais mes inquiétudes, n'était nullement propre à cette confidence ; son amour pour madame Sterling ne lui apprenait pas ces délicatesses ; c'était de ces sortes d'attachemens où le cœur n'a point de part. Sa maîtresse et lui se brouillèrent pourtant comme s'ils s'étaient bien aimés. Gaveston fut encore chargé de négocier la réconciliation ; il vit plusieurs fois madame Sterling ; on ne parla d'abord que de ce qui faisait le sujet de leur entrevue.

Chez les femmes de ce caractère, le plaisir d'un nouveau triomphe l'emporte toujours sur l'intérêt de l'amant. Gaveston était l'homme de la cour le mieux fait et le plus à la mode : que de raisons pour éveiller la coquetterie de madame Sterling ! Il était à peu près dans les mêmes dispositions qu'elle ; d'ailleurs, la singularité de l'aventure le piquait. Que vous dirai-je? Ils manquèrent à ce qu'ils devaient à l'amitié et à l'amour; et, comme ils avaient l'un et l'autre intérêt de cacher leur perfidie, mon frère obtint sa grâce et fut reçu à l'ordinaire.

Gaveston me voyait avec la même assiduité. Je ne sais si les reproches qu'il se faisait l'attendrissaient pour moi; mais j'étais plus contente de lui que je ne l'avais été depuis quelque temps.

Un jour que j'étais occupée à assortir des pierreries, une de mes femmes me montra une bague d'un très-grand prix que je me souvins d'avoir vue à Gaveston. Je voulus savoir de qui elle la tenait; elle me dit qu'elle n'était point à elle, et que Gaveston l'avait donnée à sa sœur qui était femme de chambre de madame Sterling. Un présent de cette conséquence me fit naître de grands soupçons; mais je ne pus alors en savoir davantage : il fallut aller dans l'appartement de ma tante où j'étais attendue. Gaveston y était. Ce que je venais d'apprendre me donnait une inquiétude que je ne pouvais dissimuler. Il s'en aperçut; et, s'approchant de moi sous quelque prétexte : D'où vient, me dit-il, mademoiselle, l'air que je vous vois? J'en dois être alarmé. Je n'ai point d'inquiétude, répondis-je, ou du moins je n'en devrais point avoir.

Ces paroles, et le ton avec lequel je les prononçai, l'étonnèrent; il n'osa me parler davantage dans ce moment; et, prenant le temps qu'on était occupé à regarder des marchandises de France, qu'on apportait à madame de Surrey: Que vous m'alarmez, dit-il, mademoiselle! ce que vous m'avez dit et l'attention que je vous vois, depuis deux heures, d'éviter mes regards, me font craindre d'être le plus malheureux des hommes. Il prononça ces mots avec un air si attendri, qu'à mon ordinaire je crus être injuste de le soupçonner. Il me vint dans l'esprit que la bague avait été donnée pour mon frère. Cette idée fut bientôt la plus forte dans mon esprit, et j'agis avec lui le reste de la journée comme à l'ordinaire. Dès que je fus seule, mes soupçons me revinrent. Je fis appeler cette femme. Elle était à moi depuis peu de temps, ainsi elle ignorait quel intérêt je pouvais prendre à ce qui regardait Gaveston. Elle a de l'esprit : elle comprit bien vite de quoi il était question; elle m'assura qu'elle serait instruite de tout ce que je voudrais savoir. J'attendis cet éclaircissement avec l'impatience et le trouble que vous pouvez vous figurer. Il s'agissait d'apprendre si un homme que j'aimais, et dont je me croyais aimée, était digne de ma tendresse ou de mon indignation. Quelle situation! il n'en est pas de plus cruelle.

Je fus deux jours dans cet état, pendant lesquels, pour ne pas être obligée de voir du monde, je feignis une légère indisposition. Enfin, j'appris ce que je craignais tant de savoir, que Gaveston était coupable et ne méritait pas d'être aimé. Ma femme de chambre, instruite par sa sœur, me rapporta les détails de cette intrigue. J'aurais pu pardonner une galanterie; mais comment pardonner la tromperie qu'il avait faite à son ami? Il n'y avait pas moyen de l'excuser là-dessus, et je vous avoue que j'en étais sensiblement affligée. Je vis bien qu'il fallait rompre. Je continuai pendant quelques jours de garder la chambre pour m'affermir dans mes résolutions. Mon frère m'embarrassait : il me semblait que je ne devais pas lui dire ce que je savais de la conduite de son ami. Les querelles entre les hommes sont toujours dangereuses; mais c'était bien moins la prudence que la crainte de faire du mal à un homme que je croyais pourtant haïr. Je me déterminai enfin de dire à mon frère qu'il y avait encore si peu d'apparence que la fortune de Gaveston pût devenir telle qu'il la faudrait pour obtenir le consentement de mon grand-père, que je croyais qu'il était de mon devoir de ne plus recevoir ses soins. Eh! pourquoi donc les avez-vous reçus? me dit mon frère avec une espèce de colère.

Parce que vous m'y autorisiez, lui répondis-je, et que j'espérais que les choses changeraient. Espérez-le donc encore, me répliqua-t-il, et ne désespérez pas mon ami, si vous ne voulez me désespérer moi-même. La vivacité de mon frère, qui rendait Gaveston encore plus coupable, me donna la force de lui résister. Je lui fis si bien voir que ma résolution était prise, et je la colorai de tant de raisons, qu'il fut obligé de se rendre et de prendre la commission de dire à Gaveston les dispositions où j'étais. Il était chez madame de Surrey, où il attendait mon frère pour savoir de mes nouvelles. Ils sortirent ensemble : dès qu'ils furent seuls, mon frère rendit compte, avec tous les ménagemens de l'amitié la plus tendre, de la conversation qu'il venait d'avoir avec moi. Quelle surprise pour Gaveston qui se croyait aimé, et qui n'avait jamais pensé qu'il pût cesser de l'être ! L'amour-propre et l'amour qu'il avait pour moi lui causaient la plus sensible douleur qu'il eût encore éprouvée. Il ne pouvait comprendre d'où lui venait son malheur : l'aventure de madame Sterling n'en pouvait être cause, puisque mon frère l'ignorait. Il le pria de se charger d'une lettre. Mon frère vint me l'apporter : il fit inutilement tout ce qu'il put pour que je l'ouvrisse ; il fallut la reporter à Gaveston telle qu'il la lui avait donnée. J'en usai de même de plusieurs autres; et, pour achever de le désespérer, milord Pembrocke, qui n'avait pas trouvé dans l'absence les secours qu'il en avait espérés, était revenu de la campagne aussi amoureux qu'auparavant : il n'avait pu résister au plaisir de me revoir. Je le reçus mieux que je n'avais fait jusque-là. Il ne se flatta point de devoir à lui-même ce changement; comme il ne voyait plus Gaveston si souvent chez madame de Surrey, et qu'il s'aperçut que, quand il y était, il n'osait me parler, il comprit la vérité : il m'en parla avec tant d'honnêteté et de discrétion, qu'il augmenta l'estime que je ne pouvais m'empêcher d'avoir pour lui. Insensiblement je m'accoutumai à lui parler plus qu'à un autre : à la vérité, c'était de choses indifférentes; mais c'était toujours une distinction, et il en sentait le prix. Gaveston ne pouvait contenir sa jalousie. Je l'évitais avec tant de soin, qu'il n'avait pu ni me faire des reproches, ni savoir le sujet de sa disgrâce. La colère où j'étais s'accrut encore par une circonstance que le hasard me fit savoir. Deux hommes s'étaient battus à l'entrée de la nuit dans la rue où logeait madame Sterling; Gaveston les avait séparés. Je jugeai qu'il ne s'était trouvé là si à propos, que parce qu'il voulait entrer chez cette femme. J'avais été plusieurs fois tentée de lui accorder la conversation qu'il me demandait avec tant d'instance; mais le plaisir que j'imaginais à l'accabler de reproches m'était suspect.

Mon frère, fâché de la manière dont je traitais son ami, était froid avec moi, et ne me parlait plus en particulier. Le comte de Pembrocke, au contraire, ne perdait pas une occasion de me marquer la vivacité de son amour. Son père, qui vivait encore dans ce temps-là, désirait beaucoup une alliance comme la nôtre; il ne fut pas plus tôt informé de la passion de son fils, qu'il en parla à mon grand-père, dont il était ami. Le vieux comte de Glocester entra avec plaisir dans le projet : il lui promit qu'il en parlerait à madame de Surrey. Pour moi, il comptait sur mon obéissance, et crut qu'il était inutile de me faire part de ses desseins.

Milord Pembrocke, charmé d'avoir une aussi agréable nouvelle à donner à son fils, qu'il aimait tendrement, le fit appeler. Remerciez-moi, lui dit-il; je viens de conclure votre mariage avec mademoiselle de Glocester : si vous m'aviez fait votre confident, j'aurais travaillé plus tôt à vous rendre heureux. Le comte de Pembrocke, surpris et troublé par la crainte que je ne le soupçonnasse d'avoir été de moitié dans les démarches que son père avait faites auprès de mon grand-père, gardait le silence. L'espérance dont il était flatté et la crainte que je ne voulusse pas consentir à son bonheur, le partageaient tour à tour. Enfin, prenant son parti : Je vous demande en grâce, monsieur, lui dit-il, de n'aller pas plus loin avec le duc de Glocester, et de l'engager à ne point parler à madame de Surrey. J'ai besoin de quelque temps pour me résoudre à l'engagement que vous voulez que je prenne; je vous demande cette complaisance. Milord Pembrocke, qui savait son fils amoureux, fut très-étonné de lui trouver si peu d'empressement. Il lui représenta tous les obstacles qui pouvaient naître; mais son fils demeura ferme à demander du temps, et l'obtint. Je n'avais jamais reçu de lettre de lui; je fus très-étonnée quand une de mes femmes m'en remit une. Mon premier mouvement fut de la lui renvoyer; mais, comme je connaissais son respect pour moi, je crus que, pusqu'il m'écrivait, il avait quelque chose de très-important à me dire : j'ouvris sa lettre. Il me mandait qu'il était de la dernière importance pour moi que je lui accordasse une conversation; et, comme il était difficile que ce pût être chez ma tante, il me proposait d'aller à l'abbaye des bénédictines, dont sa tante est abbesse, et où ma sœur est religieuse. Je ne fis aucune difficulté de lui parler : il m'assurait que ce serait en présence de ma sœur. Je ne soupçonnai point le comte de Pembrocke de vouloir me tromper : je jugeai qu'il s'agissait de quelque chose d'important, et je me déterminai, comme il me le proposait, d'aller à l'abbaye. Le jour fut pris au lendemain. Je vous prie, mademoiselle, me dit-il aussitôt qu'il me vit seule avec ma sœur, de croire que je n'ai point de part à ce que je vais vous apprendre, et que, quelque grand que fût pour moi le plaisir qu'on me promet, je ne l'accepterai jamais, si c'est un malheur pour vous. Il me conta ensuite ce qui s'était passé entre milord Pembrocke et lui. Il faut vous aimer, ajouta-t-il, mademoiselle, aussi parfaitement que je vous aime, pour avoir eu la force de cacher ma passion. Quel plaisir de pouvoir dire que vous êtes la plus adorable personne du monde et la mieux adorée! Je vous ai sacrifié ce plaisir; votre intérêt le demandait : il fallait, pour ne point vous exposer à des désagrémens, me charger seul de la suite de cette affaire. Rien n'était plus noble et plus généreux que le procédé du comte de Pembrocke. J'en fus touchée jusqu'au point de verser des larmes; il s'en aperçut, et se jetant à mes pieds : Laissez-vous attendrir, me dit-il, mademoiselle, pour un homme pour qui vous avez déjà quelque estime : le temps et mon amour feront le reste, surtout quand votre devoir sera pour moi. J'avais laissé parler le comte de Pembrocke sans lui répondre; je rêvais profondément à ce que je devais faire. La raison était pour lui; mais mon cœur n'en était pas d'accord. Vous ne me répondez point? me dit-il; peut-être êtes-vous moins touchée du sacrifice que je vous fais, que de la peine de me devoir quelque chose. Non, lui répondis-je enfin, je suis pénétrée de reconnaissance; mais accordez-moi à moi-même le temps que vous avez demandé. Hélas! me dit le comte, qu'il y a d'ingratitude à être reconnaissante comme vous l'êtes! N'importe, je vous ai rendue la maîtresse de mon sort, et, quoi qu'il m'en coûte, je souscrirai à ce que vous ordonnerez; mais souffrez du moins les témoignages d'une passion dont vous serez peut-être touchée, quand elle vous sera bien connue.

J'étais déterminée à vaincre la malheureuse inclination que j'avais pour Gaveston, et l'admiration que me donnait le procédé du comte de Pembrocke me faisait tant d'illusion, que je me flattai que je n'avais besoin que d'un peu de temps, et que je l'épouserais ensuite sans aucune répugnance; et, si je ne le lui promis pas, je le lui laissai du moins espérer. Nous nous séparâmes; il était content, et je croyais presque l'être.

Je me mis au lit en rentrant chez ma tante :

j'avais besoin d'être seule pour démêler mes propres sentimens. Je me livrai d'abord à toute l'estime que j'avais pour le comte de Pembrocke; mais, plus je l'estimais, plus je trouvais que je ne devais l'épouser que quand je serais sûre que je pourrais l'aimer. Il devint encore plus assidu chez madame de Surrey. Je lui donnais toutes les occasions de me parler que la bienséance me permettait : je m'exagérais à moi-même son mérite et ce qu'il avait fait pour moi; j'évitais Gaveston avec soin, et il me semblait que cet effort me coûtait moins tous les jours.

Mon frère n'avait aucune connaissance de ce qui s'était passé entre milord Pembrocke et le duc de Glocester; j'avais cru ne lui en devoir point parler : mais, comme Gaveston faisait toujours des tentatives pour me voir, et que la liberté qu'il avait acquise chez madame de Surrey pouvait enfin lui en faire naître l'occasion, je me déterminai à dire à mon frère ce que je lui avais caché jusque-là, pour qu'il l'engageât à ne plus faire des démarches inutiles pour lui, et embarrassantes pour moi. Il m'écouta avec surprise. Est-il possible, me dit-il, que vous puissiez vous résoudre à faire le malheur d'un homme qui vous adore, et à me rendre malheureux moi-même? car vous n'ignorez pas que les malheurs de mon ami sont les miens. Si quelque autre m'avait dit, en faveur de Gaveston, tout ce que mon frère me disait, peut-être en aurais-je été touchée; mais plus il me parlait pour lui, plus il me le faisait voir coupable. Je fus presque tentée de lui dire ce que je savais de sa perfidie; mais les mêmes raisons qui m'avaient arrêtée m'arrêtèrent encore : il me quitta très-mécontent de n'avoir pu rien gagner sur mon esprit. Quelque chagrin qu'il eût d'avoir à annoncer une aussi fâcheuse nouvelle à son ami, il fallait pourtant la lui dire. Il alla chez le prince, où il comptait le trouver : on lui dit qu'il n'y avait point paru; que le prince était enfermé avec le roi, et qu'il ne verrait personne ce soir-là. Gaveston entrait au palais comme mon frère en sortait. Ils raisonnèrent quelque temps sur cette conférence du prince et du roi, qui n'était pas ordinaire. Mon frère reconduisit Gaveston chez lui, et commençant par l'embrasser avec beaucoup de tendresse : Vous savez, mon cher Gaveston, lui dit-il, que j'avais toujours espéré que nous serions unis par les liens du sang, comme nous le sommes par ceux de l'amitié. Quoi! s'écria Gaveston, mademoiselle de Glocester veut m'abandonner! je m'étais flatté que ses froideurs, dont je ne connaissais point la cause, ne tiendraient point contre mon amour; je les ai supportées par respect pour elle, sans oser presque m'en plaindre. Mais, puisque ce respect tourne contre moi, je veux la voir, je veux lui parler, je veux lui demander raison de son changement, je veux lui montrer tout mon désespoir; elle en sera touchée. Je l'aime trop pour ne pas conserver un peu d'espérance. Par pitié, faites que je lui parle, disait-il à mon frère; vous seul pouvez me rendre un service auquel ma vie est attachée. Si elle persiste après cela dans son dessein, je ne vous importunerai plus de mes plaintes.

Le comte de Glocester souhaitait presque autant que Gaveston qu'il pût me voir; cependant il ne consentit à rien qui pût intéresser ma réputation. Après avoir cherché plusieurs moyens, ils s'arrêtèrent à celui de gagner le portier de madame de Surrey, et de l'obliger, dès que Gaveston serait chez elle, de renvoyer tout le monde. Mon frère se chargea d'adresser à ma tante un homme pour traiter avec elle d'une affaire qui l'intéressait beaucoup. Tout s'exécuta le lendemain, comme ils l'avaient réglé; je vis entrer Gaveston, et, peu après, l'homme qui était envoyé par mon frère. Il semblait que ma tante eût été d'accord avec eux. Je voulus me retirer quand elle entra dans son cabinet; elle m'ordonna de rester, et dit à une des femmes de demeurer avec moi. Cette femme n'était point suspecte à Gaveston; il avait mis presque tous les gens de madame de Surrey dans ses intérêts. Dès qu'il ne fut vu que d'elle, il se jeta à mes pieds. Je ne partirai point d'ici, mademoiselle, me dit-il, que vous ne m'ayez appris quel est mon crime. Peut-être n'étais-je pas digne des bontés que vous avez eues pour moi; mais enfin vous les avez eues; vous m'avez laissé croire que je ne vous étais pas indifférent; je suis le même que j'étais alors, par quel malheur ai-je perdu un bien qui faisait tout mon bonheur? Je ne veux point chercher à vous attendrir par les marques de mon désespoir; tout grand qu'il est, je saurai vous le cacher, s'il ne doit qu'exciter votre pitié : c'est à votre cœur seul que je veux devoir le retour de vos bontés. Parlez, mademoiselle, dites-moi un mot; mais songez que la réponse que vous m'allez faire décidera de mon sort; et, sans vous importuner de mes plaintes, je saurai me venger sur moi-même de mon malheur. Le ton dont il me parlait était le ton d'un homme véritablement touché, et je crois qu'il l'était; il m'aimait alors, et il m'aimerait encore, si la vanité de plaire n'était en lui plus forte que tout autre sentiment. J'étais cependant si prévenue de ses perfidies, que je l'écoutais presque avec indifférence. J'eusse bien voulu les lui reprocher; mais je trouvais que je me vengeais encore mieux, en lui laissant croire que mon changement n'avait point de cause.

Mais, malgré mes résolutions , quelques mots qui m'échappèrent allaient m'attirer un éclaircissement, sans l'arrivée de mon frère. Il se jeta , en entrant, sur une chaise, comme un homme accablé de douleur. Mes inquiétudes n'étaient que trop bien fondées, mon cher Gaveston, lui dit-il, le prince m'a envoyé chercher , pour me charger de vous apprendre qu'il a été obligé de consentir à votre exil; il a résisté autant qu'il a pu; il n'a cédé que dans la crainte d'augmenter, par sa résistance, la colère du roi; il craint même que vous ne soyez arrêté ; il vous prie de passer sur les terres de France, où vous serez à l'abri de la rage de vos ennemis. Eh! que m'importe leur rage! répondit-il; mademoiselle de Glocester vient de me mettre au point de ne les plus craindre; la vie m'est odieuse. Je ne fuirai point comme veut le prince; j'irai au contraire me présenter au roi; quelque irrité qu'il soit, il ne saurait me rendre plus misérable que je le suis. La disgrâce de Gaveston m'avait changée en un moment; je ne le voyais plus coupable; je ne le voyais que malheureux; et le retenant, comme il se disposait à sortir : Non, non, lui dis-je, vous n'irez point, et, si vous m'aimez, vous ferez tout ce qu'il faut pour vous mettre en sûreté. Quoi! s'écria-t-il en se jetant de nouveau à mes pieds avec des transports de joie qu'il ne pouvait contenir; vous vous intéressez encore à moi, vous ne voulez pas que je périsse? Grand Dieu! que je suis heureux! La joie le transportait au point qu'il n'était plus maître de ses actions. Il m'embrassait les genoux, il baisait mes mains, sans que je pusse l'en empêcher. J'avoue que ce moment fut aussi doux pour moi que pour lui. Je ne contraignais plus mes sentimens, et, bien loin de me reprocher ma tendresse, j'avais un plaisir vif à sentir que j'aimais. Mon frère se désespérait de ne pouvoir se faire écouter de Gaveston. Il fallut que je fisse usage de mon pouvoir, pour l'obliger à songer aux mesures qu'il y avait à prendre. Nous convînmes qu'il fallait dire à madame de Surrey ce qui se passait. Son amitié pour Gaveston, et plus encore sa haine pour le gouvernement, nous assuraient son secours. Aussi entra-t-elle effectivement avec beaucoup de vivacité dans tout ce que lui et mon frère proposèrent. Elle promit d'assurer la fuite de Gaveston. Ils convinrent qu'il passerait le reste de la journée chez elle; qu'on n'y recevrait personne, et que mon frère et un gentilhomme attaché à notre maison, en qui on pouvait prendre confiance, le conduiraient, à l'entrée de la nuit, au port, où il trouverait un vaisseau qui ferait voile dans le moment qu'il serait embarqué.

Nous eûmes plusieurs occasions de nous parler jusqu'au moment qu'il partit. J'étais pressée alors de lui expliquer mes sujets de plainte, non pas pour entendre ses justifications, il n'en avait plus besoin, mais pour me justifier moi-même. Il me dit tout ce qu'il voulut, et je crus tout ce qu'il me dit.

La joie dont nos cœurs étaient pleins ne nous laissa pas sentir toute l'amertume de notre séparation. Les mesures pour assurer sa fuite étaient d'ailleurs si bien prises, qu'il n'y avait presque aucun lieu de craindre. Le plaisir de le voir suspendait mes craintes; mais aussitôt que je l'eus perdu de vue, je ne vis que des périls et je vis tous ceux qui étaient possibles. Mon frère devait venir nous rendre compte de ce qui se serait passé : il n'y avait pas une heure qu'ils étaient partis, que je m'alarmais de ce qu'il n'était pas encore de retour; et, quoique la nuit fût fort sombre, je me tenais à la fenêtre, et le plus petit bruit me faisait tressaillir. Je passai plusieurs heures dans cet état : chaque moment ajoutait quelque chose à mes alarmes; enfin mon frère parut, et me fit un signe dont nous étions convenus; et, comme il était trop tard pour entrer chez ma tante, il remit au lendemain à m'en dire davantage.

Ils avaient été arrêtés par le prince, qui avait voulu embrasser son favori avant de s'en séparer, et l'assurer lui-même qu'il partagerait un jour son pouvoir (vous voyez qu'il lui a tenu parole). Mon frère me rendit compte de toute leur conversation : Gaveston l'en avait prié, et l'avait chargé de m'assurer qu'il ne souhaitait cette fortune qu'on lui promettait, que pour être moins indigne de moi. J'avais été si occupée de ma joie et de ma crainte, que je n'avais presque pas pensé à la situation où j'étais avec le comte de Pembrocke : d'ailleurs, quand on est bien plein d'un sentiment, on croit que tout ce qui le favorise sera aisé, surtout quand les difficultés ne sont pas présentes. Mais, quand il fut question d'examiner avec mon frère la conduite que je devais tenir, nous nous y trouvâmes très-embarrassés par les espérances que je lui avais laissé concevoir. La franchise était le seul parti honnête et le seul digne de moi : quoiqu'il pût être périlleux, je m'y déterminai sans balancer. Cependant il était instruit de tout ce qui s'était passé; on lui avait dit, à la porte de madame de Surrey, qu'elle n'y était pas, justement dans le moment que Gaveston y entrait : on lui avait fait, dans la journée, la même réponse plusieurs fois. Pour s'éclaircir, il avait pris le parti de se tenir dans la rue, et, comme mon frère et le gentilhomme attendaient un peu plus loin, il vit Gaveston, assez avant dans la nuit, sortir seul de la maison de madame de Surrey. Quelle vue pour un homme amoureux, à qui on avait laissé prendre des espérances? Il se crut trompé de la manière la plus outrageante; et si, par respect pour lui-même, il ne se proposa pas de se venger, il se promit du moins de me faire sentir combien je lui paraissais différente de ce que je lui avais paru. Il vint le lendemain chez ma tante dans ces dispositions. Je crus m'apercevoir qu'il avait quelque chose de fâcheux dans l'esprit, et je jugeai, par la façon dont il me regardait, que j'y avais part; j'en fus déconcertée: j'étais embarrassée de ce que j'avais un peu de tort.

Le prince était chez ma tante, en sorte qu'il n'était pas possible de me parler en particulier sans être remarqué. Le comte de Pembrocke, jusque-là plein de circonspection, crut en être dispensé: il vint se mettre auprès de moi; et me regardant avec un sourire amer: Puis-je vous demander, mademoiselle, me dit-il, si Gaveston m'est favorable, et s'il vous a conseillé de consentir à mon bonheur?

Ces paroles et le ton dont elles étaient accompagnées firent disparaître les torts que je croyais avoir un moment auparavant, et me redonnèrent toute ma fierté. Je n'ai besoin des conseils de personne, lui dis-je, monsieur, pour vous prier de cesser de me rendre des soins qui seraient inutiles. Je vous obéirai, me répondit-il en se levant; mais mon rival se sentira peut-être quelque jour d'une vengeance qu'il m'est du moins permis de faire tomber sur lui : il sortit aussitôt. Mon frère, qui était dans la chambre, comprit à ma rougeur une partie de ce qui venait de se passer. Nous ne doutâmes point que le comte de Pembrocke ne fût informé que Gaveston avait passé tout un jour avec moi, et les domestiques que nous questionnâmes nous apprirent ce que je viens de vous dire. Je devais craindre son ressentiment; mais j'étais si contente du sacrifice que je faisais à Gaveston, j'imaginais tant de plaisir à le lui écrire, que cette pensée m'occupait toute entière, et ne laissait place à aucune autre.

Le comte de Pembrocke était véritablement amoureux : il se repentit bientôt de ce qu'il avait fait. L'absence de Gaveston diminuait sa jalousie et réveillait ses espérances : il mit tout en œuvre pour m'apaiser; il employa ma sœur : elle me parla pour lui, elle me peignit le désespoir où il était de m'avoir déplu; mais je n'en fus point touchée : de certaines offenses ne se pardonnent qu'à un amant aimé. Je priai ma sœur de ne plus se charger de pareilles commissions, et je lui fis si bien voir que je ne pouvais être heureuse en épousant le comte de Pembrocke, qu'elle lui conseilla elle-même de n'y plus penser.

J'avais été si occupée du péril de Gaveston, de la joie de notre raccommodement, que je n'avais presque pas encore senti son absence; mais, quand je n'eus plus rien à faire ni à craindre pour lui, je fus accablée de la pensée que je ne le verrais de long-temps. Je ne savais plus de quoi remplir mes jours; tout m'était insipide ou indifférent : je n'avais de consolation que celle de parler de lui à mon frère. Il nous écrivait avec exactitude; je n'ai pas toujours été également contente de ses lettres; il y en a quelques-unes où j'ai aperçu de la froideur. Je craignais alors quelques nouveaux traits de légèreté; mais, comme les goûts qu'il avait n'étaient pas apparemment de nature à l'attacher long-temps, de nouveaux témoignages de sa tendresse me rassuraient. Quelque occupé qu'il ait été, à son retour, de sa nouvelle faveur, il trouvait le temps de me rendre des soins; mais il n'est plus le même depuis le voyage de Boulogne : le désir de plaire à la reine lui a fait presque oublier qu'il m'a aimée, et que j'ai le malheur de l'aimer encore: il n'en est cependant point amoureux; la vanité seule a part à ses démarches. Je vois avec douleur que la vanité va le perdre. Le comte de Lancastre est son rival; Mortimer l'est aussi. Je crains la puissance du premier et l'artifice du second. Les grands sont déjà irrités : je vois des partis se former. Gaveston n'a pour sa défense que l'amitié du roi; mais ce prince n'a ni courage ni fermeté : il pleurera la perte de son favori, il n'aura pas la force de l'empêcher; et, pour achever de m'accabler, je crains encore que l'amour que le comte de Pembrocke a pour moi ne lui donne un ennemi de plus. J'ai cru pendant longtemps que le dépit avait éteint sa passion, et je crois qu'il l'a cru lui-même. Bien loin de me rendre des soins, il me fuyait avec affectation, et il paraissait plus près de me haïr que de m'aimer; mais, depuis le voyage de Boulogne, il m'a paru qu'il cherchait à me voir; il a affecté, dans les tournois, de porter mes couleurs. Vous souvient-il de cet amour qui était peint sur son bouclier, son flambeau sur la bouche, avec ces paroles, *Je me nourris de mes feux?* je crains bien qu'il n'ait voulu me faire entendre par-là que sa passion est toujours la même.

En vérité, dit madame d'Hereford quand mademoiselle de Glocester eut cessé de parler, vous me donnez tant de colère contre Gaveston, et il me paraît d'ailleurs si ennemi de sa fortune, que je ne saurais le plaindre.

Hélas! ma sœur, reprit-elle, ne vous joignez point à ses ennemis : il est vrai que la fortune a fait quelque changement en lui; mais quelle vertu n'aurait-il pas fallu avoir pour soutenir d'un esprit égal une si prompte élévation! ne lui faites point un crime d'être ce que tout autre serait comme lui. Plus vous le justifiez, répondit madame d'Hereford, plus il me paraît coupable d'avoir manqué à une personne de votre caractère. C'est encore, répliqua mademoiselle de Glocester, la faute du préjugé établi : les hommes se sont persuadés que l'amour ne les oblige pas à une probité si exacte; et d'ailleurs ils ne se croient obligés qu'à la fidélité du cœur.

FIN DU LIVRE PREMIER.

ANECDOTES
DE LA COUR ET DU RÈGNE
D'ÉDOUARD II,
ROI D'ANGLETERRE.

LIVRE SECOND.

LES alarmes de mademoiselle de Glocester n'étaient que trop bien fondées : les ennemis du comte de Cornouaille se multipliaient tous les jours, et il en accrut le nombre par la magnificence qu'il affecta de montrer aux tournois qui se firent deux jours après le couronnement. Le prince Louis, qui avait accompagné la reine sa sœur, en Angleterre, en avait fourni le dessein : il s'agissait de décider par les armes qui l'emportait, pour la beauté, des Françaises ou des Anglaises. Le duc de Lancastre et les comtes de Glocester et de Cornouaille soutenaient la beauté des Françaises ; le prince Louis, les comtes d'Arondel et de Pembrocke s'étaient chargés de la défense des Anglaises; ils devaient courir d'abord les uns contre les autres, et ensuite contre tous venans.

Ces six chevaliers avaient chacun leurs raisons particulières pour le parti où ils s'étaient engagés; le seul comte de Glocester y avait été entraîné par sa complaisance pour le comte de Cornouaille.

Le jour qui précéda celui qui était marqué pour le tournoi, toute la cour était chez la reine, et la fête du lendemain faisait le sujet de la conversation.

Je sens, dit cette princesse au duc de Lancastre, tout le prix de votre complaisance : vous voulez, par égard pour moi, prendre part à des amusemens qui doivent paraître bien frivoles à un homme aussi sage que vous. Les choses où vous prenez quelque part, madame, lui dit-il, cessent d'être frivoles pour moi; et je renoncerais à cette sagesse dont votre majesté me flatte, si elle me parlait un autre langage. Ce discours pouvait être une simple galanterie, mais la reine ne s'y méprit pas. La conquête du duc de Lancastre était de celles qu'une femme du caractère d'Isabelle ne pouvait négliger. Je suis bien aise, répondit-elle au duc, en le regardant de la manière la plus séduisante, que votre raison soit dans mes intérêts; et examinant des bijoux qu'on lui apportait pour les prix qu'elle devait donner : Je vais, ajouta-t-elle, choisir ce que j'aurai le plaisir de vous donner demain. Après en avoir pris plusieurs, elle ordonna au comte de Glocester de porter à mademoiselle de Glocester, qui n'était pas à la cour ce soir-là, ceux qui étaient destinés pour les chevaliers des Anglaises, et que mademoiselle de Glocester devait donner. Elle était seule dans sa chambre, la tête appuyée sur une de ses mains, tenant une lettre qu'elle mouillait de quelques larmes. Que vois-je! lui dit le comte de Glocester, vous pleurez! Le comte de Cornouaille peut-il vous écrire quelque chose qui vous afflige? Hélas! répliqua-t-elle, cette lettre est du comte de Pembrocke : pourquoi faut-il que je lui aie inspiré ce que je n'ai pu inspirer au comte de Cornouaille, et ce que je voudrais n'inspirer qu'à lui! Vous êtes blessée, dit le comte de Glocester, du parti qu'il a pris dans le tournoi; mais c'est une galanterie qui ne tire point à conséquence. Tout est de conséquence quand on aime, répliqua mademoiselle de Glocester. Pourquoi du moins ne cherche-t-il pas à me tromper? Que ne vient-il me dire même de mauvaises raisons? Il craint mes reproches, et il ne craint pas ma douleur. Le comte de Glocester, persuadé de la sincérité des sentimens de son ami, fit de son mieux pour l'excuser : il s'acquitta ensuite de la commission de la reine. Je ne puis, lui dit-elle, m'en charger; je vous avoue que je n'ai ni la force de voir le comte de Cornouaille recevoir un prix des mains de la reine, ni celle de m'exposer à en donner à un autre qu'à lui; mais M. de Glocester combattit la répugnance de sa sœur par des raisons de bienséance, auxquelles elle fut obligée de se rendre.

Elle parut le lendemain dans le lieu destiné pour les courses, sur un balcon qu'on avait placé à côté de celui de la reine; et, malgré sa tristesse, elle était d'une beauté qui décidait du moins la question entre elle et cette princesse. La franchise avait été promise à tous ceux qui voudraient combattre, en sorte que beaucoup de Français avaient passé la mer pour faire preuve de leur adresse et de leur galanterie.

Après les fanfares accoutumées, le prince Louis et le duc de Lancastre commencèrent à courir l'un contre l'autre avec assez d'égalité; les comtes de Glocester et d'Arondel leur succédèrent, et firent admirer leur bonne grâce et leur adresse. Milord Pembrocke et le comte de Cornouaille parurent ensuite.

Mais, avant que de commencer, ils s'avancèrent tous deux comme de concert au milieu de la carrière. Ce n'est pas la beauté des dames anglaises en général qui m'oblige à combattre, dit milord Pembrocke ; mais je soutiens qu'il n'est rien de si parfait que mademoiselle de Glocester.

Il ne s'agit pas toujours, répliqua le comte de Cornouaille, d'avoir une cause juste, il faut encore savoir la défendre, et nous allons voir qui de vous ou de moi s'en acquitte le mieux.

L'amour et la fortune favorisaient également le comte de Cornouaille; il remporta tout l'avantage de cette course. Celui que milord Pembrocke obtint ensuite contre plusieurs chevaliers ne le dédommagea pas, et ce ne fut qu'avec une confusion mêlée de dépit, qu'il alla recevoir un prix des mains de mademoiselle de Glocester. Le jour était près de finir quand il parut à la barrière un chevalier couvert d'armes noires, qui défia le duc de Lancastre. Les juges du camp ne voulaient plus permettre de combat ; mais le duc de Lancastre s'avança fièrement contre son adversaire. Tout vaillant qu'il était, il ne put soutenir l'impétuosité du chevalier noir; il fut renversé et tomba entre les pieds des chevaux ; le chevalier descendit aussitôt du sien, et, s'approchant du duc de Lancastre : Relève-toi, lui dit-il, et viens, si tu le peux, l'épée à la main, défendre toutes tes injustices. La voix de celui qui parlait n'était que trop connue au duc. Oui, dit-il en se relevant avec fureur, quoique je dusse t'abandonner à la rigueur des lois, je ne dédaignerai pas de te punir moi-même. Il se commença alors entre eux un combat où la rage était seule consultée : bientôt les armes de l'un et de l'autre rougirent de leur sang ; et il aurait peut-être été funeste à tous les deux, si le roi n'avait promptement ordonné qu'on les séparât. Le comte de Warwick, un des juges du camp, attaché au duc de Lancastre, s'avança des premiers : il voulait qu'on s'assurât du chevalier aux armes noires ; mais le comte de Glocester, charmé de la valeur de ce brave inconnu, réclama pour lui la franchise promise à tous ceux qui voudraient combattre ; et, pour empêcher qu'on ne lui fît insulte, il le fit accompagner par deux gentilshommes de sa suite.

Le combat du comte de Cornouaille et du chevalier au panache couleur de feu, n'était guère moins animé ; ils fournirent leur carrière avec assez d'égalité ; mais cette égalité ne les satisfaisait ni l'un ni l'autre. Ils voulurent encore rompre quelques lances, et la victoire, après avoir été quelque temps incertaine, se déclara pour le comte de Cornouaille.

La fortune te favorise, lui dit l'inconnu; mais mon courage me vengera, dans une occasion plus sérieuse, d'un avantage que tu ne dois aujourd'hui qu'à ta seule adresse. Il s'éloigna après avoir prononcé ces mots, et sortit de la barrière avec tant de vitesse, qu'on l'eut bientôt perdu de vue.

Tandis que le comte de Warwick faisait conduire le duc de Lancastre chez lui, et que M. de Cornouaille répondait aux questions du roi et de la reine sur l'inconnu qu'il venait de combattre, mademoiselle de Glocester était occupée des plus tristes réflexions.

Mortimer n'avait pu se déguiser à des yeux que l'intérêt d'un amant aimé rendait encore plus clairvoyans : elle l'avait reconnu pour celui qui venait de défier le comte de Cornouaille. La honte de sa défaite allait encore augmenter sa haine pour le favori, et cette haine n'était que trop redoutable, par le caractère de Mortimer et ses liaisons avec tous les ennemis du comte de Cornouaille.

Un souper et un bal chez la reine devaient terminer les plaisirs de cette journée; mais cette princesse, attentive à ménager le duc de Lancastre, ne voulut permettre aucun plaisir dans un temps où les blessures qu'il venait de recevoir pouvaient mettre sa vie en danger : elles étaient graves, et les maux de l'esprit étaient encore au-dessus de ceux du corps. Cette aventure pouvait donner connaissance de ce qu'il avait tant d'intérêt de cacher : d'ailleurs, quelle honte d'avoir été vaincu aux yeux de la reine! comment paraître devant elle? comment répondre aux questions qu'on ne manquerait pas de lui faire? quel moyen prendre pour empêcher l'inconnu de rester en Angleterre et de tenter quelque entreprise? L'impossibilité où il était d'agir par lui-même l'obligea de se confier au comte de Warwick, qui était resté auprès de lui. Je crois, lui dit-il, pouvoir compter absolument sur vous; j'ai besoin de votre secours et de votre discrétion : il est important pour mon repos et même pour mon honneur de savoir en quel lieu s'est retiré celui qui m'a blessé, et s'il serait possible de le mettre en lieu de sûreté, jusqu'à ce que j'aie consulté avec vous ce que je dois faire. Le comte de Warwick, infiniment sensible à la confiance du duc de Lancastre, l'assura de son zèle, et le quitta pour exécuter ses ordres. Cependant le comte de Cornouaille, qui n'avait presque point vu mademoiselle de Glocester depuis son retour de Boulogne, alla le lendemain chez elle. Les avantages qu'il avait remportés, surtout contre le comte de Pembrocke, lui donnèrent un air de satisfaction dont elle ne put s'empêcher d'être blessée. Il me semble, lui dit-elle, que ce n'est pas ici que vous devez apporter la joie de vos triomphes. Et pourquoi, mademoiselle, lui répliqua-t-il, ne vous montrerais-je pas cette joie, puisque vous en êtes l'objet? Le désir de paraître seul digne de vous adorer a redoublé mon adresse, et c'est à ce désir que je dois le plaisir sensible d'avoir appris au comte de Pembrocke qu'il n'appartenait qu'à moi de vous défendre. Vous aviez apparemment le même dessein, lui dit-elle, quand vous avez combattu l'inconnu; il m'a même paru que vous apportiez plus de soin pour obtenir cette dernière victoire. J'ai été attaqué avec tant d'ardeur, dit le comte de Cornouaille, qu'il fallait ou succomber ou employer pour vaincre tout ce que j'ai de force. Avouez, lui dit-elle, que si vous avez été flatté de triompher à mes yeux de M. de Pembrocke, vous l'avez été encore davantage des triomphes que vous avez remportés aux yeux de la reine. Je prévois, ajouta-t-elle, les malheurs que vous vous préparez; que ne pouvez-vous oublier dans ce moment l'intérêt que je prends à vous!

Ce n'est point vos conseils, mademoiselle,

répondit-il, que je veux suivre, c'est vos ordres que je veux exécuter : prescrivez-moi la conduite que je dois tenir, et comptez sur ma soumission.

Le plaisir de trouver un amant aimé tel qu'on le désire est trop sensible pour ne pas s'y abandonner. Mademoiselle de Glocester en crut les protestations du comte de Cornouaille : ils concertèrent la manière dont il devait se conduire avec la reine. Le comte avoua qu'il lui avait parlé et qu'il en avait été écouté favorablement.

Elle vous aime, dit mademoiselle de Glocester, et voilà ce qui m'alarmait. Je ne vous reproche point ce que vous avez fait contre moi; mais je ne puis vous pardonner ce que vous faites contre vous. La reine vous haïra sitôt qu'elle ne se croira plus aimée. Conduisez-vous de façon qu'elle ne puisse se plaindre, et songez qu'il en coûtera moins à mon cœur de soupçonner votre fidélité que d'avoir à craindre pour vous.

Le comte de Cornouaille aimait véritablement mademoiselle de Glocester; et, quoiqu'il ne fût que trop souvent entraîné par ses légèretés, il n'y avait aucun moment dans sa vie où il n'eût tout sacrifié pour elle. La bonté et la douceur de cette belle personne le pénétrèrent d'amour et de reconnaissance : il employa, pour lui marquer l'un et l'autre, toutes ces expressions que le cœur fournit si bien quand il est véritablement touché, et que lui seul peut bien fournir.

Le prince Louis, qui avait reçu plusieurs prix des mains de mademoiselle de Glocester, vint lui rendre visite : il avait conçu le dessein de lui plaire, et c'était dans cette vue qu'il avait eu l'idée du tournoi. Nous vous devons beaucoup, lui dit-il, mademoiselle, de ne vous être pas montrée hier aussi belle qu'aujourd'hui. Aucun chevalier des dames françaises n'aurait eu l'audace de combattre, et j'aurais été privé de la gloire d'être récompensé par les plus belles mains du monde.

Le prince Louis prenait mal son temps pour faire écouter ses discours. Mademoiselle de Glocester était contente de son amant; elle croyait en être aimée, et cette situation ajoutait encore à l'éloignement naturel qu'elle avait pour toute coquetterie. Aussi répondit-elle au prince avec un respect si froid, qu'il n'eut pas la hardiesse de continuer; il la suivit chez la reine, et, s'il ne lui parla pas, il tâcha du moins par ses empressemens de lui faire entendre ce qu'il n'osait lui dire. Le comte de Cornouaille, qui n'avait point vu la reine depuis les courses, parut devant elle avec cet air de confiance que le succès donne toujours.

La reine chercha à lui dire des choses obligeantes sur ce qui s'était passé la veille. Il y répondit avec cette grâce qui accompagnait toutes ses actions. Isabelle voulait être aimée; elle crut l'être, et son inclination pour le comte de Cornouaille en devint plus forte.

Le roi, qui revenait de chez le duc de Lancastre, parla beaucoup de l'inconnu aux armes noires, et voulait chercher à deviner qui il était. Je n'ai point remarqué, dit la reine, qu'il y eût de la singularité dans ses armes.

Mortimer, qui était derrière son fauteuil, désespéré de la façon dont elle venait de traiter le comte de Cornouaille, ne fut pas maître de sa jalousie, et s'approchant de son oreille : Eh! madame, lui dit-il, votre majesté a-t-elle vu quelque chose que l'heureux Gaveston? Il sortit sans attendre la réponse, et laissa la reine plus étonnée qu'offensée de sa hardiesse : il fut traité, quand il se présenta devant elle, aussi favorablement qu'il l'avait toujours été.

Le comte de Warwick, qui s'était acquitté des ordres qu'il avait reçus du duc de Lancastre, avait su que l'inconnu avait été accompagné par deux gentilshommes du comte de Glocester, et qu'il était actuellement chez le comte de Cornouaille.

M. de Lancastre n'avait pas besoin de ce nouveau motif pour haïr le comte de Cornouaille.

Que n'osera point cet audacieux favori, disait-il au comte de Warwick, puisqu'il ose prendre ouvertement la défense de mon ennemi? Ne doutez pas que lui et Glocester n'aient quelque projet qu'il est important à la sûreté publique de découvrir. Je vous charge de ce soin, et vous connaîtrez combien il est nécessaire de traverser les liaisons de ces deux hommes et de l'inconnu, quand je vous aurai confié les raisons que j'ai pour les craindre.

Le duc de Lancastre, accoutumé à n'exercer la générosité que pour servir son ambition, ne jugeait pas mieux des comtes de Cornouaille et de Glocester. Cependant cette générosité, qu'il était si éloigné de comprendre, avait été le seul motif de l'asile que M. de Cornouaille accordait à l'inconnu. Ces deux gentilshommes du comte de Glocester, chargés de le conduire, s'étaient aperçus que le sang qu'il perdait l'allait faire tomber en faiblesse. Ils n'hésitèrent pas à le faire porter chez le comte de Cornouaille, dont la maison était près du lieu où ils étaient. On mit le blessé dans un appartement. Les chirurgiens, qui furent promptement appelés, déclarèrent que la perte du sang avait été si considérable, que, quoique les blessures fussent légères, on ne pouvait, sans exposer sa vie, le transporter ailleurs.

Pendant les premiers jours, les comtes de Glocester et de Cornouaille se contentèrent de s'informer de ses nouvelles, et ne cherchèrent point à le voir. Mais aussitôt que l'inconnu fut en état de sortir de sa chambre, il leur fit demander la permission de les remercier. Il s'acquitta de ce devoir d'un air si noble, qu'il augmenta l'envie qu'ils avaient déjà de le connaître.

Si on jugeait des choses par ce qu'elles sont effectivement, lui dit le comte de Glocester, c'est M. de Cornouaille et moi qui vous devrions des remercîmens de nous avoir donné occasion de servir un aussi brave homme que vous; et, si nous ne craignions, ajouta le comte de Cornouaille, d'être indiscrets, nous vous supplierions de vous faire connaître plus particulièrement à nous. Les raisons que j'ai de me cacher, répondit l'inconnu, disparaissent quand il s'agit de vous prouver mon obéissance. Je me trouve même heureux que la curiosité que vous daignez avoir me donne lieu de vous marquer par ma confiance une reconnaissance dont apparemment je ne pourrai jamais vous donner d'autres marques. Je suis de la maison de....., une des plus illustres de Normandie, et qui a eu l'avantage de s'allier plusieurs fois à ses souverains. Mon aïeul, attaché à ses premiers maîtres, ne vit qu'avec chagrin notre province réunie à la monarchie française; il conserva toujours son attachement pour les rois d'Angleterre. Mon père, élevé dans les mêmes sentimens, dédaigna long-temps de se montrer à la cour de France, persuadé d'ailleurs qu'un nom comme le sien, soutenu de beaucoup de mérite, lui suffisait. Une charge considérable, qui était à sa bienséance, vint à vaquer : il la demanda avec la fierté d'un homme qui sent ses avantages; mais les ministres sont ordinairement plus attentifs à mettre dans les places ceux qui conviennent à leur politique que ceux qui conviendraient aux places. Mon père fut refusé, et se retira chez lui avec un mécontentement qu'il n'eut pas soin de dissimuler.

Une révolte qui arriva à Rouen, au sujet d'un nouvel impôt qu'on voulait y établir, fournit aux ennemis de M. de..... le prétexte dont ils avaient besoin pour le perdre : il fut accusé d'avoir des intelligences avec le roi d'Angleterre, et d'avoir, de concert avec le prince, fomenté la révolte. On lui fit son procès, et il porta sa tête sur un échafaud, bien moins pour expier un crime, qui n'a jamais été bien éclairci, que pour délivrer les ministres d'un homme que son mérite leur rendait redoutable. Mon extrême jeunesse me déroba la connaissance de mon malheur. Ma mère ne survécut à mon père que de quelques mois ; elle chargea, en mourant, mon grand-père maternel de mon éducation. Tous les biens de notre maison avaient été confisqués, et le peu qu'on en put sauver fut remis à mon grand-père. Les hommes sont bien plus glorieux de porter un nom illustre, qu'ils ne sont humiliés des taches que le crime a attachées à ces noms; aussi ne me fit-on quitter le mien que parce qu'il était odieux à la cour, et qu'il était devenu une exclusion à la fortune. Je pris celui de Saint-Martin, et je ne parus dans le monde que comme un simple gentilhomme; mais la connaissance de ce que j'aurais dû être me faisait souffrir de ce que j'étais. Les progrès que je faisais dans toutes les choses qu'on m'enseignait firent naître pour moi, dans le cœur de mon grand-père, une ambition qu'il n'avait jamais eue pour lui-même; il espéra que je rétablirais notre maison dans son ancien lustre. Comme le malheur de mon père avait été principalement fondé sur ses liaisons avec le roi Édouard, il jugea que c'était à la cour de ce prince que je devais tenter la fortune. Je fus envoyé à Londres à l'âge de vingt ans, et adressé à milord Lascy, à qui j'appartenais, et qui se faisait honneur de tirer son origine de notre maison. Je l'instruisis de ma véritable condition; je le priai de me faire obtenir de l'emploi à la guerre, et d'attendre, pour me faire connaître, que j'eusse acquis quelque réputation. Milord Lascy me reçut comme un homme dont l'alliance l'honorait, et ne voulut pas que je logeasse ailleurs que chez lui. A l'égard de l'emploi que je demandais, il n'était pas à portée de l'obtenir. Le roi Édouard, qui avait reconnu en lui une ambition démesurée, l'avait toujours écarté des affaires, et en avait fait par-là un républicain zélé. Sous prétexte de maintenir la liberté, milord Lascy satisfaisait sa jalousie contre ceux qui obtenaient dans le gouvernement une place qu'il aurait voulu occuper. Le duc de Lancastre, à qui il avait reconnu des inclinations pareilles aux siennes, lui avait paru propre à être chef d'un parti. Dans cette vue, il s'était attaché à lui, lui avait promis sa fille, qui était le plus grand parti d'Angleterre, et fondait sur cette alliance les plus grandes espérances pour l'avenir.

Mademoiselle de Lascy n'avait encore que douze ans : elle était élevée chez son père. Je ne vis d'abord en elle qu'un enfant qui avait les grâces et les agrémens de son âge; et, si milord Lascy ne m'avait engagé à lui enseigner quelques airs français qu'elle avait envie d'apprendre, je l'aurais vue long-temps sans péril; mais ce fut l'habitude de la voir, la familiarité qui naît insensiblement de cette habitude, qui me perdirent. Je fus assez long-temps à me tromper moi-même; je ne me croyais pas amoureux, parce que je ne voulais pas l'être; mais mon indifférence pour toutes les autres femmes, le plaisir que je trouvais auprès de mademoiselle de Lascy, celui de lui donner des leçons, celui de les lui faire répéter mille fois, me firent connaître malgré moi ce que je voulais me dissimuler. Tout ce que la raison et la reconnaissance peuvent faire penser se présenta à mon esprit : je ne me flattai point sur une passion dont je voyais la folie, et qui répugnait en quelque sorte à l'exacte probité. C'était violer l'asile que milord Lascy m'avait donné, que d'être amoureux de sa fille; je résolus donc de mettre tout en usage pour me guérir. Le remède le plus efficace, et apparemment le seul, aurait été de m'éloigner; mais je comptai plus que je ne devais sur ma raison. Au lieu de fuir mademoiselle de Lascy, je crus en faire assez de ne la voir que dans le temps où j'y étais indispensablement obligé. Mademoiselle de Lancastre, quoique plus âgée que mademoiselle de Lascy, la voyait souvent; elle m'avait rencontré plusieurs fois, et m'avait beaucoup mieux traité que n'aurait dû l'être un homme tel que je le paraissais. Ses bontés me firent naître la pensée de la voir chez elle, afin de me donner une occupation qui me contraignît à m'éloigner de mademoiselle de Lascy.

Mademoiselle de Lancastre n'était pas propre à faire une diversion dans mon cœur. Au lieu de ces grâces simples et naïves de mademoiselle de Lascy, mademoiselle de Lancastre ne faisait rien qui ne fût le fruit d'une étude profonde; elle était fière et dédaigneuse pour l'honneur de sa beauté; mais cette fierté ne se faisait sentir qu'à ceux qui lui étaient soumis; elle employait, pour se faire aimer, tout ce que la coquetterie peut avoir de plus séduisant. Je ne fus pas jugé indigne d'augmenter son empire; elle eut pour moi des attentions, que la passion que j'avais dans le cœur rendait inutiles et m'empêchait même de remarquer. Depuis que je connaissais mes sentimens pour mademoiselle de Lascy, j'étais plus sérieux et plus réservé avec elle. Elle s'en aperçut. D'où vient, me dit-elle un jour avec un air chagrin où j'apercevais pourtant beaucoup de douceur, que vous ne m'appelez plus votre écolière? Je n'ose aussi vous dire mon maître, et j'en suis fâchée; car j'aimais à vous donner ce nom. Un sentiment si tendre, qu'elle ne me découvrit que parce qu'elle ne le connaissait pas elle-même, me pénétra du plaisir le plus sensible que j'aie peut-être goûté dans ma vie. Je fus prêt à me jeter à ses pieds, et à lui dire que je l'adorais; mais le respect que j'avais pour elle m'arrêta. Je trouvai que je me rendrais indigne de ses bontés, si j'en abusais au point de lui déclarer une passion qu'elle ne devait pas écouter.

Je ne sais cependant si j'aurais pu contenir ma joie, si M. de Lancastre n'était venu interrompre notre conversation. Mademoiselle de Lascy le reçut avec tant de marques de froideur, que, malgré celle qu'il avait lui-même pour elle, il en fut blessé. Milord Lascy, à qui il s'en plaignit, et dont le caractère était dur et impérieux, parla à sa fille en maître qui veut être obéi. Je ne vous demande point, lui dit-il, si vous avez de l'inclination pour le duc de Lancastre; il lui suffit, aussi-bien qu'à moi, que vous soyez instruite de vos devoirs. Ce devoir demande que vous vous occupiez de lui plaire : songez-y, et tâchez de mériter l'honneur qu'il veut vous faire.

Mademoiselle de Lascy, jeune et timide, ne répondit à son père que par des pleurs qu'il ne daigna pas même remarquer.

Pendant qu'elle était dans l'appartement de

son père, j'étais dans le mien, occupé de mille réflexions. Je sentais que cette passion que je voulais combattre devenait tous les jours plus forte. La disposition que j'avais cru apercevoir dans mademoiselle de Lascy était encore une nouvelle raison pour m'éloigner. Je la rendrais malheureuse; j'empoisonnerais sa vie; et, quelque flatteur, quelque doux que fût pour moi le plaisir de la trouver sensible, je ne devais pas l'acheter au prix de tout son bonheur. Je résolus de parler à milord Lascy, pour le presser de me mettre à portée de me faire connaître. Quoique je n'eusse aucune espérance, le dessein de rétablir ma fortune et l'honneur de notre maison était plus vif dans mon cœur; il me semblait que je devais à mademoiselle de Lascy qu'elle pût du moins se souvenir sans honte des bontés qu'elle avait eues pour moi. J'entrai dans l'appartement de son père, dans le moment qu'elle en sortait: il me conta ce qu'il venait de lui dire. Elle paraît avoir de l'amitié pour vous, ajouta-t-il; elle écoutera vos conseils. Il ne s'agit pas pour elle du choix d'un mari : ce choix est fait et ne peut se changer. Vous trouverez vous-même, dans l'alliance du duc de Lancastre, des secours pour relever votre maison : il ne voudra pas laisser dans l'obscurité un homme qui lui appartiendra d'aussi près, et pour lequel il a déjà de l'estime.

Je ne veux point devoir à cette considération, lui dis-je, milord, l'amitié du duc de Lancastre. Daignez vous souvenir des espérances que vous m'avez données, et mettez-moi à portée de mériter son estime et la vôtre. Je vis dans une obscurité dont je suis honteux, et qui n'est pas pardonnable à un homme qui n'a rien à attendre que de son courage. M. de Lascy loua ma résolution, et me proposa de suivre le duc de Lancastre à la guerre d'Écosse, où le roi lui donnait un corps de troupes à commander.

J'avais de la répugnance à m'attacher au duc de Lancastre; mais j'avais encore plus de désir de sortir de mon obscurité.

J'acceptai le parti que milord Lascy me proposait. Il me présenta le même jour au duc de Lancastre; et, pour l'obliger à plus d'égards, il lui dit ma véritable condition.

Je ne vis mademoiselle de Lascy que le lendemain : je la trouvai triste; il paraissait à ses yeux qu'elle avait pleuré. Elle n'avait auprès d'elle qu'une femme qui l'avait élevée, et qui avait sur elle l'autorité d'une mère. Venez, me dit cette femme, dès que j'entrai, m'aider à consoler mademoiselle, de ce qu'elle sera la seconde dame d'Angleterre. Je ne me soucie point, répondit mademoiselle de Lascy, de toutes les grandeurs avec le duc de Lancastre; on me dit qu'il faudrait l'aimer s'il était mon mari, et je ne l'aimerai jamais. Mais, répondit madame Ilde (c'est le nom de cette femme), vous n'aviez point autrefois cet éloignement pour lui. Je croyais, dit mademoiselle de Lascy, que tous les hommes lui ressemblaient. J'avais écouté jusque-là, sans prendre part à la conversation. Par un sentiment de probité, et un peu aussi pour ne pas me rendre suspect, je voulus dire quelque chose en faveur du duc de Lancastre; mais mademoiselle de Lascy m'arrêta au premier mot. Quoi! me dit-elle, vous êtes aussi pour lui! est-ce que vous voulez que je l'aime? Ces marques si naturelles de l'inclination que mademoiselle de Lascy avait pour moi auraient fait tout mon bonheur, si j'avais pu m'y livrer; mais le plaisir que je sentais était empoisonné par l'idée que je la rendrais malheureuse.

Quelques jours avant notre départ, mademoiselle de Lancastre vint la voir; j'étais dans sa chambre avec quelques personnes : on parla de la guerre d'Écosse; mademoiselle de Lascy brodait une écharpe, et paraissait appliquée à son ouvrage. Vous voilà bien occupée? lui dit mademoiselle de Lancastre; je vous demande cette écharpe pour mon frère, elle lui portera bonheur ; mais il faut, pour que le charme soit entier, ajouta-t-elle en riant, que vous fassiez aussi des vœux pour lui. Mademoiselle de Lascy, embarrassée, et d'un ton d'enfant, répondit que son ouvrage n'était pas achevé; quelqu'un qui survint fit changer la conversation. J'allai prendre congé de mademoiselle de Lancastre la veille de notre départ. Elle me dit beaucoup de choses flatteuses sur la joie qu'elle avait de me voir attaché au duc de Lancastre, et sur la peine que lui faisait mon éloignement. Il me parut encore qu'elle voulait que j'en entendisse plus qu'elle ne m'en disait. Comme je sortais de son appartement, une de ses femmes me donna de sa part une écharpe magnifique, et ajouta que mademoiselle de Lancastre remplissait les conditions qu'elle avait elle-même imposées pour que ce présent ne me fût pas inutile. Je me trouvai heureux de ce que la bienséance ne me permettait pas de la voir. On remercie toujours de mauvaise grâce une belle qui vous a fait une galanterie, quand on n'a que du respect pour elle.

Il fallait aussi que je prisse congé de mademoiselle de Lascy : j'aurais dû éviter de la trouver seule; mais l'effort que je me faisais de m'arracher d'auprès d'elle, avait épuisé ma raison, et je ne pus me refuser le plaisir de la voir encore une fois sans témoin.

Je vous attendais, me dit-elle aussitôt qu'elle me vit. J'ai travaillé toute la nuit pour finir l'écharpe que mademoiselle de Lancastre voulait que je donnasse à son frère. C'est à vous que je la donne; aussi-bien ne porterait-elle pas bonheur au duc de Lancastre.

Quelle différence de ce présent à celui que je venais de recevoir! avec quelle joie je le reçus! Je ne fus pas maître de mon transport. Eh! qui aurait pu l'être à ma place? Je me jetai aux genoux de mademoiselle de Lascy; je lui pris la main, que je lui baisai mille fois. Vos bontés, lui dis-je, me rendent le plus malheureux de tous les hommes. La vivacité avec laquelle je lui baisais la main, l'air avec lequel je lui parlais, la firent rougir sans qu'elle sût pourquoi elle rougissait; elle me dit encore mille choses que je ne devais qu'à son extrême ignorance; mais cette ignorance, qui m'était si favorable, l'empêchait aussi de m'entendre; et, quoique je ne voulusse pas lui dire que je l'aimais, j'étais pourtant désespéré qu'elle ignorât mes sentimens.

Nous allâmes joindre l'armée sur les frontières d'Écosse. J'eus le bonheur, dès la première campagne, de faire une action qui m'attira quelque estime, et, dans la suite, je soutins avec assez d'avantage la réputation que je m'étais acquise : je sauvai la vie à milord Lascy, et je dégageai presque seul le duc de Lancastre d'un gros d'ennemis dont il s'était laissé envelopper. Le roi, qui en fut instruit, voulut me voir; je lui fus présenté. Ce prince ne se borna pas à donner des éloges stériles à ma valeur; il me confia le commandement d'un poste important : le moment me parut favorable pour me faire connaître sous mon véritable nom; mais milord Lascy, à qui je le proposai, me dit que, dans le dessein où Édouard était de s'allier avec la France, la connaissance de ce que j'avais fait nuirait plus à ma fortune qu'elle ne l'avancerait; qu'il fallait attendre quelque circonstance favorable; que j'avais rendu le nom de Saint-Martin assez recommandable pour que je le pusse porter encore quelque temps sans impatience. Je me rendis aux raisons de M. de Lascy; nous restâmes plus de deux ans en Écosse, où le duc de Lancastre commandait. Les réflexions, les soins dont j'étais chargé, le désir de la gloire avaient un peu affaibli l'idée de mademoiselle de Lascy; je me représentais sans cesse, pour affermir ma raison, qu'elle épouserait le duc de Lancastre; que, quoique milord Lascy me dût la vie, il ne renoncerait pas, en ma faveur, à une alliance sur laquelle il avait des espérances qui remplissaient son ambition ; que mademoiselle de Lascy était si jeune quand je l'avais quittée, qu'elle ne se souviendrait pas même de l'inclination qu'elle m'avait marquée, ou que, si elle s'en souvenait, ce serait peut-être pour se la reprocher. Muni de toutes ces réflexions, je pris le chemin de Londres. Mais les premiers regards de mademoiselle de Lascy me redonnèrent tout mon amour. Sa beauté, son esprit et sa raison avaient acquis alors leur perfection. Ce n'était plus cet enfant dont les discours et les actions ne tiraient pas à conséquence : la bienséance la plus scrupuleuse réglait toutes ses démarches : ces petites libertés, ces espérances flatteuses dont j'avais joui auparavant, me furent retranchées. La douleur que j'en eus me fit sentir combien j'étais amoureux ; je désirais de parler à mademoiselle de Lascy, sans être d'accord avec moi-même de ce que je voulais lui dire. Il me parut qu'elle m'évitait ; et je n'en fus que plus pressé de chercher à la voir. Ce moment tant désiré vint enfin ; et, bien loin d'en profiter, j'étais embarrassé au point de n'oser jeter sur elle les yeux. Sa contenance n'était pas plus assurée que la mienne ; nous restâmes assez longtemps dans le silence. Mademoiselle de Lascy fit un effort pour le rompre. Je vous dois, me dit-elle, monsieur, la vie de mon père, et, quoique je ne vous aie pas encore marqué ma reconnaissance, je ne l'ai pas sentie moins vivement. Elle voulut ensuite m'engager à lui conter le détail de nos campagnes; je lui en dis quelque chose, et, comme elle continuait de me faire des questions : Mon Dieu! mademoiselle, lui dis-je, emporté par ma passion, ne m'obligez pas à me souvenir d'un temps que j'ai passé loin de vous, et permettez-moi de vous rappeler celui où vous m'honoriez de quelque bonté.

J'étais si enfant alors, me dit-elle, que je dois, au contraire, vous prier de l'oublier.

Je ne m'étais jamais permis l'espérance, ou du moins je ne me l'étais jamais avoué; cependant, ce peu de mots qui me la faisait perdre me terrassa; nous retombâmes tous deux dans le silence, et mon embarras était si fort augmenté, que je fus trop heureux que quelques visites qui arrivèrent me donnassent occasion de me retirer. Je ne vous dis point tout ce qui se passa en moi. Combien je me reprochais ma faiblesse, et combien j'avais peu de force pour y résister! Mademoiselle de Lancastre m'aurait dédommagé des froideurs de mademoiselle de Lascy, si la vanité pouvait être un dédommagement quand le cœur est véritablement touché. Le peu de réputation que j'avais acquis à la guerre m'avait donné tant d'importance à ses yeux, qu'elle croyait sa gloire intéressée à s'assurer ma conquête.

Je sais, me dit-elle aussitôt qu'elle me vit, le service que vous avez rendu à mon frère, et je vous suis tout-à-fait obligée de m'avoir contrainte à la reconnaissance. Ce sentiment me met à l'aise avec moi-même, et je sens que j'en avais besoin.

Je ne voulais point entendre un discours auquel je n'avais pas même la force de répondre par de simples galanteries; elle m'en tint encore quelques autres avec aussi peu de succès. Cette indifférence piqua son amour-propre; plus je devais être honoré de ses bontés, plus il lui semblait humiliant pour elle de les voir dédaignées.

La vanité d'être aimées fait faire aux femmes de ce caractère tout ce que l'amour le plus tendre et le plus vrai peut à peine obtenir de celles qui aiment le mieux.

Mademoiselle de Lancastre, après avoir exagéré le peu de cas qu'elle faisait de la naissance, et combien le courage et la vertu lui paraissaient préférables à cet avantage qu'on ne devait qu'au hasard, vint jusqu'à me faire entendre qu'elle serait capable de m'épouser.

La crainte qu'elle ne s'expliquât d'une manière plus précise, m'engagea à éviter les occasions de la voir en particulier. J'eus lieu de croire, à quelques paroles pleines d'aigreur qui lui échappèrent, qu'elle s'en était aperçue, et il me parut qu'elle avait repris avec moi toute la fierté de son rang.

Cependant le temps du mariage de mademoiselle de Lascy et du duc de Lancastre s'approchait; je ne l'avais vue que rarement, et toujours devant du monde, depuis le jour qu'elle m'avait parlé.

J'appris un soir, en rentrant, qu'elle s'était trouvée mal, qu'elle avait de la fièvre, et qu'on l'avait mise au lit. La fièvre augmenta le lendemain, et on reconnut qu'elle avait cette maladie contagieuse si dangereuse pour la vie et si redoutable à la beauté. Milord Lascy, qui la craignait beaucoup, et que sa tendresse pour sa fille ne retenait point, quitta sa maison, et défendit à ses gens toute espèce de communication avec ceux qu'on laissait auprès de mademoiselle de Lascy, et qui étaient en très-petit nombre. Je demeurai dans la maison sous prétexte que j'avais eu cette maladie; les femmes de mademoiselle de Lascy, qui lui étaient très-attachées, touchées de l'intérêt que je paraissais prendre au mal de leur maîtresse, me donnaient la liberté d'entrer dans la chambre ; j'y passais presque les jours et les nuits. Quels jours et quelles nuits ! Les idées les plus funestes se présentaient continuellement à mon esprit. Le peu d'espérance qui me restait était accompagné de tant de craintes, que ce n'était presque pas un adoucissement à ma peine ; et, quand l'augmentation du mal m'ôtait cette faible espérance, ma douleur ne connaissait plus de bornes.

Je ne m'approchais de son lit qu'en tremblant ; elle parlait de moi dans ses rêveries ; elle m'appelait quelquefois ; et, quand je me présentais à elle, après m'avoir regardé quelque temps, elle baissait les yeux, et paraissait plongée dans la plus profonde rêverie. Ces marques de quelques sentimens favorables, tout équivoques qu'elles étaient, me pénétraient et augmentaient mon attendrissement, au point que j'étais obligé de sortir, pour cacher des larmes que je ne pouvais plus retenir. Le temps que je passais hors de sa chambre était un nouveau supplice ; je m'imaginais à tout moment qu'on venait me dire qu'elle était morte. Le plus petit bruit me faisait tressaillir, et me donnait des émotions si violentes, que je ne comprends pas comment je pouvais y résister. Son mal augmenta au point qu'il ne resta plus d'espérance. La connaissance qu'elle avait perdue lui revint; ce fut alors qu'on lui annonça qu'il fallait mourir. Elle reçut cette nouvelle, et se prépara à la mort sans la moindre marque de faiblesse, après avoir prié qu'on la laissât quelque temps à elle-même. Elle demanda à me parler : je m'approchai de son lit; j'avais le visage couvert de larmes, et je pouvais à peine retenir mes cris. Je n'ai point de regret, me dit-elle, à la vie que je vais perdre; elle devait être si malheureuse, que la mort est un bien pour moi; ne vous en affligez donc point, je vous en prie, et croyez que ma destinée.... Une faiblesse qui lui prit l'empêcha de continuer; elle fut si longue, qu'on la crut morte. Mon état n'était guère différent du sien; mais ma douleur et mon désespoir me donnaient des forces; je ne pouvais me résoudre à l'abandonner; il me semblait qu'elle n'était pas tout-à-fait perdue pour moi, tant que je la verrais encore : je recommençais les mêmes choses qu'on avait déjà faites tant de fois sans succès; enfin j'entendis qu'on proposait de l'ensevelir : ce fut alors que je ne connus plus de bornes, ni de bienséance; je devins furieux. Non, barbares! m'écriai-je en la prenant dans mes bras, vous ne la mettrez point dans le tombeau! Je ne sais si la secousse que je lui donnai en la prenant la ranima, ou si les remèdes commencèrent à faire effet; mais je m'aperçus qu'elle respirait. Cette espérance, toute faible qu'elle était, me fit passer en un instant, de l'état le plus affreux, à la joie la plus vive. Ah! dis-je avec transport, elle n'est point morte! Grand Dieu! ajoutai-je, prenez ma vie et conservez la sienne! Ceux qui nous entouraient n'osèrent prendre confiance à mes paroles; ils craignaient que la douleur n'eût troublé ma raison. Je courus à de nouveaux secours, et mademoiselle de Lascy ouvrit enfin les yeux, et reprit peu à peu connaissance. Comment vous exprimer ce qui se passait alors dans mon âme? Quels mouvemens confus de plaisir, de douleur, de crainte et d'espérance! Je fus encore deux jours dans cette situation, et ce ne fut que le troisième que je commençai à ne plus craindre pour une vie qui m'était si chère.

Il y avait déjà plusieurs jours que la fièvre l'avait quittée, quand elle demanda à me parler. C'est à vos soins, me dit-elle, que je dois la conservation de ma vie: j'attends encore plus de votre générosité. Mon père, sans égard pour mes prières et pour mes larmes, veut me forcer d'épouser le duc de Lancastre; j'ai pour ce mariage une répugnance que ma raison et même mon honneur autorisent. Le duc de Lancastre est un barbare qui a fait périr une femme qu'il avait épousée, ou qui la tient enfermée dans quelque lieu dont il est le maître : c'est de madame Ilde que j'ai appris ce que je sais là-dessus. Milord Lascy, à qui je l'ai dit peu de jours avant de tomber malade, a feint de n'en rien croire, et n'a répondu à mes prières et à mes larmes que par un ordre absolu de me préparer à ce funeste mariage; et, sur ce que j'ai osé lui dire, poursuivit-elle, que je renoncerais au monde, il m'a assuré, avec le dernier emportement, qu'il n'était aucun couvent dont il ne vînt m'arracher. Je ne puis lui obéir, et je sens cependant, malgré mon extrême répugnance, que je n'aurais pas la force de lui résister. La fuite peut seule me sauver d'un engagement pire pour moi que la plus cruelle mort; je veux passer en France pour m'y faire religieuse : je ne puis et je ne veux confier ce dessein qu'à vous.

Quoi! mademoiselle, m'écriai-je, vous voulez vous faire religieuse ! vous voulez vous ensevelir dans un cloître! vous voulez presque renoncer à la vie! et c'est moi que vous choisissez pour seconder ce projet!

Les peines que je trouverai dans le cloître, me dit-elle, ne sont pas comparables à celles d'avoir toujours à combattre tous mes sentimens. Je hais le duc de Lancastre ; il faudrait triompher de cette haine : et que sais-je si ce serait la victoire la plus difficile à obtenir de mon cœur ! Mon père ne connaît que l'ambition, et me sacrifie à ses vues et à son agrandissement. Non, mademoiselle, vous ne serez point la victime de l'ambition de milord Lascy. Le duc de Lancastre sait qu'il peut sans honte mesurer son épée avec la mienne ; j'irai le combattre, et je vous délivrerai de la crainte d'être à lui. Donnez-moi seulement quelques jours pour trouver un prétexte de l'attaquer.

Je ne vous donne pas un moment, me répondit-elle ; il faut que vous me promettiez tout-à-l'heure que vous renoncerez à un projet mille fois plus funeste pour moi, que celui où vous voulez mettre obstacle. Que deviendrais-je, grand Dieu ! si j'avais votre mort à pleurer ! Hélas ! vous ne savez pas, m'écriai-je, de combien de malheurs elle me délivrerait. Je ne suis plus maître de vous cacher ma passion, ajoutai-je en me jetant à ses genoux ; je vous adore, et je vous adore depuis le premier moment que je vous ai vue. Tout ce que l'amour sans espérance peut faire éprouver de plus cruel, je l'ai éprouvé; mais tout ce que j'ai senti n'était que mes malheurs, je pouvais les supporter; je ne puis soutenir l'idée des vôtres. La fortune m'a tout ôté: je n'ai que ma vie à vous offrir; souffrez du moins que je la sacrifie pour assurer votre repos.

Mademoiselle de Lascy pleurait, et ne me répondait point. Enfin, après quelques momens de silence: L'état où vous me voyez, me dit-elle, ne vous apprend que trop le fond de mon cœur. Je vois que nous sommes tous deux malheureux, et que nous ne pouvons cesser de l'être. Pourquoi n'êtes-vous pas le comte de Lancastre? Je n'ai pas la force, ajouta-t-elle, de continuer cette conversation; je vous y montre trop de faiblesse, et je sens que je ne pourrais vous la cacher. Elle appela ses femmes. Je sortis de sa chambre pour m'aller livrer seul et sans contrainte à tous les sentimens de mon cœur. Quel plaisir, quel ravissement d'être aimé! Je répétai avec transport ce que je venais d'entendre; je voyais encore ses larmes, qui avaient coulé pour moi; mais, après ces premiers mouvemens, ma joie fit place à de tristes réflexions sur l'état de ma fortune. Mille projets se présentèrent à mon esprit; aucun ne me satisfaisait, et je n'en sentais que mieux toute l'étendue de mon malheur. Je passai plusieurs heures dans cette agitation, résolu cependant de dire à mademoiselle de Lascy ma véritable condition : c'était toujours un bien pour moi de ne pas lui paraître si indigne d'elle. Je vous avoue, me dit-elle, quand je lui en parlai, que je suis bien aise que vous n'ayez pas contre vous cette chimère de la naissance, dont les hommes font cependant tant de cas. C'est une consolation pour moi de tenir du moins à vous par le lien du sang; mais notre condition n'en est pas meilleure, et je n'en suis pas moins exposée à la tyrannie de milord Lascy. Je voulais, avant que vous connussiez mes sentimens, avant que de connaître les vôtres, me mettre dans un couvent. Croyez-vous que je le veuille moins, pour n'être pas au duc de Lancastre? Conduisez-moi en France ; je me lierai par des vœux, et je vous assurerai du moins que, puisque je ne puis être à vous, je ne serai jamais à personne.

Eh! pourquoi, mademoiselle, m'écriai-je, ne voulez-vous jamais être à moi? Puisque vous voulez fuir la tyrannie d'un père, fuyez-la pour vous donner à un homme qui vous adore. Ma fortune peut changer, et je puis, par mon courage, vous rendre les avantages que je vous fais perdre. Ne me parlez point, me dit-elle, de ma fortune; un désert, une cabane, me suffiraient avec vous; mais je vous exposerais à toute la fureur de mon père et du duc de Lancastre; je ne puis y consentir. Vous craignez de m'exposer à quelque danger, répliquai-je, et vous ne craignez pas de m'ôter la vie? pourrais-je la conserver après vous avoir perdue, et croyez-vous que je la conservasse? Ce péril que vous craignez pour moi m'enhardit; il me semble que je vous en mériterai un peu mieux; et à ce prix je ne puis être, à mon gré, exposé à trop de dangers. Mademoiselle de Lascy avait peine à se résoudre; mais elle m'aimait, elle voyait mon amour. Le temps marqué pour son mariage approchait; il fallait renoncer à cette tendresse dont nous goûtions la douceur, ou se déterminer à m'épouser et à venir en France. Le parti que l'amour conseillait fut choisi. Madame Ilde, que nous mîmes dans notre confidence, avait tant d'horreur pour le duc de Lancastre, que nous n'eûmes nulle peine à la déterminer à nous suivre. Elle m'aidait, au contraire, à vaincre un reste de crainte qui retenait mademoiselle de Lascy.

Il fut résolu qu'elle feindrait encore quelque temps d'être malade, qu'elle irait à la campagne, sous prétexte de changer d'air, que j'irais l'y joindre, que nous nous épouserions; et que, pour ne donner aucun soupçon, je feindrais d'être obligé de passer en France; que je ne garderais qu'un vieux domestique à moi, dont je connaissais la fidélité, et que ce serait lui qui serait chargé du soin de nous trouver un vaisseau prêt à faire voile aussitôt que nous serions embarqués.

Toutes ces choses arrêtées, mademoiselle de Lascy partit. La maison de campagne qu'elle avait choisie est sur le bord de la mer, et n'est qu'à quelques milles de Londres.

Deux jours après son départ, je pris congé de milord Lascy et du duc de Lancastre. Je me déguisai; j'allai la même nuit dans un village à quelque distance de la maison où était mademoiselle de Lascy. Elle vint me joindre accompagnée de madame Ilde. Un prêtre que j'avais amené, nous maria sur-le-champ. J'étais au comble de mes vœux; je recevais d'une femme que j'adorais la plus grande marque d'amour que je pouvais recevoir; et, pour augmenter mon bonheur, je la voyais comblée de joie de ce qu'elle faisait pour moi. Que de marques de tendresse! que de protestations de me suivre jusqu'au bout du monde, s'il eût fallu! Au milieu des transports les plus vifs et les plus tendres, je me reprochais de ne l'aimer pas assez. Ma délicatesse était blessée que son amour pût égaler le mien. Nous nous séparâmes, avec promesse de nous revoir de la même façon, jusqu'à ce que le vent, qui nous était contraire, nous permît de nous embarquer.

Je restais enfermé toute la journée, presque sans autre inquiétude que celle que me donnait l'impatience de revoir ma femme. Je la voyais presque toujours arriver avant l'heure marquée; elle paraissait souhaiter notre départ. J'appris enfin que le vaisseau qui devait nous mener en France, partirait dans trois jours. Comme je craignais que madame de Saint-Martin ne fût fatiguée par les veilles et par le chemin qu'elle était obligée de faire à pied, je la priai de ne venir que la nuit de notre départ; j'eus beaucoup de peine à obtenir cette complaisance; elle ne pouvait s'arracher de mes bras; nos embrassemens étaient encore plus tendres qu'à l'ordinaire. Après nous être séparés, elle revint encore plusieurs fois pour m'embrasser, et cette absence, qui ne devait être que de si peu de durée, lui coûtait des larmes.

Par quel sentiment ne payais-je pas ces marques de la tendresse de ma femme! Quel amour pouvait être comparé au mien! Je passai les trois jours à compter les minutes; le matin du troisième, j'envoyai celui de mes gens que j'avais gardé pour préparer les choses nécessaires à notre fuite. Il devait revenir m'amener des chevaux un peu avant la nuit. Chaque instant ajoutait à mon impatience; enfin l'heure, cette heure tant désirée où je devais recevoir ma femme, approchait. J'entends monter l'escalier, je ne doutai pas que ce ne fût elle; je courus pour la recevoir. La personne que j'avais entendue monter entra dans ma chambre, comme j'allais en sortir. C'était un nommé Jain, qui avait servi madame de Saint-Martin pendant sa maladie, et dans lequel elle avait pris tant de confiance, qu'elle avait voulu l'amener avec elle. Il me dit que milord Lascy et le duc de Lancastre étaient venus la voir, qu'il fallait remettre notre départ après leur retour à Londres; il me donna en même temps une lettre de ma femme. Je la pris avec empressement, et, dans le temps que je la lisais, il me perça de plusieurs coups de poignard. Je tombai baigné dans mon sang; je ne sais ce que devint mon assassin, ni le temps que je demeurai sans secours. Mon valet de chambre revint avec les chevaux qui devaient m'emmener : la porte de ma chambre était fermée; étonné de ce que je ne paraissais point, il la fit enfoncer, et me trouva baigné dans mon sang, sans aucune connaissance. Il ne pouvait comprendre comment ce malheur était arrivé; mais, sans s'amuser à le rechercher, il ne songea qu'à me secourir. Son premier soin, après avoir eu un chirurgien, fut d'engager au secret l'homme chez qui je logeais. Forville (c'est le nom de ce valet de chambre) comprit que ceux qui m'avaient fait assassiner n'en demeureraient pas là; qu'il fallait, pour me dérober à leur rage, me faire passer pour mort, supposé que je pusse guérir de mes blessures qui paraissaient presque toutes mortelles. Il dicta à mon hôte les réponses qu'il devait faire, si on venait s'informer de mes nouvelles. Ces précautions prises, il employa ses soins à me faire donner tous les secours qui m'étaient nécessaires. Je fus plusieurs jours sans me connaître. Enfin la connaissance me revint, et mes premières pensées furent pour ma femme. Je voulais que Forville allât en apprendre des nouvelles; mon inquiétude était si vive, qu'il fut obligé de me satisfaire. Il apprit qu'elle était retournée à Londres le même jour que j'avais été assassiné, et ne sut rien de plus. Je fis chercher sa lettre qui ne me donna aucun éclaircissement. Elle me mandait ce que l'homme qui m'avait poignardé m'avait dit, qu'il fallait différer notre départ de quelques jours, que je ne me montrasse point, et que j'attendisse de ses nouvelles. Je demandai si on n'avait vu personne de sa part; j'appris qu'un homme, que je reconnus pour être mon assassin, s'était informé si j'étais mort, et que, suivant les ordres de Forville, on avait assuré que je l'étais. Je me perdais dans mes pensées et dans mes réflexions; je ne pouvais comprendre que ma femme, qui ne pouvait ignorer mon aventure, ne cherchât point à me donner de ses nouvelles et à avoir des miennes. Je voulus que Forville allât à Londres, qu'il mît tout en usage pour la voir et pour lui parler. Quelque peine qu'il eût de me quitter, il fallut céder à mon impatience. Il me dit à son retour que milord Lascy était toujours avec sa fille, qu'il avait cependant trouvé le moyen de lui dire un mot, qu'elle me priait de ne songer qu'à me guérir, et d'être tranquille sur ce qui la regardait. Il aurait fallu pour lui obéir être moins amoureux; la seule absence aurait suffi pour m'accabler, et j'y joignais encore la douleur de la savoir exposée à la dureté et aux mauvais traitemens de milord Lascy. Je désirais ma guérison avec ardeur pour voler au secours de ma femme; mais il fallut l'attendre près de six mois. Mes blessures étaient si grandes, que ce ne fut qu'après ce temps-là que je me sentis assez de force pour me soutenir à cheval.

Forville, qui me voyait résolu d'aller à Londres, fut obligé de m'avouer ce qu'il m'avait caché jusque-là. Pardonnez-moi, me dit-il, monsieur, de vous avoir trompé; il le fallait pour la conservation de votre vie; vous n'auriez pu apprendre sans mourir, dans l'état où vous étiez, la plus noire des perfidies. Cette femme, que vous adorez, n'est digne que de votre haine et de votre mépris; elle vous a trompé, trahi, livré à un lâche assassin, pour n'être point exposée à vos reproches et à votre vengeance.

Ma femme a quelque chose à redouter de ma vengeance! m'écriai-je; non, cela n'est pas possible; je douterais de mon cœur avant que de douter du sien. Je l'ai crue fidèle, me répondit Forville, jusqu'au moment où j'ai été témoin moi-même de son mariage avec le duc de Lancastre, et où j'ai su que l'infâme Jain avait toujours sa confiance.

Je ne puis vous exprimer, continua le chevalier de Saint-Martin, ce que je sentis dans ce moment; je voulais douter de mon malheur; mais Forville en savait trop bien les circonstances pour me laisser cette faible consolation. Mon premier dessein fut d'aller poignarder ma femme dans les bras du duc de Lancastre, et de me poignarder ensuite. Malgré le conseil et le désespoir de Forville, je partis dans cette résolution. J'appris à Londres que cette perfide n'y était plus : le duc de Lancastre l'avait menée dans ses terres de la principauté de Galles.

Enfin, las de la vie, ne pouvant me supporter moi-même, honteux de mes faiblesses et de mes fureurs, je résolus d'abandonner pour jamais un pays où tout me faisait souvenir de mon malheur; je passai en France, et de là dans la Palestine, sans y trouver le repos que je cherchais : mon amour et ma jalousie me suivaient partout; mon imagination me rappelait les temps de mon bonheur, ces temps où j'étais aimé, et cette même femme dans les bras d'un autre, cette femme, un poignard à la main, pour me percer le cœur.

Pourquoi, disais-je, en vouliez-vous à ma vie? de quoi suis-je coupable, que de vous avoir trop aimée? J'étais donc pour vous un objet d'horreur? Hélas! pourquoi ne l'ai-je pas perdue cette vie, avant que de connaître que vous étiez perfide! Je serais mort en vous aimant, etil faut que je vous haïsse!

Je cherchai en vain, dans les occasions les plus périlleuses de la guerre, le seul remède à mes maux. J'y acquis quelque gloire dont je n'étais plus touché, et je ne pus y trouver la mort.

Après une année, la même inquiétude me ramena en France. J'appris qu'il y avait des mouvemens en Écosse; je formai aussitôt le dessein d'aller offrir mes services au roi Bruce, qui, comme vous savez, s'était retiré avec beaucoup de troupes dans les montagnes. J'espérais, dans le cours de cette guerre, pouvoir me battre avec le duc de Lancastre.

Mes services furent acceptés ; nos succès, auxquels j'eus le bonheur d'avoir part, furent rapides. Nous chassâmes les Anglais de tous leurs postes; mais je n'en voulais qu'au duc de Lancastre, et il ne paraissait point. Je voulus du moins me venger sur les terres qui lui appartenaient. J'attaquai la place de..., et je l'emportai l'épée à la main.

Vous savez où va la fureur des soldats dans ces occasions. Je parcourais la ville pour empêcher le massacre, quand je vis un homme qui défendait sa vie contre plusieurs de ces furieux. Il me présenta son épée, et, comme il avait déjà reçu plusieurs blessures, je le fis conduire dans ma tente, et j'ordonnai qu'on eût soin de le secourir. Aussitôt qu'il fut en état de marcher, il demanda à me voir pour obtenir que je le misse à rançon. Notre surprise fut extrême quand nous nous reconnûmes; nous avions fait nos premières campagnes ensemble sous le duc de Lancastre, auquel il était particulièrement attaché.

Ce que je vois est-il possible? me dit-il; le chevalier de Saint-Martin dans le parti de nos ennemis! Vous approuveriez mes raisons, lui dis-je, s'il m'était possible de vous les dire.

Vous n'en avez pas besoin, me répliqua Cidlé; je sais que vous êtes un homme d'honneur, et cela me suffit. Nous avions été amis tout le temps que nous avions fait la guerre ensemble; nous rappelâmes avec plaisir notre ancienne amitié; le service que je venais de lui rendre, et la manière généreuse dont j'en agis avec lui, achevèrent de me l'acquérir, et il me protesta mille fois qu'il sacrifierait volontiers pour mes intérêts la vie que je lui avais conservée.

Ce malheureux amour, qui était toujours dans le fond de mon cœur, me donnait une curiosité que je ne pouvais vaincre, et que je n'osais satisfaire. Mon trouble m'aurait trahi en prononçant ce nom si odieux, et qui cependant était encore cher à mon souvenir. Je faisais à Cidlé mille questions, dans l'espérance qu'il me parlerait enfin de la seule chose que je voulais savoir. Ce moyen me réussit. Un jour qu'il me rendait compte de l'état de sa fortune : Je dois beaucoup, me dit-il, au duc de Lancastre, et j'ai eu pour lui un attachement qui était encore fortifié par l'estime que j'avais pour lui; mais je vous avoue que cette estime ne peut s'accorder avec le traitement qu'il fait à la duchesse de Lancastre : elle est enfermée dans un château; nulle société ne lui est permise, et ceux qu'on a laissés auprès d'elle sont plus occupés de la tyranniser que de la servir, depuis la mort de milord Lascy. Le duc de Lancastre, qui voulait mettre ce château hors d'insulte, me confia ce soin; j'y ai été pendant près d'un mois, et, malgré la vigilance des gardes de la malheureuse duchesse, je l'ai vue plusieurs fois, et je ne l'ai jamais vue que baignée de larmes. Des discours qui lui sont échappés m'ont fait comprendre que la plus sensible de ses peines n'était pas celle qui avait d'abord excité ma pitié : il m'a paru qu'elle avait dans l'âme une douleur profonde dont elle était uniquement occupée. Sa jeunesse et sa beauté, qu'on voyait encore malgré son extrême abattement, me donnèrent tant de compassion, que, si elle avait voulu accepter mes services, il n'est rien que je n'eusse tenté pour la secourir.

Ce que je venais d'entendre de la situation de cette malheureuse femme me changea en un moment. J'avais voulu vingt fois la poignarder : je ne pus soutenir, sans un extrême attendrissement, l'idée de l'état où elle était réduite. Ses larmes, cette langueur, cette beauté même qu'elle n'avait plus, la rendaient encore plus touchante pour moi. Je m'étais suffi tant que je n'avais été rempli que de fureur : ce n'était plus de même; j'étais dans un état de tristesse et de douleur, où le cœur a besoin de se répandre, et je ne pus me refuser la consolation de parler : j'étais sûr d'ailleurs de la discrétion de Cidlé. Je lui avouai mon amour ; je ne lui cachai pas que j'avais lieu de croire que j'étais aimé ; mais la crainte de rendre odieuse cette personne dont j'avais été si cruellement trahi, me fit taire le reste de mon aventure. Cidlé m'offrit d'aller dans le lieu où elle était gardée : Comme j'y ai été long-temps, me dit-il, par l'ordre du duc de Lancastre, j'y serai reçu ; je parlerai à la duchesse, et je concerterai avec elle les moyens de la tirer d'esclavage.

Je n'en demande pas tant de votre amitié, lui dis-je, mon cher Cidlé ; je veux seulement qu'elle sache que je vis, et que vous examiniez avec soin l'impression que cette nouvelle fera sur elle. Cidlé partit sous le prétexte d'aller chercher sa rançon, et je restai dans une confusion de pensées et de sentimens qu'il m'est impossible de vous représenter. Je me demandais ce que je voulais faire de mon amour pour une femme qui s'en était rendue si indigne. Je souhaitais qu'elle pût n'être pas si coupable ; et, contre toute sorte d'apparence, il y avait des momens où j'espérais, et j'en venais enfin à sentir que je serais heureux si j'en étais encore aimé. Mais, disais-je, n'a-t-elle pas mis entre nous un obstacle invincible? Cette idée, qui ranimait ma jalousie, me redonnait presque toute ma fureur.

Cidlé revint après quelques jours, et m'apporta cette lettre.

« Je ne me plains plus de ce que j'ai souffert et » de ce que je souffre, puisque vous vivez; oui, » monsieur, quelque redoutable, quelque terrible que vous dussiez être pour moi, votre mort, » que j'ai crue certaine, était le plus sensible de » mes malheurs ; elle m'a coûté autant de larmes » que le souvenir d'une faiblesse qui m'a rendue » si criminelle ; peut-être vous trouveriez-vous » vengé, par mon seul repentir, plus cruellement que vous ne vous vengeriez vous-même ; » mais, quand il serait possible que je cessasse » d'être pour vous un objet odieux, quand vous » pourriez oublier que je suis coupable, je m'en » souviendrai toujours; je n'ose même souhaiter » de pleurer à vos pieds ; je n'ose vous dire que » mon cœur n'a pas cessé un moment d'être à » vous ; ce serait une consolation, et je n'en mérite aucune. Adieu, monsieur; est-il possible » que je m'en sois rendue indigne ? »

Que devins-je à la lecture de cette lettre! Comme l'amour se ralluma dans mon cœur! La pitié me rendait encore plus tendre et plus sensible; toutes les offenses qu'on m'avait faites s'effacèrent de mon souvenir; je ne fus plus occupé que de ce que ma femme souffrait; et, sans vouloir examiner quelles seraient sa destinée et la mienne, je ne songeai qu'à l'affranchir de la tyrannie du duc de Lancastre; mais tous les moyens que j'employai furent inutiles, et la paix qui se fit peu de temps après entre l'Angleterre et l'Écosse m'ôta l'espérance que la guerre aurait pu me donner. Je ne pouvais aussi me servir de Cidlé pour avoir des nouvelles : je ne sais si le duc de Lancastre, qui avait appris que j'étais dans l'armée d'Écosse, avait craint quelque entreprise de ma part; mais il fit changer de lieu à sa prisonnière; et, pour s'assurer contre moi-même, il engagea le roi Édouard à me déclarer coupable de lèse-majesté, pour avoir violé le serment que j'avais fait de le servir dans le temps qu'il m'avait confié le gouvernement d'une place. J'étais désespéré de tous ces obstacles, et je ne savais quel parti prendre, quand la publication du tournoi, où tous les chevaliers devaient être reçus, m'a fait naître l'idée de me battre contre le duc de Lancastre. Je savais à quoi je m'exposais en violant les lois du tournoi; mais je ne songeais pas à ma vie. J'ai exécuté, comme vous avez vu, mon projet, et, si l'on ne nous avait séparés, il aurait payé de sa vie les malheurs dont il a rempli la mienne.

FIN DU SECOND LIVRE.

ANECDOTES
DE LA COUR ET DU RÈGNE
D'ÉDOUARD II,
ROI D'ANGLETERRE.

LIVRE TROISIÈME.

Le récit de M. de Saint-Martin fit l'impression la plus forte sur les comtes de Glocester et de Cornouaille. L'humanité seule pouvait exciter en eux les mouvemens les plus vifs; mais Gaveston peut-être joignit à ce sentiment celui de la haine qu'une sorte de jalousie lui inspirait contre le duc de Lancastre. La reine, soit par égard pour son rang, soit par une suite de sa hauteur, lui donnait des préférences qui choquaient l'orgueil du comte. Il sentait sa supériorité sur Lancastre par son mérite personnel : ce mérite existait sans doute; Gaveston était aimable; mais sa vanité lui exagérait encore les qualités brillantes qui le faisaient remarquer. Il ne pouvait souffrir de n'être pas partout l'objet des soins et de l'attention, et de ne l'être pas exclusivement.

C'était surtout chez la reine qu'il eût voulu jouir de ce triomphe : sa vanité l'avait engagé à chercher à lui plaire; il n'avait aucun autre sentiment pour elle : vain et léger, il était peu susceptible d'un véritable attachement. Autant qu'il pouvait aimer, il aimait mademoiselle de Glocester; mais il voulait plaire à la reine, pour qu'on sût qu'il lui plaisait. Isabelle, moins capable encore d'aucun sentiment profond et délicat, ne voulait qu'étendre ses conquêtes. Le duc de Lancastre, si fort au-dessus du comte de Cornouaille par son nom et par son rang, lui paraissait mériter plus d'attention, et sous cet aspect flattait davantage la vanité de sa coquetterie. Gaveston, qui s'en était aperçu, en était ulcéré, et fut charmé de trouver l'occasion d'abaisser le duc, en ne paraissant agir que par les motifs les plus nobles de la justice et de la bonté. Il assure Saint-Martin de sa protection et de son zèle; il laisse Glocester près de lui; il vole faire les recherches les plus exactes sur cette affreuse aventure; à force de soins il découvre madame Ilde : cette malheureuse femme, plongée dans la misère, et cachée dans le réduit le plus obscur pour éviter la colère du duc de Lancastre, lui apprend que c'est mademoiselle de Lancastre qui a causé tous ces crimes et tous ces malheurs, outrée de jalousie de l'amour de Saint-Martin pour mademoiselle de Lascy : amour dont elle n'avait eu d'abord que de légers soupçons, qui ne s'étaient que trop réalisés dans le temps de la maladie de cette infortunée. Elle avait, à prix d'argent, gagné le perfide Jain : il était son espion ; c'est de lui qu'elle sût et la fuite, et le mariage, et le projet d'aller en France. Elle alla tout apprendre à son frère et à milord Lascy. Ce dernier, outré de colère et de désespoir, voulait dans ses premiers mouvemens aller poignarder sa fille et Saint-Martin : mademoiselle de Lancastre l'adoucit ; sa haine n'eût pas été satisfaite de la mort de sa rivale, elle la réservait à de plus grands maux. Quant à Saint-Martin, elle prit de sang-froid le projet de le faire périr. Après avoir calmé le père en lui montrant la possibilité de faire revenir sa fille et de la faire obéir, elle n'eut pas de peine à persuader à Lancastre, que le mieux était d'éviter l'éclat ; qu'il fallait, aussitôt que mademoiselle de Lascy serait revenue, la forcer à l'épouser ; empêcher surtout que rien ne transpirât au-dehors. Après l'avoir épousée, lui dit-elle, vous la traiterez aussi rigoureusement que vous le voudrez : héritière des maisons de Lincoln, de Salisbury, ses biens immenses vous dédommageront du malheur d'avoir une femme si méprisable : pourvu que son déshonneur ne soit pas public, que vous importe? Le duc adopta facilement les idées de sa sœur. Il avait fait subir à sa première épouse un sort pareil à celui qu'il destinait à la seconde : cette malheureuse femme était d'une famille obscure; ses parens étaient morts; l'ayant épousée sans amour, et uniquement pour jouir de ses biens, honteux de cette alliance, il l'avait tenue captive dans un de ses châteaux, sous prétexte que sa santé lui rendait nécessaire l'air de la campagne. Les traitemens qu'il lui fit subir sont horribles. A peine eut-elle mis au monde un fils, qu'il la bannit de sa maison, et, l'accablant de mépris, il la confina dans la retraite, où elle mourut en peu de temps de langueur et de chagrin. Personne n'avait soupçonné ces horreurs. Lancastre était profondément faux, et cachait sous les dehors les plus imposans l'âme la plus noire. Le peuple avait pour lui de la vénération : les grands estimaient en lui l'homme respecté du peuple. C'était de ces réputations qu'il est même dangereux de chercher à examiner : il avait tout le sang-froid qu'il faut pour la soutenir intacte, malgré les crimes secrets et les injustices cachées. Milord Lascy le croyait l'homme du monde le plus vertueux; et, furieux contre sa fille, trop heureux que Lancastre daignât l'épouser, il était bien certain que ce malheureux père le laisserait le maître absolu de son sort. Le duc ne balança donc pas à adopter les idées de sa sœur : ce fut elle qui dicta la conduite de Jain, et qui conduisit le poignard. Elle avait commencé par s'assurer de mademoiselle de Lascy; enlevée et ramenée chez son père, on l'avait forcée d'écrire la lettre que Jain porta. Ce scélérat, revenu chez milord Lascy, assura que Saint-Martin était mort; tout confirma cette nouvelle; mademoiselle de Lascy la crut. Comment peindre ses larmes, son désespoir! Ce n'était pas assez de la perte d'un amant, d'un époux chéri; son père lui ordonna, malgré ses aveux, d'épouser Lancastre; elle n'y voulut jamais consentir. Un prêtre eut la bassesse d'entrer dans le plus vil complot, gagné sans doute, ainsi que deux témoins, par les promesses du duc de Lancastre : mais, tout résolu qu'était ce malheureux de se prêter à tout ce qui pourrait servir à cimenter cet odieux lien, il ne pouvait cependant entendre *oui*, quand mademoiselle de Lascy disait *non*, et qu'elle le répétait à travers les sanglots qui étouffaient sa voix, et avec toute la force que lui laissait la crainte où la présence d'un père irrité l'avait jetée. Aucune autre personne que ce père, Lancastre, sa sœur, la malheureuse victime et les témoins, n'assista à cet horrible mariage, qui fut célébré dans la chapelle du château. Éperdue et tremblante, mademoiselle de Lascy, traînée à l'autel avec violence, se vit livrée au duc de Lancastre. Un coup d'œil foudroyant de son père, lancé sur elle dans l'instant décisif, la glaça d'effroi et la réduisit au silence. Ce silence fut vite interprété; on le regarda comme un consentement, et, malgré ses efforts, on joignit leurs mains. Sortie de la chapelle, elle sut vaincre la frayeur qui l'accablait, pour protester, en présence de tout ce qui l'entourait, contre un hymen auquel elle n'avait donné aucun consentement : elle se reprocha, comme un crime, et se reprochera toujours, l'effet de sa terreur et l'instant du silence dont on avait si cruellement abusé. Le prêtre feignit de croire que toute cette résistance n'était qu'une suite de l'embarras que cause la pudeur aux jeunes personnes bien nées, dans des circonstances semblables. Les témoins parurent penser de même. Indignée de ces affreux discours, partagée entre le désespoir et la crainte, elle tomba dans un état de convulsion : aussitôt qu'elle eut repris l'usage de ses sens, elle jura que jamais elle ne verrait Lancastre comme son époux. Lancastre lui dit d'un ton froid et dur, qu'elle pouvait être assurée qu'il ne la traiterait jamais comme sa femme, qu'elle n'en était plus digne; mais que, pour sauver l'honneur de sa famille, elle passerait pour l'être; et, dès le lendemain, il ordonna qu'on la menât à ce château qui avait déjà servi de prison à sa première femme. Milord Lascy, malgré sa colère, ne put voir sans douleur le sort qu'on préparait à sa fille : il partit avec elle, et la conduisit dans cet odieux séjour : il plaignit son malheur, et cherchait les moyens de l'adoucir; mais à peine quelques mois furent-ils écoulés, que ce père infortuné fut attaqué d'un mal violent dont il mourut en douze heures. On n'ose, dit madame Ilde, se livrer aux idées terribles que cet événement a fait naître. Il est difficile de penser que cette mort ait été naturelle; quoi qu'il en soit, de ce moment, ajouta-t-elle, je fus traitée avec une dureté sans exemple; ma malheureuse maîtresse fut livrée aux gens du duc de Lancastre : ce fut sa sœur qui ordonna et dirigea tout. Je fus obligée de chercher un asile contre la colère du frère et de la sœur. Sans secours, sans ressource, je vins me cacher dans ce quartier isolé, où je vis avec peine du produit de mon travail. Je n'ai pu rien savoir depuis ce temps, dit-elle à Gaveston; mais, si ma chère maîtresse vit encore, elle est bien malheureuse. Le comte de Cornouaille, instruit de ces faits, amena avec lui madame Ilde, et la présenta à Saint-Martin. Leur entrevue fut touchante; ils se rappelèrent, en présence de Gaveston, mille détails intéressans. Il les recueillit tous, et composa de toute cette aventure un mémoire frappant : il présenta ce mémoire au roi. Ce jeune monarque, qui d'ailleurs ne voyait rien que par les yeux de Gaveston, ordonna aussitôt que madame de Saint-Martin fût rendue à son époux. La chose se passa avec un éclat terrible pour Lancastre. Il ne lui fut pas même permis d'exposer ses prétendues raisons; et, ce qu'il y eut d'affreux, c'est que ce jugement, le plus juste au fond qu'il fût possible de prononcer, eut l'air, par la chaleur qu'y mirent le roi et son favori, d'un jugement inique. Les grands en furent révoltés, le regardant comme le fruit indigne du crédit de Gaveston : le peuple en gémit comme d'une injustice atroce contre le plus vertueux des hommes. Ce n'est pas assez de faire le bien, il faut encore le faire avec prudence : mais Gaveston avait d'autres motifs que ceux de l'équité; et, quoiqu'au fond il fit une action excellente, il ne devait pas se plaindre de l'opinion du public; c'était par hasard qu'il servait la vertu : tout ce qui ressent la faveur est suspect. Ce jugement donc, tout juste qu'il était, acheva d'aigrir les esprits, et prépara les funestes événemens qu'on verra dans la suite.

Dès que l'ordre du roi fut donné, Gaveston fut chercher lui-même madame de Saint-Martin, avec une nombreuse escorte, dans le château où elle était captive. Il la trouva plongée dans l'état le plus affreux. Sa langueur était si profonde, qu'elle n'éprouva aucune émotion à l'arrivée de tous ces gens armés. Le comte de Cornouaille, s'étant fait ouvrir l'espèce de cachot qui lui servait de chambre dans une des tours de ce château, la trouva renversée sur son lit; on vit auprès d'elle, sur une table, quelques alimens qui paraissaient y être depuis quelques jours, et où elle n'avait pas touché. Il eut peine à la tirer de l'espèce d'insensibilité où elle était; enfin, lui ayant dit qu'il venait la chercher par ordre du roi, pour la ramener à son époux, elle jeta un cri perçant. Eh! non, madame, c'est à votre cher Saint-Martin. Saint-Martin! Ah! dit-elle avec l'affreux sourire du désespoir, on a découvert qu'il n'était pas mort! Que lui a-t-on fait? Il n'est plus. Non, madame, il respire, il vous aime; vous lui êtes rendue, vos liens affreux avec Lancastre sont rompus. Est-il possible? n'est-ce pas un songe? Non, madame, venez, arrachez-vous de cet affreux séjour, et retournez avec un époux qui vous adore. Elle se leva avec précipitation; mais, quand elle eut fait deux pas, elle tomba dans un évanouissement profond; les secours lui furent prodigués. A peine revenue de cet état, on la fit partir. L'escorte était magnifique et nombreuse: elle arriva dans Londres comme en triomphe. Gaveston la conduisit chez lui avec le plus grand appareil. Elle trouva son époux couché dans son lit; elle courut à lui; il lui tendit les bras, sans pouvoir prononcer un seul mot. Les mouvemens qu'il éprouva dans cet instant furent si vifs, que la plaie qu'il avait à la poitrine se rouvrit. Son sang coulait avec la plus grande abondance; les chirurgiens appelés bandèrent cette plaie: mais ils ne purent empêcher les suites de ce funeste accident. L'infortunée madame de Saint-Martin avait à peine joui du bonheur si grand de revoir un époux adoré, que, couverte de son sang, elle eut à trembler pour sa vie. Ce spectacle affreux, loin de l'abattre dans l'état de faiblesse où elle était elle-même, redoubla ses forces; elle aida aux chirurgiens, elle veilla à tout; mais à peine son cher Saint-Martin fut-il secouru, qu'elle tomba dans une sorte de léthargie; état heureux, sans doute, puisqu'il la préserva de plus grands maux. Saint-Martin expira le lendemain, en rendant grâce à Gaveston, et en lui recommandant sa malheureuse épouse. Le comte de Cornouaille avait de l'âme et de la noblesse ; il se regarda, dès ce moment, comme le protecteur unique de madame de Saint-Martin, et, pour la servir comme elle méritait de l'être, il songea d'abord à lui procurer un asile décent ; il sentit qu'il ne convenait pas qu'elle restât chez lui après la mort de son mari. Glocester, auquel il confia ses scrupules, forma à l'instant le projet de proposer à madame de Surrey de recevoir chez elle la trop infortunée madame de Saint-Martin. Gaveston saisit avec ardeur cette idée. Mademoiselle de Glocester, dit-il, sera son amie, sa consolatrice ; elle ne sera point malheureuse. Glocester eut à peine fait cette proposition à sa tante, qu'elle l'accepta. Madame de Surrey avait le cœur bon et compatissant ; mais mademoiselle de Glocester, qui joignait à ces excellentes qualités une délicatesse, une finesse de sentiment extrêmes, ne vit pas de bonheur plus grand que celui de voler au secours de madame de Saint-Martin. Elle communique son empressement à sa tante ; toutes deux partent à l'instant, et vont chez le comte de Cornouaille y chercher la femme la plus malheureuse qui fût au monde. Elles la trouvèrent dans un affaissement si affreux, qu'on craignit qu'elle n'expirât pendant le transport. Cependant les apprêts des funérailles de son mari, dont elle ignorait la mort, la crainte de quelques-unes de ces indiscrétions si terribles et si ordinaires dans ces cruels instans, firent prendre le parti de l'arracher de cette maison. On l'habilla, on la transporta chez madame de Surrey, sans qu'elle s'en fût presque aperçue. Aussitôt arrivée, on la mit au lit; et mademoiselle de Glocester prit à son chevet une place qu'elle ne quitta plus.

Le comte de Cornouaille fit faire les obsèques de l'infortuné Saint-Martin (dont alors on dit le véritable nom) avec la plus grande pompe. Sa malheureuse épouse, après une espèce de léthargie de plusieurs heures, reprit un peu de connaissance; et se trouvant dans une maison étrangère, entourée d'étrangers, dans un état affreux de faiblesse et d'effroi, elle ne pouvait ni n'osait faire aucune question. Madame Ilde lui apprit dans quel lieu elle était, et quelles étaient les dames qui la soignaient. Elle les regarda avec des yeux remplis de tendresse et de terreur. Mademoiselle de Glocester redoubla de soins et d'attentions; madame de Surrey la combla de caresses. Cette dame veillait à lui procurer tous les secours possibles, tandis que son excellente nièce, pleurant auprès d'elle, semblait ressentir ses propres douleurs. Aussitôt que l'infortunée madame de Saint-Martin put proférer quelques mots, elle prononça celui de son époux, en regardant autour d'elle, et surtout dans les yeux de mademoiselle de Glocester, avec une curiosité mêlée d'horreur.

Celle-ci, sans lui dire un seul mot, lui prit la main, la serra entre les siennes, et l'arrosa de ses larmes. Madame de Saint-Martin poussa un cri perçant, et retomba dans l'état le plus violent : on crut qu'elle expirerait : les secours furent redoublés : elle revint encore cette fois et parut plus calme : elle demanda Gaveston; il parut. C'est donc là, lui dit-elle en lui tendant la main, le fruit de tous vos soins! Il n'est plus, il n'est plus! et la joie de me revoir a causé sa mort!..... Malheureuse que je suis! Eh! que ne me laissait-on dans ce cachot!... il vivrait encore!... Pardonnez, pardonnez, monsieur, dit-elle au comte de Cornouaille; hélas! l'excès du malheur aigrit l'âme, et peut quelquefois rendre ingrat : je ne le suis pourtant pas, ajouta-t-elle en soupirant; non, monsieur, je ne le suis pas. Calmez-vous, madame, lui dit Gaveston, et soyez sûre que vous êtes entourée d'amis auxquels vous êtes bien chère. Les premiers jours se passèrent dans les conversations les plus tendres entre mademoiselle de Glocester et cette infortunée; mais, malgré tous les soins, sa santé devenait de moment en moment plus déplorable; des évanouissemens succédaient sans cesse aux douleurs les plus aiguës; elle ne pouvait prendre absolument aucune nourriture; et mademoiselle de Glocester, qui avait pris pour elle l'attachement le plus vif, voyait avec douleur la fin prochaine de sa trop sensible et trop malheureuse amie. C'était dans les légers intervalles de ses douleurs, que ces deux amies parlaient ensemble, et se communiquaient leurs sentimens. Madame de Saint-Martin revenait souvent à déplorer les malheurs que causait l'amour aux âmes sensibles; elle se rappelait les progrès de celui qu'elle avait senti, elle semblait prévoir, dit-elle, dès les premiers temps, les maux qu'il occasionerait, elle l'avait combattu de toutes ses forces, mais vainement: c'est la vivacité de celui de son amant qui l'avait vaincue. Ces discours, souvent répétés par madame de Saint-Martin, faisaient sur mademoiselle de Glocester une impression dont, malgré tous ses maux, cette dame s'aperçut. Un jour qu'elle la vit plus agitée qu'à l'ordinaire: Aimeriez-vous, ma chère amie, lui dit-elle, et seriez-vous malheureuse? Ah! je croyais ne plus avoir de chagrins à redouter, et je sens que celui-là me serait affreux. Parlez, et ne me laissez pas mourir en emportant cette inquiétude. Mademoiselle de Glocester, touchée jusqu'au fond du cœur de la beauté de l'âme de madame de Saint-Martin, qui, plongée dans des malheurs dont l'imagination s'effraie, s'occupait encore des siens : Trop digne amie, lui dit-elle, votre intérêt pour moi est si touchant, que je vous prouverai combien j'y suis sensible, en vous montrant mon âme toute entière. Alors elle lui peignit, sans aucun déguisement, son amour pour Gaveston, ses craintes, ses soupçons, et tout ce qui causait les agitations extrêmes de son cœur. Madame de Saint-Martin avait de si grandes obligations au comte de Cornouaille; il s'était montré pour elle si grand et si généreux, qu'elle ne voyait en lui qu'un héros : c'est ainsi qu'elle s'en exprimait avec son amie; elle n'envisageait ses galanteries pour la reine que comme de simples politesses d'usage dans les cours, et elle mit tout en œuvre pour inspirer les mêmes idées à mademoiselle de Glocester. Trop de délicatesse, lui disait-elle, est nuisible, même en amour; elle fait souvent naître la jalousie, qui est le plus terrible des maux, et pour celui qui l'éprouve, et pour celui qui en est l'objet. Estimer ce qu'on aime est le premier devoir. Les jeunes hommes, surtout ceux qui vivent à la cour, sont obligés à ces sortes de galanteries : ils peuvent aimer exclusivement, mais leurs égards ne doivent jamais être exclusifs. Vous connaissez cette cour et les goûts de la reine : Gaveston a dû s'y soumettre. Auriez-vous l'injustice de vouloir lui attirer ses mépris, et peut-être sa haine? Mademoiselle de Glocester aurait pu répondre; elle sentait qu'elle aurait eu beaucoup à dire; mais elle aimait, et elle était charmée de trouver des raisons de justifier son amant : elle parut donc céder à celles de madame de Saint-Martin. Gaveston venait très-souvent la voir. Elle voulut un jour l'entretenir seule, sous le prétexte de ses affaires : elle lui vanta le mérite extrême de mademoiselle de Glocester, et lui dit qu'un des plus grands services qu'il lui eût rendus, avait été de lui faire connaître cette charmante personne. Gaveston parla d'elle avec l'enthousiasme d'un amant. Madame de Saint-Martin, malgré ses précautions, lui fit naître l'idée des soupçons de mademoiselle de Glocester, et lui conseilla de ne plus s'exposer à lui en donner de semblables. Gaveston s'observa davantage : il apprit d'ailleurs que la reine protégeait ouvertement M. de Lancastre, dont les blessures étaient guéries; il sut que ce seigneur, depuis sa guérison, avait été plusieurs fois admis à sa cour, avec une distinction marquée, et que Mortimer blâmait hautement la conduite du roi et celle de son favori dans cette grande affaire. Gaveston, qui vit bien que Mortimer l'emportait sur lui auprès de cette princesse, ulcéré des discours qu'elle avait tenus à son sujet, et réellement amoureux de mademoiselle de Glocester, saisit un moment favorable, en présence de madame de Saint-Martin, pour s'excuser des aventures du tournoi. Un amant très-aimable et très-aimé est presque toujours sûr d'obtenir son pardon : il l'obtint. Madame d'Herefort, sœur de mademoiselle de Glocester, n'aimait point Gaveston; sa hauteur et sa légèreté lui déplaisaient : d'ailleurs, elle n'eût pas vu sans douleur une alliance qu'elle jugeait indigne de la grandeur de sa maison; et, de plus, elle chérissait les vertus du comte de Pembrocke, qui n'avait jamais confié qu'à elle l'excès de sa tendresse pour mademoiselle de Glocester. Ce jeune et vertueux seigneur brûlait pour elle de la passion la plus vive et la plus pure. Madame d'Herefort connaissait l'âme et les sentimens de l'amant le plus délicat qui fut jamais : elle désirait ardemment le bonheur de sa sœur; il n'était donc pas possible qu'elle vît sans amertume la préférence qu'elle donnait à Gaveston. Après lui avoir fait sentir, avec les ménagemens les plus adroits, ce qu'elle pensait à ce sujet, et n'espérant plus de réussir auprès d'elle, elle tâcha de faire envisager les choses à sa tante sous le même aspect qu'elle les voyait. Madame de Surrey, quoique touchée de la faveur dont jouissait Gaveston, trouvait cependant cette alliance très-inférieure : d'ailleurs, la fortune de ce favori, toute brillante qu'elle était, n'avait rien de solide ni d'assuré.

M. le comte de Pembrocke était bien préférable à tous égards; il aimait toujours éperdument mademoiselle de Glocester; madame d'Herefort en était bien sûre : et, s'il ne parlait plus, c'était par un excès d'amour et de respect. Madame de Surrey, réfléchissant à toutes ces choses, fit passer les mêmes idées dans l'esprit des parens de mademoiselle de Glocester. Toute la famille, excepté le frère, était résolue à refuser l'alliance de Gaveston, et Gaveston était plus aimé de mademoiselle de Glocester qu'il ne l'avait jamais été. Ce qu'il avait fait pour madame de Saint-Martin, ses soins pour elle, la vive reconnaissance de cette infortunée, ajoutaient encore un nouveau lustre aux qualités brillantes qu'elle adorait en lui. Plus assidu près d'elle, faisant éclater son amour, ne partageant plus ses soins, il n'avait jamais paru plus aimable. Elle apprit avec douleur les intentions de sa famille : ce fut dans un entretien avec sa tante qu'elle démêla ses sentimens. Une passion vive donne beaucoup de pénétration ; madame de Surrey croyait n'avoir presque rien dit, et mademoiselle de Glocester savait tout ; elle en fut accablée. Madame de Saint-Martin s'aperçut de son trouble et de sa douleur ; elle en voulut savoir la cause. Son amie lui confia tout ce qu'elle venait d'apprendre. Rassurez-vous, lui dit cette tendre amie, je sais un moyen de vous rendre heureuse, et je l'emploierai ; tâchez seulement, et en peu de jours, de rassembler ici vos parens et M. le comte de Cornouaille. Mademoiselle de Glocester, qui ne pouvait deviner ni prévoir le projet de madame de Saint-Martin, voulut le combattre. Que voulez-vous faire, lui dit-elle, dans l'état déplorable de faiblesse où vous êtes? une telle scène peut vous causer les plus grands maux. C'est précisément cette extrême faiblesse, reprit la malade, qui rend la chose très-pressante : de grâce, ne me refusez pas cette consolation. Madame de Saint-Martin, tourmentée de cette idée, pressa tant mademoiselle de Glocester, que, forcée de céder à ses instances, elle trouva le moyen de rassembler auprès de son lit toute sa famille et M. de Cornouaille. Alors cette dame, rassemblant ses forces, leur parla ainsi :

Je n'ai plus qu'un instant à vivre : il ne me reste qu'un vœu à former, c'est de vous voir unie avec le comte de Cornouaille, dit-elle à mademoiselle de Glocester; ses qualités héroïques lui doivent, à vos yeux, tenir lieu d'ancêtres : je sais qu'il vous adore; il me l'a avoué : je me suis aperçue que vous ne dédaignez pas son amour; je mourrais sans regrets si, avant que d'expirer, je voyais unies et heureuses les deux personnes du monde qui me sont les plus chères. Dans cet instant, madame d'Herefort et madame de Surrey, se regardant avec étonnement, marquèrent leur surprise. Madame de Saint-Martin, qu'elles avaient interrompue, recommença le même discours, et finit par prier Gaveston et mademoiselle de Glocester d'accepter la donation de tous ses biens. Cette sensible et généreuse personne, fondant en larmes, refusa de recevoir ses offres. Eh quoi! dit la mourante, m'ôterez-vous le dernier plaisir et le seul bonheur que j'ai eu dans ma vie? Je n'ai plus de parens; ceux qui me restent au moins sont très-éloignés et ne tiennent plus à moi; ils m'ont indignement abandonnée : c'est au comte de Cornouaille que je dois le seul instant de joie dont j'ai joui depuis que je respire : je l'ai payé bien cher, cet instant! Vos soins, ma chère et tendre consolatrice, me font descendre avec moins d'amertume au tombeau..... Daignez, daignez accepter les biens que je possède, jouissez-en tous deux, et que mon souvenir vous occupe quelquefois. Les momens sont précieux, ajouta-t-elle; ne pourrais-je voir, avant que de mourir, former ces nœuds si désirés? Gaveston, se jetant à genoux près de son lit, regardait avec le plus grand attendrissement et madame de Saint-Martin et mademoiselle de Glocester. Celle-ci, baignée de ses larmes, ne répondit que par des sanglots. Glocester prit la parole : Vos vœux seront remplis, madame, s'écria-t-il, je cours demander au roi son consentement. Madame d'Herefort et les autres parens, étonnés et interdits, laissent partir le jeune Glocester. Il vole vers Édouard. A peine eut-il demandé ce consentement, que le roi l'accorda avec un transport de joie inexprimable. L'idée de la distance que la naissance de Gaveston mettait entre lui et mademoiselle de Glocester, sa propre nièce, ne lui vint pas même dans l'esprit. Glocester accourt avec l'ordre du roi; car c'était plus qu'un consentement. Les parens de mademoiselle de Glocester, frappés de la grandeur de la fortune que madame de Saint-Martin laissait en faveur de ce mariage, n'ayant plus d'objections à faire à Gaveston de ce côté-là, et d'ailleurs subjugués par la volonté du roi, ne résistèrent point. Le comte de Pembrocke, qui tenait scrupuleusement à mademoiselle de Glocester la parole qu'il lui avait donnée de ne plus la fatiguer d'un amour importun, mais qui était toujours pénétré pour elle des sentimens les plus tendres et les plus passionnés, courut chez madame d'Herefort à la première nouvelle de ce prochain mariage. Madame d'Herefort connaissait l'excès de sa tendresse, et aurait désiré de pouvoir la favoriser. Croyez-vous, lui dit-il, qu'elle puisse être heureuse avec Gaveston? Hélas! non, lui répondit-elle, ce sont deux caractères trop mal assortis; mais elle l'aime. Il suffit, dit en soupirant M. de Pembrocke; le premier des biens est de s'unir à l'objet aimé : mon arrêt est prononcé, j'y souscris. Si j'avais pu espérer lui plaire quelque jour, aucun ordre ne m'eût effrayé; j'aurais su tout faire révoquer, et l'obtenir; mais son cœur s'est déclaré; c'est le premier et le véritable droit de Gaveston : ce droit est sacré, je le respecte. Puisse-t-elle n'avoir jamais à se repentir d'un tel choix! je le désire, oui, je le désire ardemment. Il quitta alors madame d'Herefort, les yeux pleins de larmes et le désespoir dans le cœur, et partit pour ses terres le même jour. Les préparatifs du mariage furent commandés aussitôt que le consentement du roi fut donné, et trois jours après mademoiselle de Glocester devint l'épouse de Gaveston. Madame de Saint-Martin, par un dernier effort de son amitié, se fit transporter à l'église, pour être témoin de ces nœuds qu'elle avait en quelque sorte formés. Son état jeta un nuage triste sur cette pompe nuptiale : Gaveston parut le plus heureux des hommes; mademoiselle de Glocester éprouva tout ce qu'un cœur comme le sien devait sentir en se donnant à l'homme qu'elle adorait depuis si long-temps. Mais le spectacle affreux des douleurs d'une amie si tendre, sa mort qu'elle envisageait comme prochaine, altéraient tout le charme de ces premiers momens; son âme était livrée aux sentimens les plus tendres, et aux secousses les plus vives; elle ne put jouir, même dans ces jours qui devaient être délicieux, d'un seul instant de bonheur. Trop alarmée sur le danger si évident de cette amie mourante, elle se livra toute entière aux soins de prolonger sa vie, et laissa son époux s'occuper des soins plus agréables de manifester sa joie. Malgré les vœux et les efforts de l'amitié, l'infortunée madame de Saint-Martin succomba enfin sous le poids de ses maux; elle mourut peu de temps après ce mariage, laissant ses immenses possessions aux deux nouveaux époux, après leur avoir recommandé la fidèle madame Ilde, que madame de Cornouaille garda toujours auprès d'elle, et qu'elle combla de bienfaits.

Gaveston, aussitôt après la mort de madame de Saint-Martin, se voulut mettre en possession de ses terres. Les héritiers de cette dame, qui réunissait les biens des maisons de Lincoln et de Salisbury, furieux de se voir ainsi ravir par un étranger une fortune immense, résolurent de mettre tout en œuvre pour l'empêcher d'en jouir; mais il avait et toute la faveur du roi, et tout le pouvoir que donne cette faveur : il en fit usage avec une imprudence incroyable. Loin de vouloir s'expliquer avec eux, de chercher à adoucir leur perte par des manières honnêtes et de légers sacrifices, il les menaça de sa vengeance, s'ils faisaient contre lui les moindres mouvemens. Madame de Cornouaille aurait bien désiré qu'il en agît autrement; elle le pressa en vain de mettre plus de douceur dans ses procédés : il la pria de ne se point tourmenter de cette affaire, et de le laisser agir comme il pensait le devoir faire. Elle fut un peu blessée du peu d'ascendant qu'elle avait sur lui dans une circonstance si importante ; mais son amour extrême lui fit trouver dans son cœur des raisons de justifier son époux : elle ne lui parla plus de cette affaire. Les héritiers de madame de

Saint-Martin, poussés à bout par les hauteurs de M. de Cornouaille, se liguèrent contre lui avec le duc de Lancastre. La reine n'avait plus pour le favori de son mari d'autre sentiment que celui de la haine, depuis surtout qu'il avait laissé éclater son amour pour mademoiselle de Glocester, et qu'elle ne pouvait se dissimuler que la passion qu'il avait feint d'avoir pour elle n'était qu'un jeu. Il avait eu l'imprudence de le dire assez haut, soit par l'envie de paraître plus attaché à mademoiselle de Glocester, et d'avoir l'air de faire de grands sacrifices à ses charmes, soit, ce qui est plus vraisemblable et plus conforme à son caractère, uniquement pour contenter sa vanité. Il se vantait que ses vœux n'avaient pas été mal reçus. Mille traits ironiques sur la liaison de cette princesse avec Mortimer, sur le bonheur de celui-ci de rester vainqueur par sa désertion volontaire, désertion qu'un amour plus vrai l'avait, disait-il, forcé de faire; des parallèles sans fin de la beauté, des grâces et des vertus de mademoiselle de Glocester, avec la figure, la conduite et les mœurs de la reine; enfin tout ce qui peut piquer une femme sur les points les plus délicats, avait été prodigué par lui contre la reine avec une indiscrétion incroyable. Ses ennemis, et il en avait beaucoup, ne laissèrent pas échapper cette occasion de le perdre dans l'esprit d'Isabelle. Il ne fut pas difficile de la persuader : elle aimait alors Mortimer, et Mortimer haïssait depuis long-temps Gaveston. La reine et lui se réunirent à ses ennemis. Mademoiselle de Lancastre, toujours terrible dans ses vengeances, qu'elle poursuivait même après la mort de madame de Saint-Martin, était encore la plus furieuse. Un jour que le roi, entouré de sa cour et des principaux seigneurs du royaume, mangeait en public, dans la grande salle de Westminster, une femme masquée vint lui présenter une lettre. Édouard eut l'imprudence de la faire lire tout haut, ignorant apparemment ce qu'elle contenait. On lui reprochait, dans cette lettre, avec la plus grande amertume, tous les abus de son règne, sa lâcheté, sa tyrannie, et surtout son attachement pour Gaveston, qu'on nommait l'ennemi de la nation et l'auteur de tous les crimes et de tous les malheurs. Cette lettre était si fortement écrite ; les maux actuels y étaient peints avec tant de force ; l'inimitié pour le favori était poussée à un si haut point, par l'abus qu'il avait fait de la faveur du roi, par sa hauteur et son imprudence, que, loin qu'aucun cri s'élevât pour lui dans cette assemblée, où la présence du monarque devait, à ce qu'il semble, produire cet effet, un silence morne, un murmure sourd, furent tout ce que cette lettre opéra. La dame masquée s'en retourna aussi tranquillement qu'elle était venue. Cette dame n'était autre chose que mademoiselle de Lancastre. Mortimer, favori de la reine, et mortel ennemi de Gaveston, se mit à la tête du parti qui voulait le perdre. Le duc de Lancastre, respecté du peuple par les dehors de sainteté qu'il affectait, regardé comme une victime du pouvoir de Gaveston, qui ne lui avait, disait-on, enlevé sa femme que pour se faire donner par elle des biens immenses; Lancastre, dis-je, était de tous ses ennemis le plus dangereux. Malgré la prétendue austérité de ses mœurs, il devint un des courtisans de la reine : elle le haïssait; mais l'envie de subjuguer Gaveston lui fit oublier tout autre sentiment; tout ce qui était ennemi du favori du roi devenait, à ce seul titre, l'ami de la reine.

Gaveston, loin de chercher à regagner les esprits, affectait une hauteur, un luxe et une insolence révoltante. Sa tendre et sensible épouse, d'abord tout occupée de son amour et de ses regrets pour son amie, concentrée dans les sentimens qui occupaient toutes les facultés de son âme, n'avait pas porté plus loin ses regards. Revenue un peu de ce premier étourdissement, elle ne se plaignait que des distractions continuelles qui lui enlevaient son mari. Elle vit ensuite avec douleur qu'il n'avait pas en elle la confiance qu'elle avait espérée, et dont elle sentait qu'elle était digne; elle en fut affligée, et ne s'en plaignit pas. Elle ne confia rien de ses chagrins secrets à personne, pas même à madame de Surrey. Peu à peu elle aperçut de la froideur dans les soins de son mari; elle eut même lieu de penser que le mariage ne lui avait point fait perdre ses anciens goûts pour la galanterie. Son cœur était ulcéré; mais son maintien toujours le même, sa bonté, son égalité, sa douceur et ses égards, ne s'étant jamais démentis, on croyait qu'elle ne voyait rien, qu'elle ne s'apercevait de rien; et beaucoup de gens pensaient que c'était elle qui avait introduit le grand luxe qui régnait dans sa maison.

Cependant, la reine, qui, sous prétexte des fêtes et des plaisirs dont elle embellissait sa cour, rassemblait autour d'elle tous les mécontens, et trouvait le moyen de les entretenir, ces jours-là, avec plus de liberté, fit annoncer un bal masqué. Toute la cour s'y rendit. Gaveston, piqué au vif contre la reine, d'après les rapports qu'on lui avait faits, parut à ce bal : il y vint sous le déguisement qu'il crut le plus propre à le bien cacher : il s'approcha de cette princesse, qui n'était point masquée; il lui tint d'abord des propos vagues de galanterie ; elle y répondit avec enjouement : il continua, et en vint à embarrasser la reine. Il vanta le bonheur de quelqu'un qu'il ne nomma point ; mais il fit bien entendre que c'était Mortimer. Elle examina alors plus attentivement ce masque : il n'était pas si bien déguisé qu'elle ne le reconnût aussitôt qu'elle en voulut prendre le soin. Dès qu'il fut animé par la conversation, le son de sa voix seul l'aurait trahi tant sa légèreté l'empêchait de mettre à rien la moindre prudence. Elle feignit de ne le pas connaître ; il crut pouvoir se livrer à son ressentiment, et continuer sur le ton le plus ironique à vanter ses charmes, ses talens et ses grâces. En vérité, beau masque, lui dit-elle, vous êtes si galant, que je regrette de ne vous avoir pas eu pour défenseur dans les tournois. Les beautés françaises ne pouvaient avoir un chevalier plus digne d'elles ; c'est dommage que vous ne vous soyez point présenté alors, vous eussiez eu plus de succès encore que celui auquel nos intérêts étaient confiés. Gaveston vous eût cédé son rôle, tout brillant qu'il était ; il a cependant, pour plaire, des avantages bien rares, de ces avantages auxquels on ne résiste point. Mademoiselle de Glocester doit en convenir, il n'est pas commun de trouver des amans qui sachent si à propos employer de si grands moyens. Qu'il est redoutable, cet amant-là ! La reine souriait malignement en disant ces derniers mots. Gaveston, oubliant qu'il était sous le masque, lui demanda avec chaleur, de quels moyens elle entendait parler. Quoi donc ! dit-elle, se faire donner des provinces entières, par une femme qu'on enlève à force ouverte à son mari, venir ensuite, armé d'un ordre du roi, épouser une fille du plus haut rang, et réduire sa famille au silence sur une alliance si disproportionnée, et vous n'appelez pas cela de grands moyens ! Oh ! je vous le répète, on ne peut y résister. Mais je ne sais s'ils sont aussi nobles qu'ils sont puissans. Gaveston, outré de colère, ne lui répondit que par des railleries sanglantes sur sa conduite; il lui rappela, du ton le plus ironique, de certaines petites anecdotes du temps de leur liaison, et finit, après les traits les plus piquans, par lui faire entendre qu'il était plus aisé d'être le défenseur de la beauté des dames françaises que d'être persuadé de leur vertu. La reine, outrée à son tour, ne garda plus de mesure; elle se leva, le nomma par son nom, en le montrant du doigt et le traitant d'impudent, et dit que, si le roi ne lui faisait justice, en la vengeant de son insolence, elle saurait bien l'y forcer. Le bal fut interrompu. La reine, furieuse et menaçante, quitta l'assemblée. Le roi voulut en vain l'adoucir. Gaveston n'était pas de caractère à garder plus de ménagemens : outré de colère, sûr de l'amitié, ou plutôt de la faiblesse de son maître, qui se rangea de son parti, il ôta son masque, et tint alors les propos les plus insultans sur le compte de la reine. Malgré les efforts du roi pour l'engager à se contenir, cette scène fit l'éclat le plus scandaleux. Les seigneurs et les barons prirent tous d'abord et ouvertement le parti d'Isabelle. Leur prétexte fut le respect violé par Gaveston, pour la majesté royale, dans la personne de la reine insultée. Mais le vrai motif de leur révolte ne fut autre que leur mépris pour la faiblesse du roi, et leur haine invétérée contre son favori. Cet imprudent y avait mis le comble, en jetant des ridicules ineffaçables sur la plupart des gens de la cour. Ce n'était pas son plus grand crime; mais c'est celui qu'on lui pardonna le moins, ainsi qu'il arrive toujours. Telle fut l'origine de la guerre civile qui désola le royaume presque tout le reste de ce règne malheureux. Édouard et Gaveston, seuls de leur parti, résolurent de quitter Londres, où dominaient alors Isabelle, les seigneurs et les barons, et de se retirer à Yorck. Ce fut le favori qui détermina le roi à cette retraite, parce qu'il fut informé que le roi de France, instruit par la reine sa fille des affronts qu'elle avait reçus de lui, avait juré d'en tirer vengeance et de le faire périr.

Cette princesse avait fait savoir au roi son père les abus que Gaveston faisait de son pouvoir; que ce pouvoir s'étendait jusque sur elle; que c'était lui qui lui enlevait l'amour de son mari, dont elle ne recevait que des mépris : elle s'était peinte comme très-malheureuse, et malheureuse par l'ascendant qu'avait pris sur son époux un homme méprisé par ses mœurs, peu fait par sa naissance pour le rang qu'il occupait, et qui était haï de toute la nation Le roi de France, outré des procédés de son gendre et du malheur de sa fille, avait résolu, quoi qu'il pût en arriver, la perte de celui qui en était la cause. Gaveston fut instruit et de sa colère et de sa résolution. Il n'en parla point à Édouard, et résolut de faire tête à l'orage, avec l'apparence de la plus grande tranquillité. Le prétexte du voyage d'Yorck fut la guerre qui se faisait alors contre le roi d'Écosse, Robert Bruce. Gaveston voulut faire croire que c'était pour être plus à portée de savoir ce qui se passait à l'armée, commandée par Cumin, qu'il se transportait à Yorck avec le roi. Ce prince, par le conseil de son favori, fit partir Glocester pour cette armée, et le décora d'un grade considérable. Son projet était de disposer les troupes en sa faveur à tout événement, et le comte de Glocester était plus propre qu'aucun autre à préparer les esprits. Brave, franc, généreux, nul ne pouvait leur être plus agréable. Il partit aussitôt avec ses instructions, et prit congé de sa sœur sans l'instruire de rien.

Madame de Cornouaille n'avait point été à ce bal si funeste, et il lui arriva ce qui arrive presque toujours dans ces circonstances, d'être la dernière informée de l'éclat affreux qui s'y était fait. Ce fut enfin madame de Surrey qui le lui apprit; il fallait bien qu'elle sût l'état actuel de la cour. Elle en gémit, et ne put s'empêcher de représenter à son époux, avec sa douceur ordinaire, quelles pouvaient être les suites de ce malheur. Il prétendit que ce n'était que son amour pour elle qui l'avait fait s'emporter ainsi; que c'était elle que la reine avait en vue d'insulter, et qu'il n'avait pu le souffrir; qu'il lui siérait mal de lui reprocher une vivacité dont elle était la cause. Madame de Cornouaille, s'étant déjà aperçue qu'il ne voulait jamais avoir tort, ne répondit que par des larmes qu'elle ne put retenir. Mais elle lui demanda s'il ne cherchait point des moyens pour apaiser la colère de la reine, et pour faire cesser de si grands troubles. Il lui dit de l'air et du ton le plus tranquille, qu'il n'en était pas besoin; que ses ennemis seuls avaient à trembler; que le roi et lui, agissant de concert, avaient pris le parti d'aller à Yorck, et qu'il fallait qu'elle se préparât à y venir avec eux. Ce ne fut pas sans de vives alarmes et de tendres regrets, qu'elle fit les préparatifs de ce départ. Elle quittait mesdames d'Herefort et de Surrey; elle allait seule avec son époux dans un nouveau séjour qu'elle voyait entouré des plus grands dangers. Il fallut cependant partir. Arrivée à Yorck, le comte de Cornouaille la conjura de ne rien négliger pour y étaler toute la pompe de la plus grande magnificence.

C'est, dit-il, madame, tout ce que j'exige de vos bontés, et tout ce que vous pouvez faire qui me soit le plus avantageux. Le roi partageait leur table et leur logement. Madame de Cornouaille, quoique vivement affectée d'autres idées, remplit avec la plus grande exactitude les désirs de son mari. Tout ce que la volupté a fait imaginer de plus agréable dans tous les genres, tout ce que les arts ont créé, fut rassemblé dans cette cour, dont on faisait les honneurs avec une splendeur dont on n'avait point encore d'exemple. Son âme était cependant en proie aux plus mortelles inquiétudes; mais, comme elle ne recevait aucune nouvelle de

Londres (son mari interceptait ses lettres), qu'elle ne voyait régner autour d'elle que plaisir et sérénité, qu'à chaque fête nouvelle, le roi et Gaveston, charmés de ses attentions, lui en marquaient leur reconnaissance, et qu'enfin c'était le plus sûr moyen de leur plaire à tous deux, elle sut vaincre ses plaintes et bannir ses réflexions, pour se livrer toute entière aux soins qu'ils attendaient de sa complaisance. Peut-être imagina-t-elle, et il y a lieu de le présumer, que ces jeux, ces fêtes, ces bals, ces tournois, ces festins, qu'elle ordonnait avec tant d'intelligence et de grâce, étaient des choses que la bonne politique prescrivait à son mari. La confiance que sa tendresse lui donnait en lui, l'ignorance profonde où il la laissait sur tout ce qui ce passait ailleurs, la tranquillité du monarque, toutes ces circonstances réunies auraient pu séduire une personne plus âgée et plus habile que madame de Cornouaille.

Un mois environ se passa ainsi. Un jour que le roi et M. de Cornouaille étaient, avec leur suite, à prendre le divertissement de la chasse, et que madame de Cornouaille, fatiguée des soins de la veille, était restée au lit, pour prendre quelque repos, une de ses femmes entra dans sa chambre, et vint, en marchant légèrement, ouvrir ses rideaux. Qu'y a-t-il?

lui dit-elle. Madame, répondit cette femme, un inconnu vient d'arriver; il demande à vous entretenir un moment en secret; il dit qu'il a des choses importantes à vous communiquer, et qu'il n'y a pas un instant à perdre. Qu'on le fasse entrer, dit-elle un peu agitée. Quelle fut sa surprise, en voyant paraître le comte de Pembrocke! Pardonnez, lui dit-il, madame; il faut des raisons aussi fortes et aussi pressantes, pour m'engager à cette démarche, et à la liberté que je prends. Daignez m'entendre seul un instant. Madame de Cornouaille ne lui demanda que le temps de se lever; il se retira, et aussitôt qu'elle se fut mise en état de le recevoir, elle le fit rappeler, et éloigna ses femmes. — Quelles peuvent être les choses si importantes et si secrètes que vous avez à me communiquer, monsieur? — Vous n'ignorez pas ce qui se passe, madame? Madame d'Herefort vous en a instruite? — Non, monsieur; il y a plus d'un mois que je n'ai reçu de ses nouvelles. — Il n'est pas possible! Elle vous a écrit, en ma présence, plusieurs fois, et vous a tout mandé...... Madame de Cornouaille, pâle et tremblante, lui répéta qu'elle ne savait absolument rien, et qu'elle n'avait point reçu de lettres de sa sœur. Je vous en apporte une, madame, lui dit-il; elle ne sait à quoi attribuer votre silence; daignez la lire. Madame de Cornouaille l'ouvrit; elle ne contenait que ces mots: « Mon trouble est si grand, ma chère » et malheureuse sœur, que je ne puis écrire; » mettez toute votre confiance dans M. de Pembrocke, le plus digne des hommes. Suivez » ses conseils, ou vous êtes perdue. Adieu, ma » chère, ma tendre sœur; vos maux et votre » silence me mettent au désespoir. »

Madame de Cornouaille, effrayée, le pria de s'expliquer, et lui répéta qu'elle ne savait exactement rien. Eh bien! madame, lui dit-il, les yeux pleins de larmes, c'est encore un des malheurs auxquels j'étais réservé, que d'avoir à vous apprendre les vôtres. Sachez donc, puisqu'il n'est plus possible de vous rien cacher, que la reine, et les principaux seigneurs se sont unis et confédérés contre le roi et contre votre époux, unique objet de leur fureur; qu'ils ont levé des troupes; que le roi de France, par amour pour sa fille, et par haine contre M. de Cornouaille, fournit de l'argent, et envoie des soldats; que le vieux comte de Lincoln, à la tête de la confédération, a fait nommer le duc de Lancastre général de l'armée; que le comte de Warwick, les comtes d'Arondel et de War, et l'archevêque de Cantorbéry sont au nombre des confédérés; que presque tous les barons s'y sont joints, et que l'armée est rassemblée et considérable. J'ai fait inutilement les plus grands efforts pour rompre ces projets. Mon seul but est de vous servir..... J'ai été autrefois l'ennemi de Gaveston, je ne vous le cache pas : on est même surpris que je ne le sois plus. Mais, du jour que vous l'avez rendu.... le plus heureux des hommes, du jour qu'il a reçu votre main, il est devenu sacré pour moi. Je viens donc vous avertir que les confédérés s'approchent, qu'ils veulent investir la ville, s'emparer du château, s'assurer du roi, saisir votre époux, et peut-être.... Eh bien! lui dit-elle, ... achevez. Hélas! ajouta-t-il en baissant les yeux, les momens sont trop chers pour que je puisse mettre à ces affreuses nouvelles les ménagemens nécessaires.... Vous n'avez pas un moment à perdre,... et peut-être le faire périr. Madame de Cornouaille, rassemblant ses forces, ne remercia M. de Pembrocke qu'en lui serrant la main avec tout le transport de la reconnaissance, et lui demanda ses conseils. Faites à l'instant avertir le roi et votre époux, lui dit-il; ils sont actuellement à la chasse; envoyez plusieurs courriers bien fidèles et bien sûrs; empêchez qu'ils ne rentrent ici, et forcez-les de choisir un autre asile où ils puissent être en sûreté, jusqu'à ce que les affaires aient pris un autre tour. Madame de Cornouaille fit partir à l'instant les plus fidèles de ses gens, avec les instructions nécessaires. Le comte de Pembrocke guida et partagea ses soins pendant cette cruelle journée. Elle n'apprit que vers le soir, que le roi et Gaveston avaient enfin été rencontrés par ses courriers, et qu'ils avaient pris le parti de se retirer à Newcastle, où ils allaient se fortifier et faire avancer des troupes. Son mari ne lui écrivit qu'un mot ; il lui recommandait de quitter Yorck aussitôt, de ne point venir à Newcastle, et de se retirer à l'instant en lieu de sûreté; mais il ne lui en indiquait aucun; il ne lui donnait aucun moyen, ni aucun secours. Elle sut alors, par ses gens, que le roi et Gaveston n'ignoraient pas ce qui se tramait contre eux ; mais que tout leur soin avait été de le lui cacher, et qu'ils avaient jusqu'à ce moment réduit à ce mystère toutes leurs précautions, croyant sans doute écarter l'orage, en feignant de le braver. Les voilà en sûreté, du moins pour quelques jours, lui dit le comte de Pembrocke; mais vous, madame, qu'allez-vous devenir? Je ne sais, lui dit-elle... Dans l'état où je suis, à quoi puis-je me déterminer? Je voudrais au moins que ma retraite fût décente. Je voudrais me voir entre les bras des miens. Mais mon frère est en Écosse ; je n'ai que lui au monde... Venez, venez, madame, je vais vous faire conduire secrètement et sous une bonne escorte, chez madame d'Herefort ; vous y serez cachée, et en sûreté. Le ciel me punit bien cruellement, lui dit-elle, monsieur de Pembrocke ; c'est vous, c'est vous seul qui vous occupez de moi !.. Un profond soupir succéda à cette réflexion, qu'elle se repentit d'avoir faite tout haut. Daignez, lui dit-elle, tout préparer ; je m'abandonne à vos soins ; il y a long-temps que votre probité m'est connue, et que mon estime pour vous est sans bornes. Elle partit le soir même, sous la conduite de M. de Pembrocke, et bien escortée : ils arrivèrent à Londres au bout de trois jours de marche. Tout ce qu'on peut réunir de soins et d'attentions au respect le plus profond, fut employé par le comte de Pembrocke, pour soulager, servir et consoler l'aimable infortunée qui lui était si chère. Il ne laissa pas échapper un seul soupir ; il ne la vit pas un seul instant qu'en présence de ses femmes ; il sut se contraindre au point de ne pas se permettre un seul regard ; il ne l'avait pourtant jamais tant aimée. Madame de Cornouaille n'eut pas le plus léger motif d'inquiétude sur la situation où elle se trouvait, situation bien délicate. Fugitive, sans parens, n'ayant d'autre appui que celui d'un homme qui avait été son amant déclaré, et dont elle avait rejeté les vœux pour lui préférer l'époux qui causait tous ses malheurs : cet époux la négligeait au point de la laisser dans cet abandon cruel, après avoir tout exigé de sa complaisance. Sans ces affreuses réflexions, qui déchiraient son cœur, elle eût voyagé aussi tranquillement que si ses proches parens l'eussent seuls entourée. L'âme de cette femme infortunée était trop belle et trop sensible pour n'être pas pénétrée d'un procédé si noble et si vertueux. Ils arrivèrent à Londres la troisième nuit de leur voyage. M. de Pembrocke remit ce dépôt précieux entre les mains de madame d'Herefort et de madame de Surrey, qui s'étaient réunies ; il reçut leurs remercîmens avec cette sorte d'impatience que la politesse seule peut cacher. Madame de Cornouaille, étouffée par ses sanglots, ne put proférer que des paroles mal articulées. Il quitta ces dames au bout d'un moment ; il promit à madame de Cornouaille tous les services qu'il serait en son pouvoir de lui rendre, et se retira, les laissant toutes trois remplies pour lui de la plus haute estime et de la plus vive reconnaissance.

Ce fut alors que madame de Cornouaille apprit avec plus de détails l'excès de ses malheurs, et celui de l'imprudente audace de son mari. Le chagrin le plus profond, l'inquiétude la plus vive, les efforts qu'elle avait faits depuis plus d'un mois, la fatigue qu'elle avait éprouvée, toutes ces choses réunies lui enflammèrent le sang. Le lendemain de son arrivée à Londres, elle se sentit transir et brûler, la fièvre la saisit, elle tomba dans l'état le plus violent, un délire affreux la mit bientôt hors d'état de sentir tous ses maux. Son digne conducteur ignora sa maladie : dès le lendemain de son arrivée, il partit de Londres, pour tâcher de rendre tous les services qui pouvaient dépendre de lui à l'infortunée qui lui était si chère. Quels efforts ne fit-il pas pour sauver Gaveston ! Mais l'imprudence qui l'avait conduit sur le bord de l'abîme, l'y précipita.

Cependant, l'armée des confédérés, qui grossissait chaque jour, vint à Yorck le lendemain du jour où le roi et son favori en étaient partis. Après les plus grandes recherches et les meilleures instructions, les chefs de cette armée résolurent d'aller assiéger Newcastle, où ils surent qu'Édouard et Gaveston s'étaient retirés. On répandit par tout le royaume des manifestes fulminans contre le favori; il y était déclaré l'ennemi de l'église et de l'état; l'archevêque de Cantorbéry lança contre lui les foudres de l'excommunication. Lancastre et Warwick, le plus habile des confédérés, étaient à la tête de ce parti. La reine le soutenait de tout son pouvoir, et son pouvoir était immense, par la protection déclarée du roi de France, son père. Pour comble de maux, l'armée d'Écosse fut battue par Édouard Bruce, frère du roi, et la défaite fut complète. Le comte de Glocester y fut blessé au défaut de la cuirasse, en combattant avec une bravoure héroïque, malgré le sang qu'il perdait; mais, son cheval tué sous lui, l'ayant renversé, il tomba entre les mains des ennemis, et fut fait prisonnier. Ce fut pour Gaveston le coup le plus funeste dans les circonstances. Glocester l'aimait; et, si l'on pouvait faire quelques reproches à ce jeune seigneur, ce n'était que de son attachement extrême pour le favori, attachement qui avait été jusqu'à lui sacrifier sa sœur, dont il avait, avec trop de soin et de zèle, entretenu la passion. Il fut donc pris à cette bataille, et conduit au château d'Édimbourg. Alors il ne resta pas au comte de Cornouaille un seul ami en état de le servir. Les faveurs inouïes dont il était comblé, l'abus indécent et terrible de son autorité et de la faveur extrême dont il jouissait, lui attiraient encore moins d'envieux, que son caractère vain, imprudent et téméraire, joint à ses manières ironiques, ne lui avait fait d'ennemis. Il n'était pas un seigneur qui n'eût éprouvé l'amertume de ses railleries : plus il y mettait d'esprit, plus elles étaient offensantes. Les ridicules, quand il les donnait, étaient ineffaçables. La plupart de ses sarcasmes, contre les personnes de la cour les plus considérables, avaient passé dans les provinces. Celui de tous les grands qu'il avait le moins épargné, était le duc de Lancastre. Aussi la fureur de ce dernier était-elle d'autant plus grande, que son maintien était plus doux et plus réservé. Il avait d'ailleurs un motif de haine et de ressentiment, qu'aucun autre ne pouvait avoir; et sa sœur, mademoiselle de Lancastre, ne faisait encore que l'animer davantage s'il était possible. La reine, restée à Londres avec Mortimer, dirigeait de là les opérations. Ce furent eux qui répandirent les manifestes, et qui achevèrent d'échauffer les esprits.

Le siége de Newcastle fut donc résolu. Le roi et Gaveston, en ayant été avertis secrètement, par les soins du comte de Pembrocke, prirent encore la fuite, et se retirèrent au château de Scarborough, s'y croyant plus en sûreté. Mais la situation déplorable de leurs affaires força le roi de quitter son favori. Il partit dans l'espoir de rassembler le peuple, et de s'en composer une armée. Leurs adieux furent tristes, ils semblaient alors voir plus clair dans leur sort, et sentir leurs malheurs. Le roi recommanda fortement au gouverneur du château la personne de Gaveston. C'est, lui dit-il en partant, ce que j'ai au monde de plus précieux.

Les barons, étant entrés dans Newcastle peu d'instans après la fuite du roi et du comte de Cornouaille, s'emparèrent de tout ce qu'ils y trouvèrent. Les équipages de Gaveston furent saisis; on y découvrit des richesses immenses en bijoux et pierreries, et presque tous les joyaux de la couronne. Tout fut inventorié avec la plus grande publicité. On peut juger de l'effet que produisit sur les esprits une telle découverte; il n'en était pas besoin pour qu'on haït le favori; mais, dès qu'on l'eut faite, il fut abhorré.

Le duc de Lancastre, ayant appris que le roi avait laissé son favori dans le château de Scarborough, vint l'y assiéger. Il s'y défendit avec courage; mais, au bout de quelques jours, ne pouvant plus tenir faute de vivres, il demanda à capituler.

Lancastre était pour lors absent : il était allé s'opposer à la réussite des projets du roi. Le comte de Cornouaille obtint donc l'honneur d'une capitulation. Il demanda deux choses : à n'être jugé que par ses pairs, et qu'on le fit parler au roi ; il obtint l'une et l'autre.

Dès qu'Édouard eut appris que le comte de Cornouaille était pris et au pouvoir des barons, il leur fit demander avec instance la grâce de le voir et de lui parler. Il les conjura surtout de lui sauver la vie. Son désespoir était sans bornes ; il promit tout, si on lui rendait son cher Gaveston : A ce prix, disait ce prince, je donnerai sur tous les griefs toutes les satisfactions que l'on voudra. Il mit en œuvre tout ce qui lui restait de son faible pouvoir, pour se faire rendre son favori ; mais les chefs de l'armée et les barons, qui ne respiraient que haine et que vengeance, le refusaient absolument. Le comte de Pembrocke, si justement estimé de tous par ses rares vertus et sa probité si reconnue, parut alors à leur assemblée ; c'était pour la première fois. On crut, en le voyant entrer, que, devant haïr celui qui lui avait enlevé mademoiselle de Glocester, il venait grossir le nombre de ses ennemis. Mais, aussitôt qu'on l'eut écouté, on fut bien surpris de le voir, au contraire, employer, pour sauver Gaveston, tous les ressorts de l'éloquence. Il avoua les défauts du coupable ; mais il sut si bien relever l'éclat de ces qualités brillantes qui l'avaient fait admirer, qu'une partie considérable de l'assemblée se trouva émue en sa faveur. Alors, sentant ses avantages, M. de Pembrocke rappela les articles de la capitulation faite avec le comte de Cornouaille. La liberté de parler au roi lui avait été promise. Cette promesse était une chose sacrée; on ne pouvait y manquer sans blesser toutes les lois de l'honneur. Ensuite il parla, avec noblesse et franchise, du respect dû à la majesté des rois; il peignit d'une manière si touchante les malheurs d'Édouard, suppliant pour obtenir seulement la vue de son ami; il mit tant de pathétique et d'adresse dans son discours, qu'il persuada à la plupart qu'on en agissait avec trop de rigueur; qu'il serait d'ailleurs bas et déshonorant de manquer à la parole donnée à Gaveston par la capitulation; qu'Édouard avait des ressources, et qu'il serait dangereux de le pousser au désespoir. Il fit entrevoir des lueurs d'espérance sur un heureux changement dans le caractère de ce prince éprouvé par le malheur. Il peignit les maux terribles d'une guerre civile, et finit par dire qu'il ne demandait point qu'on relâchât Gaveston. Il offrit de le prendre sous sa garde, avec promesse de le représenter toutes les fois qu'il en serait besoin. Il demanda enfin qu'on lui permît de le mener au roi, et il donna sa parole de le ramener.

Après de vifs débats dans l'assemblée, le résultat fut, à la pluralité des voix, et malgré les réclamations du duc de Lancastre et du comte de Warwick, que la demande du comte de Pembrocke lui serait accordée, et que Gaveston, qu'il promettait de représenter, resterait sous sa garde. L'assemblée se sépara. On fit sortir le prisonnier du lieu où il était détenu, et on le remit, désarmé, entre les mains du comte de Pembrocke. Il ignorait et ce qu'on avait résolu, et ce qu'on voulait faire de lui. Le comte de Pembrocke le vit frémir à son approche; mais, comme son intention n'était pas de s'expliquer avec lui en présence de l'assemblée, il ordonna à l'instant le départ. Gaveston monta à cheval, et, gardant un morne silence, il suivait M. de Pembrocke, qui le conduisit à son château de Dodington. Dès qu'ils y furent arrivés, le comte de Pembrocke le fit conduire dans son plus bel appartement; et, après avoir donné des ordres pour qu'il y fût traité avec les plus grands égards, il envoya lui demander s'il permettait qu'il vînt s'entretenir avec lui. Gaveston, loin d'imaginer ce qui s'était passé ce jour-là, et les obligations extrêmes qu'il avait à M. de

Pembrocke, croyait au contraire, d'après l'amour qu'il lui connaissait pour mademoiselle de Glocester, qu'il était entre les mains de son plus cruel ennemi, et, dans cette persuasion, refusa absolument de le voir; il le refusa à plusieurs reprises, d'une manière dure et désobligeante, malgré les instances pleines d'intérêt que lui fit faire M. de Pembrocke. Le comte de Cornouaille ne voulut même prendre aucune nourriture, faisant entendre, par des réponses brusques et laconiques, qu'il craignait d'être empoisonné. Le comte de Pembrocke, plus affligé qu'offensé d'un tel soupçon, cessant alors de le faire presser de manger les mets qu'il lui faisait préparer, crut qu'il fallait le laisser seul. Il fit rappeler ses gens, et donna ses ordres pour mener le lendemain Gaveston au roi, qui était alors à Walingtorg, d'où le château de M. de Pembrocke était peu éloigné. Le roi est instruit de ce que j'ai fait, se disait à lui-même ce vertueux homme; il en instruira Gaveston qui, d'après cette preuve de mon zèle, pourra prendre quelque confiance en moi; je pourrai guider ses démarches; peut-être pourrai-je détruire ses erreurs, et le réconcilier avec les grands d'abord, et ensuite avec la nation. Il deviendra, je l'espère, plus vertueux et plus raisonnable ; et alors au moins, j'aurai fait le bonheur de sa malheureuse épouse. Ah ! qu'elle soit heureuse, qu'elle le soit, et je ne serai pas tout-à-fait malheureux ! Tandis qu'il s'occupait de ces touchantes réflexions, Gaveston, la rage dans le cœur, indigné de se voir chez un rival qu'il détestait, d'après les comparaisons peu flatteuses pour lui, qu'il savait qu'on avait faites entre eux dans le temps de son mariage, Gaveston, dis-je, roulait dans sa tête les moyens de s'évader. Il éveilla l'un de ses gens qui couchait près de lui ; et avec son secours, il escalada la fenêtre et les fossés du château. Le comte de Pembrocke s'était plus occupé du soin de sauver son prisonnier, que de le faire garder ; mais cependant, fidèle à la parole qu'il avait donnée de le représenter ; il avait, avec soin, pris les précautions de la prudence ; des sentinelles veillaient à toutes les issues du château ; et Gaveston allait être saisi par l'une d'elles, quand un gros de troupes des confédérés, passant par hasard, l'aperçut escaladant le fossé, et se saisit de lui, en l'enlevant aux gardes de M. de Pembrocke, qui furent à l'instant en avertir leur maître : il fut consterné de cette fuite.

Il est perdu! s'écria-t-il. J'en suis au désespoir !... s'il eût voulu m'entendre..... A peine avait-il eu le temps de prononcer ces mots, qu'il donna des ordres pour qu'on l'instruisît du lieu où l'on conduisait Gaveston. Ses gens revinrent deux heures après, et lui dirent que le gros de troupes qui l'avait saisi l'avait aussitôt conduit au château du comte de Warwick.

Pembrocke s'habille, prend ses armes, ordonne à ses gens de le suivre, et vole à Warwick. Il était trop tard ; les chefs des confédérés, réunis dans ce château avec plusieurs barons aussi violens qu'ils l'étaient eux-mêmes, furieux de ce qui s'était passé la veille, et ne voulant plus risquer de se voir enlever leur proie, saisirent Gaveston à son arrivée dans le château, l'enfermèrent dans un cachot, tinrent entre eux, à la hâte, un conseil de guerre, et tout de suite lui firent trancher la tête. Telle fut la fin tragique de ce Gaveston, qui, peu de temps auparavant, était le maître absolu de l'Angleterre. Exemple bien frappant pour les ambitieux! Gaveston paraissait avoir tout ce qu'il faut pour réussir. Ses passions démesurées le perdirent : l'imprudence, la légèreté, la hauteur, précipitèrent sa chute. Toujours, presque toujours, l'ambition mène au but contraire de celui qu'on se propose : on désire la considération; on ne recueille que la haine et le mépris. Malheur à celui qui excite l'envie ! Comment pouvoir s'en préserver dans les grands emplois ? par la modestie, par la douceur, par la justice surtout, et par cette simplicité du cœur, qui fait qu'on songe moins aux droits et aux prérogatives de sa place, qu'aux devoirs qu'elle impose. Cette simplicité précieuse et chère à tous les hommes est le préservatif de l'envie ; elle se peint dans les mœurs, dans les discours, dans les actions et jusque dans les manières. Celui qui en a le cœur rempli, la montre sans cesse. Quand elle n'est pas naturelle, il est impossible de l'imiter, parce que l'esprit ne peut suppléer aux vertus qu'on n'a pas. Heureux les hommes nés avec cette qualité, qui conduit à presque toutes les autres ! Plus heureux encore l'état où de tels hommes occupent de grandes places, et le roi qui sait les y appeler !

Édouard n'avait pas ce talent si nécessaire aux monarques. Le caractère de Gaveston était bien éloigné de cette simplicité si désirable. Vain, fastueux, hautain, il n'avait jamais réfléchi sur les droits de l'autorité. Il pensait qu'elle n'existe que pour ceux qui l'exercent. Il ne sentait pas qu'elle n'est faite que pour assurer le repos et le bonheur des peuples qui y sont soumis. Ses idées sur la gloire étaient aussi fausses; et cette erreur fut la source de sa mauvaise conduite, de ses fantaisies, de son luxe révoltant, de ses hauteurs, de tout ce qui finit par le précipiter. Il était doué pourtant de qualités aimables; intelligence, vivacité, esprit, grâces, générosité, bravoure, air de noblesse, agrémens de la figure; il avait reçu de la nature ce qui fait briller et plaire au premier coup d'œil. S'il avait eu la justesse de l'esprit, l'amour de l'ordre et de la justice, la prudence, la modération et la simplicité, il eût été cher à la nation, heureuse de ses talens et de son ascendant sur le roi. Ses défauts le perdirent : sa chute, bien effrayante pour tous les ambitieux qui n'ont pas ses talens, ne l'est guère moins pour ceux qui les possèdent.

Cette expédition si soudaine venait d'être faite quand Pembrocke arriva aux portes de Warwick. Sa douleur fut profonde : Quel sort pour madame de Cornouaille! s'écria-t-il. Ensuite, réfléchissant sur le parti qu'il avait à prendre, il résolut de retourner chez lui; l'amour si grand, si noble et si vrai, qui l'avait engagé le matin à prendre les armes pour sauver l'époux de celle qu'il adorait, ne le portait point à chercher à le venger ; il connaissait autant que les autres les vices de Gaveston ; il plaignit l'imprudence qui l'avait conduit là ; mais il déplora avec sanglots le malheur de son épouse. Il résolut de ne plus se mêler des troubles publics, et de ne s'occuper que du soin d'adoucir, s'il se pouvait, les maux de cette infortunée.

A peine rentré dans son château, il se prépara à partir pour aller à Londres. Dès qu'il y fut arrivé, son premier soin fut de se rendre chez madame de Surrey. Elle avait appris déjà par la voix publique la fin terrible de Gaveston, et les efforts du comte de Pembrocke pour le sauver et le défendre. Il lui confirma ces affreuses nouvelles ; mais, avant que d'entrer dans les détails qu'elle lui demandait, il voulut savoir dans quel état était madame de Cornouaille. Ah! mon cher comte, dit madame de Surrey, ma trop malheureuse nièce ignore ses malheurs : elle est plongée dans une maladie affreuse ; un délire presque continuel occupe son cerveau. Dieu! s'écria Pembrocke, sa vie est-elle en danger? Hélas! oui. En danger! est-il possible! Suis-je assez malheureux! Madame, lui dit-il du ton le plus attendri, ne me serait-il pas permis de la voir? Ah! mon cher comte, quel spectacle! Vous ne pourriez, sans la plus grande douleur, la voir dans cet état déplorable. Et puis, si par malheur, malgré son délire, elle venait à vous reconnaître, l'émotion pourrait la faire mourir. Eh quoi! madame, n'est-il pas possible que j'entre un instant dans sa chambre, sans qu'elle le sache, sans qu'elle me voie? Oui, cela se peut, lui dit-elle, et, si vous le voulez absolument, je pourrai vous accorder cette triste satisfaction. Il la suivit dans la chambre de la malade : madame d'Herefort et ses femmes la gardaient. Le comte de Pembrocke fut prêt à s'évanouir quand il l'aperçut à travers ses rideaux. L'idée des malheurs qui l'accablaient, l'altération de ses traits, le délire sombre qui l'absorbait, le firent frémir. Cette personne, si chère à son cœur, malheureuse et mourante, lui causa une telle révolution, qu'il fut forcé de sortir : il revint ainsi plusieurs fois durant cette cruelle maladie, et toujours sans qu'elle s'en aperçût. Un jour cependant qu'elle commençait à faire espérer pour sa vie, et qu'elle était plus tranquille, il parlait bas derrière ses rideaux avec madame d'Herefort : elle crut reconnaître un son de voix étranger; elle ouvrit précipitamment son rideau, et reconnut le comte de Pembrocke.

Vous ici! lui dit-elle avec une surprise mêlée

de terreur; vous ici! Est-il arrivé quelque événement?..... Parlez, parlez, monsieur de Pembrocke, je vous en conjure. Dites-moi..... je tremble. Calmez-vous, madame, lui dit-il, vous n'avez plus rien à craindre. Que devient mon époux? Madame, de grâce..... n'en soyez plus inquiète. Madame d'Herefort et madame de Surrey étaient confondues, d'autant plus qu'elle n'avait jusque-là rien dit encore de suivi, et qu'on ne croyait pas qu'elle fût en état de songer à rien. Elles firent signe à M. de Pembrocke de se dérober, et, la replaçant dans son lit, elles fermèrent ses rideaux. Elle retomba dans un long assoupissement; mais, quelques heures après, elle demanda où était allé M. de Pembrocke. Madame de Surrey feignit de ne pas entendre ce qu'elle voulait lui dire, et tâcha de lui persuader que c'était un rêve. Ce rêve est bien terrible, dit la malade, mon époux est perdu! Madame d'Herefort fit en vain tous ses efforts pour la rassurer. Cette idée la poursuivait. Cependant sa santé devenait meilleure, et, au bout de quelques jours, la fièvre étant passée, on commença à lui faire prendre quelque nourriture. Quand elle fut en pleine convalescence, elle voulut absolument savoir ce que devenait son époux. Elle avoua que depuis le rêve où elle avait vu M. de Pembrocke, elle avait d'affreux pressentimens. On s'efforçait de bannir ces funestes idées. Les médecins disaient qu'elle n'était pas encore en état d'apprendre son malheur, et l'on mettait tout en œuvre pour le lui cacher. Un soir que, seule dans sa chambre avec une de ses femmes, elle méditait sur son sort, et tâchait de deviner celui de son mari à travers tout ce qu'on lui disait d'obscur, elle entendit entrer des gens à cheval dans la cour. C'est lui! c'est lui! dit-elle, se soulevant avec peine. Elle se persuade que c'est Gaveston; elle sort et va à sa rencontre : la nuit commençait à être obscure; elle se jette dans les bras de celui qu'elle prenait pour son époux. Je vous revois donc encore! lui dit-elle. Oui, ma sœur, répondit-il avec des sanglots, je viens pleurer avec vous le malheureux Gaveston; je viens venger sa mort. Que dites-vous, ô ciel! s'écria-t-elle; et elle tomba sans connaissance. Glocester (car c'était lui qui, ayant appris à Édimbourg la détention de Gaveston, avait obtenu sa liberté du roi d'Écosse, pour venir à son secours); Glocester, frémissant de l'état de sa sœur, apprit de ses femmes et sa maladie et l'ignorance où elle était encore de son malheur : il fut désespéré de lui avoir porté le coup mortel.

Mesdames d'Herefort et de Surrey arrivèrent;

elles apprirent au comte de Glocester beaucoup de détails qu'il ignorait : il vit enfin avec douleur qu'il avait sacrifié sa sœur, et quel homme était le comte de Pembrocke. Il reconnut, mais trop tard, ses erreurs sur Gaveston ; il en déplora les suites, et ne songea qu'à chercher les moyens d'adoucir le sort de sa malheureuse veuve. L'impression que le récit des fautes, des imprudences et des crimes du comte de Cornouaille (car il en avait commis contre la nation), l'impression, dis-je, que ces détails firent sur Glocester, le persuada qu'ils pourraient opérer le même effet sur sa sœur, et il jugea que cet effet lui était nécessaire. Il lui en fit le récit avec la franchise qui lui était ordinaire. Madame de Cornouaille, qui avait toujours aimé son frère avec la plus vive tendresse, lui répondit avec la même sincérité : Je n'avais plus d'amour pour lui, mon frère ; il avait trop su le bannir de mon cœur. Ses froideurs et le peu de confiance qu'il avait en moi m'ont cependant moins ulcérée que le fond de son caractère opiniâtre, avare et prodigue à la fois, vain, imprudent et emporté, ne m'a révoltée. Que j'en ai souffert ! Je n'avais plus d'amour, non, je n'en avais plus. Ah ! mon frère, qu'il est affreux, qu'il est humiliant de ne plus estimer au fond de son cœur celui qu'on a choisi ! Cette situation est déchirante, je l'ai trop éprouvé; mais, renfermant dans mon âme ces sentimens, vous-même ne les auriez jamais connus, s'il eût vécu. Quoi ! ma sœur, avec votre franchise, vous auriez pu ?.... Mon frère, j'aurais dû au public, à mon époux, puisque enfin il l'était, à moi-même, de cacher éternellement des sentimens que je ne pouvais condamner en moi; ils n'étaient que trop justes; et d'ailleurs je n'étais pas plus maîtresse de ces sentimens-là, que je ne l'avais été de celui qui me l'avait fait adorer; mais on les aurait jugés condamnables. Non, mon parti était pris de m'efforcer à le combler des marques de mon attachement. Hélas ! j'espérais prendre, par ce moyen, peut-être un peu d'ascendant sur son cœur; il ne me haïssait pas, il m'oubliait : j'espérais encore pouvoir en être aimée et gagner sa confiance, pour le préserver des maux que je le voyais entasser sur sa tête. Oui, mon frère, je l'aurais comblé toute ma vie d'attentions, d'égards et de complaisances : je le devais, ce sont là mes principes. La franchise serait un crime en pareil cas. Mais j'étais destinée au malheur; et, sous les dehors les plus sereins, j'aurais été bien malheureuse. Je le sens, et je vous l'avoue sous le secret le plus sacré, ce qui m'accable à présent, c'est l'horreur de mon sort. Issue du sang des Glocester, nièce d'Édouard, votre sœur, celle de madame d'Herefort, veuve de.... de Gaveston! Ah! mon frère, je n'eus jamais la chimère de m'enorgueillir de ma naissance et des avantages où j'aurais pu prétendre; mais quel sort! dans quel abîme l'amour m'a conduite! Combien les dangers de cette passion sont terribles, pour notre sexe surtout! Mon malheur et celui de madame de Saint-Martin, dans des genres bien différens, sont deux grands exemples de ces dangers. Pour une femme dont l'amour a pu faire le bonheur, il en est mille dont il a causé la perte. Hélas! ajouta-t-elle, à quoi me servent à présent ces réflexions? Quand elles m'auraient été si nécessaires, je ne les ai pas faites; je n'étais point en état de les faire. Dans le monde entier, je ne voyais que l'objet de ma tendresse; tant que le charme a duré, toute autre idée, tout autre sentiment, étaient absorbés. Il est trop vrai que l'expérience des autres est perdue pour nous. Ah! mon frère, que la mienne m'a coûté de larmes! Éclairée trop tard sur l'objet de ma tendresse, je n'avais plus pour lui d'autre sentiment que celui qu'il est impossible qu'une femme sensible ne conserve pas pour l'homme qu'elle a tant aimé, surtout quand il est malheureux. Indulgence pour ses défauts, compassion pour ses égaremens, intérêt tendre sur son sort, voilà ce que je sentais pour lui. Par la connaissance que j'avais de son caractère, j'ai prévu..... sa chute et mon malheur. Depuis mon départ d'Yorck, je n'en ai pas douté un instant; et voilà ce qui causait mes agitations. Je viens de vous ouvrir mon âme, ajouta-t-elle, mon frère; que mon secret demeure à jamais enseveli; ma tendresse pour vous me l'a arraché; mais vous sentez que ma gloire en dépend. Je sais ce que ma situation exige, je remplirai ce que je dois; mais surtout, mon frère, jamais, jamais, ne révélez ce que je viens de vous confier. J'ai dû vous le dire pour mettre votre cœur en repos sur le compte du mien; mais que ce secret vous soit sacré, et qu'il soit éternel. Glocester le lui promit; mais, à peine sorti de chez elle, il courut chez madame de Surrey, et lui confia les sentimens de sa sœur. Elle les apprit avec une joie vive; elle avait toujours haï Gaveston, et elle était l'amie de M. de Pembrocke. Elle crut voir la fin des malheurs de madame de Cornouaille et de sa famille, et confia à son tour à Glocester l'excès de la passion de M. de Pembrocke. Elle lui peignit l'extrême délicatesse de son amour, et tous deux se réunirent à désirer ardemment de voir le mariage unir leur sœur à un amant si digne d'en être aimé.

M. de Pembrocke n'attendait que le rétablissement de la santé de madame de Cornouaille pour lui offrir sa main. Il sentait bien que dans de telles circonstances les délicatesses ordinaires ne sont pas de saison, et qu'il ne pouvait trop tôt faire une proposition qui marquait si bien la force et la grandeur de son amour. Il vint chez madame de Surrey le soir même du jour où Glocester et elle s'étaient confié mutuellement leurs secrets. Madame de Surrey lui parut avoir un maintien plus satisfait qu'il ne devait s'y attendre; il jugea que madame de Cornouaille se portait bien : elle lui confirma cette heureuse nouvelle; alors il la pria de se charger de lui offrir son cœur et sa main. Il était si ému, que ce ne fut qu'à travers des sanglots qu'il put proférer ce peu de paroles. Elle me pardonnera, dit-il, un empressement que dans d'autres circonstances j'aurais su réprimer..... Cet empressement, ajouta-t-il en regardant fixement madame de Surrey et en lui serrant la main, est aujourd'hui la preuve la plus parfaite de mon respect. Je vous entends, mon cher comte, lui répondit-elle. Vos procédés me pénètrent jusqu'au fond du cœur, et je crois ne pouvoir mieux vous convaincre de tous mes sentimens pour vous, qu'en vous confiant ceux de ma nièce. Ne craignez plus, au fond de son cœur, une rivalité qui serait horrible : alors elle lui répéta ce qu'elle avait appris de Glocester. Vous me comblez, madame, lui dit Pembrocke; je vous l'avoue, la crainte que ses feux pour Gaveston ne fussent pas encore éteints m'était horrible. Cette crainte m'eût fait balancer dans toute autre conjoncture; mais dans celle-ci, rien ne pouvait m'arrêter. Elle ne l'aimait plus!... Eh! comment eût-elle pu l'aimer encore?... Il n'a que trop mérité de perdre un cœur comme le sien. La vertueuse femme! quelle âme! quelle force! Elle ne l'aimait plus! c'est un point bien important pour mon cœur; mais, hélas!... mais ce n'est pas assez!... Grand Dieu!... m'aimera-t-elle? Ses pleurs redoublèrent : sa tête appuyée sur les genoux de madame de Surrey, dont il tenait les mains entre les siennes, marquait par des mouvemens vifs et involontaires toute l'agitation de son âme. Ses pleurs coulaient en abondance. Il répétait d'une voix étouffée : M'aimera-t-elle? Je l'espère, mon cher comte, lui dit madame de Surrey; quel cœur résisterait à tant d'amour? Ah! si je n'obtiens que de la reconnaissance, dit-il en soupirant profondément, je serai bien malheureux. Tant de mérite, tant de vertus doivent lui inspirer d'autres sentimens, lui dit-elle, et j'y compte; mais elle n'a point parlé de vous, et j'ignore... N'approfondissons rien, madame; je l'adore, elle doit m'estimer, et je veux la retirer de l'abîme où elle est plongée. Offrez-lui ma main, peignez-lui ma tendresse..., s'il est possible de la peindre, et déterminez-la à se donner à moi promptement; c'est tout ce que je veux et tout ce que j'exige. Glocester, qui entra dans ce moment, fut bientôt instruit de leur entretien; madame de Surrey lui répéta ce que M. de Pembrocke venait de lui dire; ils s'embrassèrent tendrement. Glocester lui dit qu'il ne prévoyait aucun obstacle; il l'appela son frère, et répondit du consentement de sa sœur. Ils passèrent la soirée ensemble. Glocester déplora son aveuglement pour Gaveston; il gémit de n'avoir pas mieux connu M. de Pembrocke. Madame de Surrey jouissait d'avance du bonheur de le voir retirer sa nièce du précipice où elle était tombée, et de voir son intime ami devenir son neveu. Le comte, se livrant à l'espoir d'un bonheur prochain, ne leur parla que de sa tendresse pour madame de Cornouaille, et de tout ce que cette passion lui avait fait souffrir. Ils se séparèrent dans cet état doux et délicieux où l'amitié et la confiance savent placer, mieux que tout autre sentiment, les âmes qui sont dignes d'en éprouver les charmes.

Madame de Surrey se rendit, dès le lendemain matin, au chevet de madame de Cornouaille : elle la trouva occupée à lire une lettre du roi, qui prétendait la consoler, en lui faisant part de la magnificence des obsèques qu'il avait faites à Gaveston. Elle soupira, leva douloureusement les yeux au ciel, et communiqua cette lettre à sa tante. Le roi s'y trompe, dit-elle à demi-voix; il me prend pour mon mari. Oui, s'il avait jamais pu éprouver le sort que j'éprouve, cette lettre eût peut-être adouci ses chagrins. Madame de Surrey lui ayant laissé le temps de faire, sur cet objet, les réflexions les plus tristes et les plus sensées, la conjura de bannir de son esprit des idées aussi cruelles. Après un très-long entretien sur l'horreur de son sort, elle risqua de lui dire qu'il y aurait un moyen de l'adoucir. Un moyen! dit madame de Cornouaille avec étonnement. Oui, ma nièce, et ce moyen est en votre pouvoir. Cela est impossible; que voulez-vous dire? et quel peut être ce moyen? Madame de Surrey, se jetant alors sur son lit, et la serrant dans ses bras, tandis qu'elle collait ses joues baignées de larmes sur les siennes, lui dit en tremblant, et presque tout bas : M. de Pembrocke vous adore; il m'a chargée de vous offrir son cœur et sa main.

M. de Pembrocke! dit avec surprise madame de Cornouaille, M. de Pembrocke! Que ce trait est noble! qu'il est grand! Il me perce le cœur. Ah! que de reproches j'ai à me faire! Eh bien! ma chère amie, n'est-ce pas une ressource heureuse? et vous ne l'accepteriez pas? Hélas! dit madame de Cornouaille en retenant ses larmes prêtes à couler; non, ma tante. Non! que dites-vous?... Que lui vais-je dire? Qu'il sera malheureux!... Je le serai plus que lui; mais j'y suis résolue: non, je n'accepterai point ses offres... Ma nièce! ma nièce! daignez y réfléchir; il vous adore... Je ne le vois que trop... La gloire de votre famille... Je ne dois m'occuper que de celle du généreux Pembrocke... Vous l'allez réduire au désespoir. Si vous saviez à quel point il vous aime! combien il a souffert!... Je sais tout, et je vois tout à présent; je l'ai vu trop tard. Ah! ma tante, quel malheur!... Il ne tient qu'à vous de le réparer... Non, non, je sais ce que je dois, à lui, à moi, à l'Europe entière... Je ne puis me charger de lui annoncer vos refus... Madame de Cornouaille, après un moment de réflexion, dit: Eh bien! ma tante, c'est moi qui m'en chargerai. Engagez-le à me venir voir : il est bien digne que je prenne ce soin; qu'il vienne : dites-lui que je l'en prie.

Madame de Surrey accepta avec joie cette

commission; elle espéra que la présence de M. de Pembrocke, que ses discours, que ses transports toucheraient sa nièce et vaincraient sa résistance. Elle sortit, et dit à M. de Pembrocke, qui attendait chez elle sa réponse, que madame de Cornouaille le demandait. Un amant moins délicat eût été charmé de cette invitation, il en fut alarmé, et fit en vain des questions à madame de Surrey. Que dois-je espérer, madame? lui dit-il avec effroi. Je l'ignore, mon cher comte : elle veut vous voir et vous répondre elle-même. Il pâlit et trembla; il partait, s'arrêtait, et revenait sur ses pas, et ne savait à quoi se décider. Madame de Surrey l'accompagna et le conduisit chez sa nièce : elle était levée, et l'attendait. Aussitôt qu'elle l'aperçut, elle s'avança vers lui, et, en le regardant avec l'air le plus tendre et le plus touché, elle lui tendit la main, et le fit asseoir auprès d'elle.

Madame de Surrey se retira. Le comte, les yeux baissés, et dans le maintien d'un homme qui attend son arrêt, ne put proférer un seul mot. Madame de Cornouaille, fort agitée elle-même, rompit le silence. Je ne peux, lui dit-elle, monsieur, vous marquer à quel point je sens le prix de vos vertus et de ce que vous faites pour moi, qu'en vous peignant dans la plus grande vérité l'état de mon âme et des sentimens qui la remplissent. Vous n'abuserez point de ma franchise, vous respecterez mes principes. Le comte ne répondit que par le geste le plus animé et le plus soumis. Eh bien! mon respectable ami, c'est ainsi que je dois vous nommer, je fus injuste envers vous; mes malheurs et vos vertus m'ont éclairée; vous êtes l'homme du monde que j'estime le plus, et qui m'est le plus cher: je ne verrais que bonheur et délices à me donner à vous; je suis bien sûre, et je sens que je serais la plus heureuse des femmes. Le comte ne put retenir ses transports, et se jeta à ses pieds. Relevez-vous, lui dit-elle d'un ton mêlé de douceur et de fermeté, relevez-vous, mon cher comte; écoutez-moi. Croyez, et soyez-en bien sûr, que, si j'étais encore mademoiselle de Glocester, que, si je possédais les avantages que j'avais alors, que, si je pouvais encore faire un choix entre vous et tout ce qu'il y a d'hommes au monde faits pour prétendre à mon cœur, croyez que, sans effort et sans balancer, vous seriez celui que je préférerais. Vous avez toujours eu mon estime, vous l'avez dû savoir; mais combien tout ce que vous avez fait pour moi, combien vos vertus, vos sacrifices, vos procédés, m'ont inspiré pour vous des sentimens plus tendres que l'estime! Vos secours et vos soins pour mon départ d'Yorck, vos égards pendant mon voyage, sont des traits gravés à jamais dans mon cœur. Ce que vous avez fait pour mon malheureux époux.... pardonnez...... Ah! quel mortel fut jamais aussi grand que vous! Mon cœur s'enflamme et succombe à cette idée...... Daignez, madame, ne vous rappeler rien de ces affreux momens, que l'excès de mon zéle et de... Je sais, lui dit-elle, combien je vous suis chère. Ah! mon vertueux ami, je n'ignore pas la grandeur du sacrifice que je fais. Mais... Eh! madame, qui peut donc vous imposer la loi d'un tel sacrifice? Si vous connaissez ma tendresse, si vous ne me jugez plus indigne de la vôtre, si vous vous intéressez à mon bonheur, si vous croyez que ce pourrait être aussi le vôtre... Madame, d'où peuvent donc venir une résistance et des refus dont il me faudra mourir? J'espère, mon cher comte, que votre raison se rendra à mes motifs, et que, bien convaincu de mon attachement, votre âme prendra une assiette plus calme. Vous m'êtes et vous me serez éternellement plus cher qu'aucun homme du monde, et c'est parce que je vous rends toute la justice qui vous est due, que je me fais l'effort de refuser vos offres.... Ah! madame, vous prononceriez cet arrêt si cruel! Songez que ma vie en dépend... Je vous estime trop, vous m'êtes trop respectable pour que je veuille vous faire partager l'ignominie qui me couvre. Le comte s'écria à ces mots. Ne m'interrompez pas, lui dit-elle avec l'air imposant du malheur : oui, oui, je connais quel est mon sort. La passion vous aveugle, vous ne le voyez pas; mais demandez à vos parens, demandez à votre mère, à tous vos proches, ce qu'ils penseraient de votre alliance avec la veuve de Gaveston : ils en seraient indignés, et ils auraient raison. Devenu mon mari, ne vous faudrait-il pas épouser mes querelles, et ne seriez-vous pas chargé de mes vengeances? Et contre qui? contre votre famille entière, contre vos plus chers amis. Si vous ne le vouliez pas, songez, mon cher comte, au rôle avilissant que vous me feriez remplir. Songez donc que je suis la veuve de cet homme détesté, et que je ne dois voir en lui que mon époux; songez à quels devoirs je suis condamnée, et voyez si vous pouvez, si vous devez, si même vous voudriez les partager! Il le faudrait pourtant, ou je deviendrais la plus vile des créatures. Non, mon cher comte, non, je ne suis plus, par mes malheurs, digne d'être votre épouse : mais je veux, par mon cœur, être digne de rester à jamais votre amie : aucun nuage n'obscurcira des sentimens si doux et sur lesquels je fonde l'unique bonheur dont je puisse encore jouir. Devenue votre épouse, je ne pourrais, je vous l'avoue, lever les yeux autour de moi; il me semblerait qu'en me voyant, on se rappellerait mes anciens torts avec vous : vous me les pardonneriez, le monde ne me les pardonnerait pas. Combien je serais humiliée, si l'on pensait qu'après d'anciens refus, plongée dans la honte et dans la misère, je ne vous ai accepté que pour trouver une ressource dans un état désespéré! Je vous aimerais comme vous méritez de l'être, on ne le croirait pas. Je passerais pour la femme la plus fausse, et vous pour l'homme le plus faible. Je ne puis vous répondre d'ailleurs que je pusse, avec vous-même, dans les instans qui devraient être les plus doux, ne pas songer que ces idées cruelles pourraient venir quelquefois vous troubler. L'amour ne dure pas toujours..... Ah! madame, ne m'accablez pas par cette affreuse pensée! De grâce, ne m'accablez pas ainsi! Vous! ne m'être plus aussi chère!... Je ne vous parle, mon cher comte, que des idées qui pourraient me troubler. Je sentirais tant combien la veuve de Gaveston est indigne de vous, que dans tous les momens ce sentiment troublerait ma vie, et y jetterait une amertume que vous ne pourriez en bannir. Je me rappelle le passé, les sentimens que j'eus pour un autre; cet autre m'a possédée; c'était par mon choix; j'avais rejeté vos vœux. Je me rappelle, moi, tous ces traits qui vous échappent dans ce moment; mais, quoi que vous en puissiez penser à présent, ils ne sont pas de nature à ne jamais vous revenir à l'esprit; la seule crainte en serait mortelle, et cette crainte, pardonnez, je l'aurais toujours. Il allait parler, elle l'interrompit encore. Vous m'aimez trop pour vouloir me rendre malheureuse : je le serais. Mes propres sentimens que je ne pourrais vaincre, les dégoûts de votre famille, dégoûts que je soupçonnerais au moins et que je ne pourrais supporter (c'est dans mon abaissement la fierté qui me reste), et plus que tout cela, les dangers, les malheurs, l'avilissement où je vous exposerais, voilà mes motifs, mon cher comte; ils sont sans réplique, et mon parti est absolument pris. Daignez ne me pas presser davantage, et croyez que l'effort que je me fais est digne de respect. J'attends encore de votre attachement de m'épargner les instances de ma famille; l'honneur de leur maison, leur tendresse pour moi, leur amitié pour vous, leur dérobent dans ce moment le véritable aspect des choses. J'ai besoin de calme et de repos : c'est à vous, c'est à vous-même, c'est au comte de Pembrocke que je m'adresse pour obtenir ce repos. Je viens d'éprouver une violente seçousse, mais j'ai fait mon devoir; je dois expier mes anciennes erreurs; il est juste..... Croyez, mon cher Pembrocke, croyez aussi que je les expie. A ces mots elle ne put retenir ses pleurs; les sanglots l'interrompirent. Le comte la serra tendrement dans ses bras, et confondit ses larmes avec celles de cette vertueuse personne. Vous n'aurez point à vous plaindre, lui dit-il; non, vous serez tranquille, et personne ne vous pressera. Vos raisons ne me persuadent pas, je vous l'avoue; mais je les respecte; leur source est précieuse à mon cœur, puisqu'elles ne viennent que d'une délicatesse poussée à l'excès. Je vous le répète, vous serez tranquille; mais ne me réduisez pas au désespoir; laissez-moi penser que dans quelque temps peut-être vous pourrez vous livrer à des idées moins cruelles, et que je pourrai... Non, mon cher comte, je ne puis vous abuser, non..... Ah! c'en est trop! dit-il en se jetant dans un fauteuil avec le mouvement du désespoir; et ce que je demande, tout chimérique qu'il est, pourrait adoucir mes maux. Vous ne le voulez pas, vous voulez que je meure..... Madame de Cornouaille, avec le regard de la douceur et de la bonté, lui dit : Non, mon généreux ami, non, je ne le veux pas. Si cette idée peut vous consoler et vous soutenir, gardez-la ; soyez toujours l'ami le plus cher à mon cœur, et tenez-moi ce que vous m'avez promis.

Madame de Surrey qui rentra, interrompit cet entretien : elle les trouva tous deux baignés de larmes; leurs regards fixés l'un sur l'autre n'annonçaient que de l'attendrissement. Elle n'osa leur faire de questions; mais M. de Pembrocke suffoqué sortit; et madame de Surrey, ne pouvant résister à sa curiosité, mais tremblant d'interroger sa nièce, le suivit. Il lui apprit ce qui venait de se passer, et il exigea d'elle et de tous les siens de ne pas presser madame de Cornouaille. Glocester fut le plus difficile à persuader; il le promit pourtant, et tint parole.

Madame de Cornouaille se retira peu de temps après à l'abbaye de.... où elle avait une sœur religieuse. Mesdames de Surrey et d'Herefort firent en vain leurs efforts pour la retenir avec elles; elle préféra la retraite, et elle y vécut très-long-temps oubliée du monde entier. M. de Pembrocke obtint la permission d'aller souvent la voir dans cet asile : elle le voyait aussi quelquefois l'été dans la maison de campagne de madame de Surrey, où, tous les ans, elle allait passer quelque temps dans la belle saison. Il espéra long-temps de vaincre sa résistance; mais madame de Cornouaille, ferme dans ses principes, se montra toujours la même. Le comte, persuadé qu'elle avait pour lui les sentimens de la plus profonde estime et de l'attachement le plus tendre, parvint, ainsi qu'elle, à cet âge où les passions amorties font place à l'amitié et à la confiance. Ils en éprouvèrent les douceurs jusqu'à la fin de leurs jours; et, dans la vieillesse la plus reculée, ils eurent encore des plaisirs. La fin de ce règne orageux et terrible leur rappelait, à chaque événement, ce qui, autrefois, les avait tant intéressés. La mort de Glocester, tué les armes à la main en combattant pour sa patrie, fut un coup bien douloureux pour madame de Cornouaille. C'était dans ces instans que les consolations de M. de Pembrocke lui étaient bien nécessaires et bien douces. La passion publique et déclarée de la reine pour Mortimer, l'élévation des Spencer sur les ruines de Gaveston; la faiblesse du roi pour ses nouveaux favoris; les suites funestes de cette faiblesse et des emportemens de la reine; le duc de Lancastre décapité par ordre d'Édouard; les honneurs rendus à la mémoire de cet homme si respecté du peuple, honneurs que madame de Cornouaille savait lui être si peu dus, et qu'elle prévit bien devoir achever la ruine du monarque, en le faisant détester du peuple; la comparaison du sort du duc de Lancastre avec celui de sa sœur, mademoiselle de Lancastre, morte d'une mort naturelle, et qui méritait bien plus justement le supplice; les malheurs de l'état, en proie à toutes les divisions; le roi détrôné enfin et livré à la mort par la reine elle-même; cette criminelle princesse dépouillée à son tour de son autorité par son fils Édouard III, l'un des plus grands hommes que l'Angleterre ait vus sur le trône; la détention de Mortimer; l'inconstance de la reine et les nouveaux scandales donnés à la nation par son amour pour le comte de Kent; le supplice de ce dernier; et enfin l'emprisonnement de la détestable Isabelle par l'ordre du roi son fils; les vertus naissantes de ce jeune prince; l'espoir qu'il donnait d'un règne plus heureux; tous ces événemens, pressés et multipliés, faisaient le sujet ordinaire des entretiens de madame de Cornouaille et du comte de Pembrocke, qui s'était absolument retiré des affaires et de cette odieuse cour. Ils survécurent tous deux à presque tous les acteurs principaux de ce règne : ils apprirent la mort d'Isabelle, après vingt-huit ans de captivité dans le château de Wising. Malgré l'oubli profond où elle était tombée, ils regardèrent encore sa fin comme un bonheur pour l'état et pour le roi. Ils furent témoins de la grandeur de ce monarque, et se félicitèrent d'avoir assez vécu pour voir des temps plus heureux que ceux qui avaient affligé leur jeunesse. Tel fut enfin pour eux le pouvoir de la raison, de la sagesse, de la vertu et de la constante amitié, que, malgré les infortunes affreuses et accablantes de madame de Cornouaille, malgré la passion toujours malheureuse de M. de Pembrocke, l'un et l'autre, sans faiblesse comme sans remords, passèrent une vie douce dans les temps les plus orageux, et parvinrent au seul bonheur qu'on puisse espérer dans la dernière vieillesse, celui du témoignage d'une âme pure, de la considération de ses proches, et des douceurs d'un attachement inaltérable.

FIN DU RÈGNE D'ÉDOUARD II.

LETTRES

DE

MADAME DE TENCIN

A MONSIEUR

DE RICHELIEU.

LETTRES

DE

MADAME DE TENCIN

A MONSIEUR

DE RICHELIEU.

LETTRE PREMIÈRE.

Paris, ce 18 juin 1743.

Je vous ai annoncé ce matin, par une lettre que j'ai fait remettre à la poste, la réception des vôtres, par le courrier du maréchal. Mon frère vous rendra compte, et à lui, des avis qu'il a donnés. S'ils ne sont pas suivis, ce n'est pas sa faute; il n'a rien à se reprocher comme bon Français.

Vous avez raison de me dire, mon cher duc, que je raisonne et raisonnerai pantoufle, si je veux conclure de certain caractère sur ce que j'ai vu et lu. Il est vrai que rien n'y ressemble.

Ce que je vous ai mandé, par exemple, sur le choix qu'on a fait pour n'être pas trompé, sur le choix de.... ne vous paraîtrait-il pas incroyable, si vous ne connaissiez pas le terrain?

Mon frère est fort déterminé à dire au roi qu'il est trompé sur les lettres de la poste; il en parlera auparavant à madame de La Tournelle. Peut-être que cet avis sera favorable à Janelle; il n'y a rien de bon à faire que par lui. Il ne faudrait cependant pas cesser d'agir par la voix de Poissonneaux; il faudra que vous fassiez agir mon frère sur ce plan; j'en ferai sûrement de même; il suffit que les lettres s'adressent ici à quelqu'un de nom. Il n'est pas nécessaire que les lettres soient nommées; il suffit de supposer qu'elles sont connues de celui à qui elles seront présentées.

Comme cette lettre ne partira pas par un courrier du maréchal, je ne vous écris pas aussi à mon aise que si c'était par cette voie. Je me méfie des courriers qui partent par ordre des ministres. Il faut pourtant que je vous fasse une confidence, sur laquelle je vous prie de me garder le secret. Je ne veux pas faire de peine à madame du Châtelet, et je lui en ferais beaucoup, si ce que je vais vous dire était divulgué par quelqu'un qui pût le savoir d'elle. Voici ce que c'est : On a publié que Voltaire était exilé, ou du moins, que, sur la crainte de l'être, il avait pris la fuite. Mais la vérité est qu'Amelot et Maurepas l'ont envoyé en Prusse, pour sonder les intentions du roi de Prusse à notre égard. Il doit venir rendre compte de sa commission, et n'écrira point, dans la crainte que ses lettres ne soient interceptées par le roi de Prusse, à qui il doit faire croire, comme aux autres, qu'il a quitté ce pays très-mécontent des ministres. S'il réussit, ces messieurs seront bien attrapés. Si le roi de Prusse déclarait qu'il ne veut pas passer par leurs mains, et qu'il nommât madame de La Tournelle pour celle en qui il veut placer sa confiance! Je vous donne tout ceci sous le secret : on m'a imposé la condition de n'en parler à personne au monde; mais je ne crois pas y manquer que de vous en parler : c'est une restriction tacite que je fais toujours avec moi-même, quand je m'y engage; surtout quand ce sont des choses qu'il peut être de quelque importance que vous sachiez. Madame du Châtelet vous le dirait sûrement, si vous étiez ici, et ne vous l'écrira point, dans la crainte que ses lettres ne soient vues. Elle croit que Voltaire serait perdu, si le secret échappait par sa faute. Ne faites, je vous prie, jamais mine d'en être instruit, du moins par moi; car ce secret est à peu près celui de la comédie. Amelot a très-habilement écrit plusieurs lettres à Voltaire, contresignées; le secrétaire de Voltaire l'a dit, et le bruit s'en est répandu jusque dans les cafés. Il est pourtant vrai que la chose ne peut réussir que par une conduite toute contraire; que le roi de Prusse, bien loin de prendre confiance dans Voltaire, sera au contraire très-irrité contre lui, s'il découvre qu'il l'a trompé, et que ce prétendu exilé est un espion, qui va sonder son cœur et abuser de sa confiance. Il n'est pas possible que vous puissiez écrire à Voltaire, à moins qu'il ne vous ait écrit lui-même de La Haye. Il serait trop dangereux de lui écrire à Berlin : le roi de Prusse, qui en use apparemment chez lui comme on en use ici, verrait votre lettre; à moins que vous n'ayez quelque voie sûre, ce que je n'imagine pas. Surtout laissez croire à madame du Châtelet et à Voltaire que vous avez appris la chose par les petits cabinets, ou par quelqu'un qui écarte de moi les soupçons. Je fis sentir, hier au soir à madame du Châtelet, que c'était vous qui le premier aviez imaginé d'envoyer Voltaire; que vous aviez gagné le maréchal de Noailles, qui s'y était d'abord opposé, et que vous aviez préparé, d'ailleurs, les choses de façon que les ministres ne trouvassent aucun obstacle quand ils le proposeraient au roi. M. Amelot et M. de Maurepas sont les seuls qui ont parlé à Voltaire;

je crois cependant qu'Orry est dans la confidence. Je ne sais si d'Argenson y est aussi; pour mon frère, on ne lui a rien dit. Il est vrai que, lorsqu'il en a parlé sur la publicité, on ne lui a pas nié. Maurepas lui dit : Ce n'est pas pour négocier, comme vous pouvez bien le penser. Vous voyez, par-là, le cas que ces messieurs font de Voltaire et la récompense qu'il en peut attendre. Je n'ai pas encore dit ce trait-là à madame du Châtelet, mais je le lui dirai. Elle croit que le roi de Prusse ne voudra pas négocier vis-à-vis le petit Amelot. Mais comment en instruire le roi? Voilà la difficulté; car Voltaire ne correspond qu'avec Amelot. Donnez-moi votre avis là-dessus.

Quelle joie c'eût été pour moi, mon cher duc, si je vous avais vu arriver avec les étendards! Je crois que je n'aurais eu de ma vie de plaisir plus sensible; c'est bien pour le coup que vous auriez été lieutenant-général! Vous le serez infailliblement à la fin de la campagne, et vous avez raison de ne pas consentir qu'on fasse quelques démarches sur cela. Mais voici un cas où l'on pourrait en faire; c'est s'il y avait quelque charge vacante à la cour. Le cas a failli arriver : M. de Rochechouart a été très-mal; je l'appris, et je ne savais comment m'y prendre pour avertir madame de La Tournelle. Mandez-moi, je vous prie, si je puis et dois faire quelque chose en pareille occasion.

Il ne faut pas vous tromper sur le maréchal de Noailles. On publie ici qu'il aurait pu battre les Anglais, et charger leur arrière-garde; qu'il a perdu deux jours très-mal à propos. Les ministres autorisent ces bruits et y donnent occasion. Maurepas ne s'y oublie pas : je sais qu'on a parlé de ce ton-là chez votre cousine d'Aiguillon, et que Maurepas a eu l'indiscrétion de tenir le même langage à ses amis.

Vous ne sauriez rendre un plus grand service à mon frère, que de lui donner vos avis; il en profite tout du mieux qu'il peut; mais, en vérité, le terrain est bien mobile; on ne sait où appuyer le pied. Vous serez instruit par lui-même des choses qu'il a proposées. Il a encore relevé, dans le dernier conseil, une bévue grossière d'Amelot, que les autres ministres avaient laissée passer, quoiqu'elle pût avoir les suites les plus fâcheuses. Que pensez-vous de ce que je vais vous dire? Le roi n'a pas répondu à deux lettres que mon frère lui a écrites, quoique la dernière, surtout, méritât du moins qu'il lui fît une politesse.

Vous vous souviendrez que les deux derniers grimoires sont par ordre de date, et que par conséquent le dernier reçu est le quatrième, quoique le copiste ait mis un trois au commencement. Il faut aussi, quand nous voudrons parler véritablement de tel ou tel, que nous ajoutions à leurs noms une épithète comme, cette pauvre madame du Châtelet, ainsi des autres. Maurepas et les autres ministres sont toujours plus contraires à mon frère. Pour moi, je suis persuadée qu'ils le desservent autant qu'ils peuvent dans leurs travaux particuliers. Quel remède à cela? Je n'en vois aucun que de continuer à faire son devoir.

Si le maréchal souhaite de bonne foi d'aller en avant, mon frère le sert sur les deux toits; il opinera encore demain fortement sur cela. Je doute que les autres ministres soient de son avis, à moins qu'ils ne croient que le maréchal fera de travers et se déshonorera; car il faut que le maréchal et ses enfans soient bien persuadés, une fois pour toutes, qu'ils feront tout leur possible pour décrier un homme qui est dans le conseil et qui parle au roi. M. de Mirepoix prend crédit; il est écouté; le roi le regarde comme un homme simple, et ne pense pas que cette simplicité cache une ambition démesurée.

Le roi a beaucoup de penchant à la dévotion : quelqu'un qui le voit de près m'a dit qu'il était convaincu qu'il serait bientôt dévot.

en ce cas-là, gare madame de La Tournelle! elle serait bien sûrement jetée au feu.

Croyez-vous que mon frère doive continuer ses soins dans les occasions importantes, malgré le peu d'attention que le roi paraît y faire? Comme vous connaissez son génie et son goût, et que vous connaissez aussi mon frère, c'est à vous à décider. Au reste, Chaban fait des merveilles aussi-bien que Marville : je leur ai donné les instructions que vous m'aviez données; ils s'y conforment exactement. Que dites-vous de ce que le secret des lettres est confié à Dufort? Il en fait confidence aux trois ministres; j'en juge de ce que les commis même de Maurepas en sont instruits.

Marville dira au roi ce qu'il sait des lettres : c'est, je crois, tout ce qu'il y a de mieux pour le désabuser, et pour lui faire tourner ses vues sur Janelle.

Je ne doute pas que les Anglais ne répandent de l'argent ici; c'est un point bien important, et sur lequel le maréchal de Noailles ne doit pas garder le silence. S'il parlait le même langage que Poissonneaux, je crois qu'il ferait très-bien, et que vous devriez l'y engager. L'abbé a dit la même chose à madame de La Tournelle : reste à savoir si elle y a fait attention. Envoyez des lettres, comme je vous l'ai mandé : elles sont toujours bonnes, puisqu'elles ne peuvent faire de mal.

Dès que la comédie sera jouée sans nom d'auteur, et qu'elle sera sous la protection de quelqu'un dont le nom soit connu, cela suffit. Je vous envoie la réponse à la lettre que vous m'aviez adressée. Je me flatte que La Motte est toujours mieux; mandez-moi exactement ce que vous en savez. Astruc veut qu'il aille à Plombières; faites-l'y aller, au nom de Dieu. A propos d'Astruc, ne vous donnez pas la peine de lui écrire; vos complimens sont suffisamment faits par moi. Comptez sur des soins de sa part, tels que vous pourrez le désirer. Ma santé va bien présentement : je n'ai plus de fièvre; et, ce qui est bien plus essentiel, je ne sens plus de mal au foie. Je vous embrasse, mon cher duc. Je suis agitée par deux sentimens contraires : je voudrais qu'on se battît, et je le crains à la mort. Vous savez que je vous aime; mais vous ne le savez pas au point où cela est. Je vous ai envoyé les chansons par la poste. L'ombre de Louis XIV est, à ce qu'on dit, pleine de belles choses; elle ne paraît pas encore.

LETTRE II.

Versailles, ce 22 juin 1743.

Mon frère a dû vous écrire hier, mon cher duc, que nos grands sujets de joie ont été de peu de durée. On a cru avoir beaucoup gagné de déterminer le roi à faire quelque chose sur la poste; mais, comme à son ordinaire, il a fait tout de travers, et le mal n'est pas moindre qu'il était. Les secrets de la poste sont entre les mains de trois personnes, Maurepas, Amelot et Orry. Dufort n'agit que d'après leur avis; comme fermier, il a tout sujet de les ménager; de façon que le roi ne voit que ce qu'ils veulent, et il ne peut jamais être instruit de la vérité. Il faudrait qu'il eût un homme à lui, qui n'eût aucune relation avec les ministres, qui auront toujours intérêt à ne faire voir que ce qui ne pourra pas leur nuire.

Je ne sais jusqu'à quel point ce moyen de pénétrer dans le secret des autres peut être approuvé. Mis en usage par Louis XIV, il a été bien perfectionné sous ce règne-ci; mais au moins, puisqu'on s'en sert, il faut qu'il puisse devenir utile au roi, et non pas seulement aux ministres pour le mieux tromper.

Il faudrait, je crois, écrire à madame de La Tournelle, pour qu'elle essayât de tirer le roi de l'engourdissement où il est sur les affaires publiques. Ce que mon frère a pu lui dire là-dessus a été inutile; c'est, comme il vous l'a mandé, parler aux rochers. Je ne conçois pas qu'un homme puisse vouloir être nul, quand il peut être quelque chose. Un autre que vous ne pourrait croire à quel point les choses sont portées. Ce qui se passe dans son royaume paraît ne pas le regarder; il n'est affecté de rien; dans le conseil il est d'une indifférence absolue; et dans le travail particulier il souscrit à tout ce qui lui est présenté. En vérité, il y a de quoi se désespérer d'avoir affaire à un tel homme. On voit que, dans une chose quelconque, son goût apathique le porte du côté où il y a le moins d'embarras, dût-il être le plus mauvais.

Le maréchal de Broglie sollicite son retour en France : il veut faire une retraite précipitée qui ruinera toutes nos affaires, et il paraît que d'Argenson le seconde, tout inepte qu'il soit, pour jouer un tour au maréchal de Belle-Isle qu'il déteste. C'est à qui fera le plus de mal; et le maître voit tout cela de sang-froid. Chacun vise à la première place, Maurepas surtout, tout médiocre qu'il soit; mais ce sont ces gens-là qui se croient les plus capables.

On parle d'un accommodement entre l'empereur et la reine de Hongrie, mais on doute qu'il puisse avoir lieu; ce n'est pas quand on a perdu ses avantages, et qu'on s'est très-mal enfourné, qu'on peut tirer quelque parti pour ses alliés. Quand on aurait voulu faire exprès tout de travers, on n'aurait pas mieux réussi qu'on a fait. D'Argenson paraît jouir de tout ce qui arrive pour perdre M. de Belle-Isle.

On soupçonne fort que notre ami Maurepas est vendu au ministère anglais, parce qu'il est le premier à témoigner son opposition pour faire quelque chose par mer. Il a cependant reçu des sommes assez considérables pour la marine, qui n'est pas dans l'état où elle devrait être. On se contente de le dire, et voilà tout.

Le roi est toujours fort assidu auprès de madame de La Tournelle, qui cependant n'obtient aucune grâce marquée. On dit qu'elle est fière et ne veut rien demander. C'est une femme qui annonce de l'énergie, et je crois que, pour son bien et le nôtre, il serait très-essentiel qu'elle pût se lier avec mon frère. Elle ne prend aucun parti. Je suis bien fâchée que vous ne puissiez pas être toujours ici pour la déterminer à quelque chose.

Les nouvelles de la Bavière vont de mal en

pis, comme vous le savez; on ne fait partout que des sottises; mais je crois qu'à la fin on en fera tant, qu'il y aura un bouleversement dans toutes les affaires. On prétend que le roi évite même d'être instruit de ce qui se passe, et qu'il dit qu'il vaut encore mieux ne savoir rien que d'apprendre des choses désagréables. C'est un beau sang-froid! Je n'en aurai jamais tant, quoique cela me regarde bien moins que lui. Adieu, mon cher duc; faites envoyer la lettre en question, comme je vous en ai prié.

LETTRE III.

De Passi, ce 14 juillet.

Mon frère a envoyé au roi le mémoire ci-joint, et vous verrez, mon cher duc, combien il désire qu'on fasse la paix, puisqu'on réussit si mal à faire la guerre. Je pense bien, comme vous, qu'on peut encore humilier la maison d'Autriche; mais vous conviendrez avec moi que le premier coup est manqué. On pouvait faire une superbe campagne, et vous en avez vu le résultat. Le projet du maréchal de Belle-Isle était très-bien conçu; on aurait été à Vienne, au lieu de fuir de la Bohême, et le roi de Prusse n'aurait pas eu de raison pour faire sa paix particulière. Dans le fait, ce prince a tenu sa parole en entrant dans la Silésie, comme il l'avait promis. Vous vous rappelez qu'alors nous dîmes vingt fois que la reine de Hongrie était perdue, et elle devait l'être; mais il fallait un prince de la trempe de Frédéric.

Quand il vous adressa son envoyé, pour proposer au roi d'attaquer en même temps la reine de Hongrie, quand il entrerait en Silésie, malgré mon désir de voir tout en beau, je n'eus pas une très-grande opinion de ce qui devait arriver, à cause de la nonchalance du maître. Vous devez vous ressouvenir que, quand vous vous fîtes annoncer à Choisy, dans un moment où il était en tête-à-tête avec madame de La Tournelle, pour lui faire part des propositions du roi de Prusse, il ne montra aucun empressement pour recevoir l'envoyé qui voulait lui parler, sans conférer avec les ministres. Ce fut vous qui le pressâtes de vous donner une heure pour le lendemain; vous fûtes étonné vous-même, mon cher duc, du peu de mots qu'il articula à cet envoyé, et de ce qu'il était comme un écolier qui a besoin de son précepteur. Il n'eut pas la force de rien décider; il fallut qu'il recourût à ses mentors, qui, par leur lenteur et par la manière dont ils disposèrent les choses, firent manquer l'opération. Le roi de Prusse jugeait Louis XV d'après lui; il crut qu'après avoir examiné les avantages qui devaient résulter de cette guerre, il se déterminerait de lui-même; gardant le secret sur les préparatifs qu'il aurait fait faire, il n'en aurait déclaré l'objet qu'au moment d'éclater; mais il avait mal vu, et il ne tarda point d'abandonner un allié dont il reconnaissait la nullité, quand il eut retiré tous les avantages qu'il attendait de la campagne.

Comment, mon cher duc, en ayant été témoin de toutes ces choses, pouvez-vous encore espérer qu'on tire grand parti de la guerre? Le meilleur qu'on puisse prendre, selon moi, c'est qu'on fasse la paix, et je suis bien du sentiment de mon frère là-dessus. Ce ne sera certainement pas celui de d'Argenson, qui, voulant être de plus en plus en crédit, désirera la guerre, pour influer davantage dans le ministère, et pour placer ses amis. S'il l'emportait, il faudrait alors que madame de La Tournelle prît la résolution de parler au roi, pour qu'il prît d'autres mesures pour la campagne prochaine. Mon frère ne serait pas éloigné de croire qu'il serait très-utile de l'engager à se mettre à la tête de ses armées. Ce n'est pas qu'entre nous il soit en état de commander une compagnie de grenadiers; mais sa présence fera beaucoup : le peuple aime son roi par habitude, et il sera enchanté de lui voir faire une démarche qui lui aura été soufflée. Les troupes feront mieux leur devoir, et les généraux n'oseront pas manquer si ouvertement au leur. Dans le fait, cette idée me paraît belle, et c'est le seul moyen de continuer la guerre avec moins de désavantage. Un roi, quel qu'il soit, est pour les soldats et le peuple ce qu'était l'arche d'alliance pour les Hébreux; sa présence seule annonce des succès.

On est toujours très-mécontent du duc de Grammont; on prétend qu'il assure avoir eu des ordres de son oncle pour attaquer; il paraît cependant que, excepté dans quelques têtes, le maréchal prend bien dans le public.

On doit traiter les affaires de la Suède, et si on lui donnera cinq cent mille livres sur un million qu'elle demande, reste de six qui lui ont été promis pour trois ans. Je crains que votre silence ne soit causé par vos occupations militaires, qui annonceraient une seconde affaire : j'en suis d'une inquiétude affreuse. Je sais que vous ne craignez pas plus de vous battre que d'attaquer une jolie femme, et je crains toujours d'apprendre une fâcheuse nouvelle; vous seriez bien mieux ici. Si vos coups de fusil menaient à quelque chose, je patienterais par nécessité; mais s'exposer à se faire tuer pour rien, c'est une fort vilaine plaisanterie, à laquelle je ne m'accoutumerai jamais. Rassurez-moi vite, et ne doutez pas de ma tendre amitié.

LETTRE IV.

Ce 1er. août.

Il est décidé, mon cher duc, qu'il n'y a rien de bon à faire ici. Mon frère est si dégoûté de tout ce qui se passe, que je vous ai déjà marqué que sans moi il partirait pour Lyon; il n'est plus d'humeur à rompre des lances pour les intérêts de l'état, quand il voit tous les jours qu'ils ne touchent personne, pas même le souverain. Il a dû vous mander que d'Argenson avait écrit une lettre ridicule au maréchal; que le roi l'avait sûrement vue, et qu'il n'y avait seulement pas pris garde. Il voit que ses ministres agissent continuellement contre lui, et il a l'air d'abandonner à leurs tracasseries un bon serviteur qu'il aime; concluez de là ce qu'on peut attendre de son amitié. Je crois que, tant que le gouvernement sera tel qu'il est, c'est vouloir se battre la tête contre les murs que d'entreprendre de faire quelque chose : tous ceux qui travailleront avec le roi seront toujours les maîtres dans leur tripot. Mon frère est révolté, et je le suis aussi, de ce qu'il n'a témoigné aucun ressentiment contre le maréchal de Broglie, qui, de l'aveu de tout le monde, a si mal fait son devoir. Le maréchal de Belle-Isle a raison de dire qu'il est impossible de rien faire de bon, à moins de faire maison neuve. Il n'y a aucun ministre qui ne soit de cent pieds au-dessous de sa place. Ayez grand soin de brûler exactement mes lettres, ou au moins de n'en point égarer ; car je sens que j'ai besoin de soulager mon cœur, en vous disant tout ce que je pense. Encore une fois, je sens malgré moi un fonds de mépris pour celui qui laisse tout aller selon la volonté d'un chacun. Il n'y a pas d'exemple qu'un prince ne soit ému que très-faiblement, et encore pour un instant, soit du bien, soit du mal ; il a besoin d'être gouverné. Le poids des rênes de l'état est trop pesant pour lui, et, puisqu'il est et sera toujours de nécessité qu'il les confie à quelqu'un, j'aurais beaucoup mieux aimé que ce fût à mon frère. Cela eût été également plus utile pour vous : nous ne tenons à rien, et vous auriez eu sur nous toute l'influence que l'amitié peut donner.

On m'assure que c'est cet empire que veut prendre par degrés madame de La Tournelle. Je la crois plus faite qu'une autre pour réussir; mais il faudrait qu'elle ne quittât pas son trop faible amant, qui prendra d'un ministre des idées qu'il croira bonnes, et dont il ne voudra pas se départir. Nous pourrions, je crois, lui être d'un grand secours. Si elle a ce projet, je crois bien qu'elle ne vous l'écrira pas; mais, si vous étiez ici, vous pourriez découvrir s'il en est quelque chose. Elle est assez impérieuse pour vouloir dominer, et je ne serais pas éloignée de croire que, en succédant à ses sœurs, elle n'ait eu l'ambition de prétendre à une plus grande autorité. Au surplus, il vaut mieux que ce soit elle qu'une autre, et elle ne peut pas faire pis que ce que nous voyons : elle doit s'attendre à livrer un combat à mort avec les ministres, et je désire de bon cœur qu'elle puisse les terrasser; il faut pour cela de la tenue dans ses idées, et elle paraît en avoir. Les gens de bonne foi et qui voient juste ne peuvent qu'être très-contens d'elle.

Il faut d'abord, je crois, qu'elle tâche d'obtenir la confiance entière du roi, pour qu'il ne se prévienne pas en faveur d'un ministre qui lui évitera la peine du travail. Il n'aime pas s'apesantir sur les affaires, et tout homme qui lui fera un tableau fidèle, mais énergique, de la situation présente, sera bientôt éconduit. On voit qu'il va au conseil pour la forme, comme il fait tout le reste, et qu'il en sort comme soulagé d'un fardeau qu'il est las de porter. Une femme adroite sait mêler le plaisir avec les intérêts généraux, et parvient, sans ennuyer son amant, à lui faire faire ce qu'elle veut. Mon frère pourrait la voir à ce sujet, et j'ai assez d'amour-propre pour croire que je pourrais être un des ressorts principaux de la grande machine qu'elle a dessein de mettre en mouvement. Qui mieux que vous, cher duc, peut la décider sur cela?

Je dois vous prévenir, en amie, qu'on cherche à vous mettre mal avec elle. On sent qu'avec de l'esprit, des connaissances et l'amitié de la favorite, vous pouvez faire beaucoup, et c'est ce qu'on ne veut pas. On juge bien que vous serez trop fort, étant uni avec madame de La Tournelle, et on cherche à vous en séparer, pour vous combattre avec plus d'avantage. Je saurai d'où le coup peut venir, et nous pourrons aisément le parer. Je ne serais pas surprise que Maurepas trempât là-dedans : c'est un homme faux, jaloux de tout, qui, n'ayant que de très-petits moyens pour être en place, veut miner tout ce qui est autour de lui pour n'avoir pas de rivaux à craindre. Il voudrait que ses collègues fussent encore plus ineptes que lui, pour paraître quelque chose. C'est un poltron, qui crie toujours qu'il va tout tuer, et qui s'enfuit en voyant l'ombre d'un homme qui veut lui résister; il ne fait peur qu'à de petits enfans. De même, Maurepas ne sera un grand homme qu'avec des nains; il croit qu'un bon mot ou qu'une épigramme ridicule vaut mieux qu'un plan de guerre ou de pacification. Dieu veuille qu'il ne reste pas long-temps en place, pour nos intérêts et ceux de la France! Je vous manderai plus au long tout ce que j'apprendrai. Adieu, mon cher duc; malgré toutes nos peines, nous ne parviendrons jamais à faire voir les choses au roi avec des yeux éclairés; il est entouré de gens qui abusent continuellement de son autorité, et on dirait qu'il a juré de ne pas s'en apercevoir.

LETTRE V.

Paris, ce 13 août 1743.

Je vous écris par un courrier du maréchal. Il m'était bien nécessaire de pouvoir vous parler en liberté, mon cher duc ; j'ai amassé bien des choses différentes qu'il faut que vous sachiez. Je les écrirai comme elles se présenteront à mon esprit : je commence. L'abbé de Broglie a écrit à d'Argenson que la pénitence de son frère était assez longue, qu'il fallait lui permettre de venir à la cour, et que, si on ne le lui permettait pas, il y viendrait tout de même. D'Argenson, étonné de ce style, alla chez M. de Châtillon pour l'engager à faire prendre patience au maréchal de Broglie. On lui a promis qu'il reviendrait en septembre. Il me semble qu'il faut en conclure que le maréchal a des lettres des ministres qui lui disent de ramener son armée, ou qu'il en a de son frère autorisé par les ministres. L'inquiétude, le trouble même que d'Argenson montra à la réception de la lettre de l'abbé, me fait croire qu'il a eu part, aussi-bien que les autres ministres, à la pitoyable conduite du maréchal. Si le roi était servi fidèlement par ceux qui sont commis à la poste, il serait instruit de tout ce qui s'est fait sur cela et sur bien d'autres choses. Les plaintes contre d'Argenson sont générales. Le comte de Saxe est un des plus forts plaignans. On dit tout haut qu'il ne sait pas un mot de sa besogne, qu'il est sec, glorieux et inabordable. Je vous écrivis hier par le courrier, sur Amelot. Je crois qu'il faut attendre votre retour pour frapper de grands coups. Je crains avec raison qu'on ne travaille pour quelque autre que celui que vous voudriez. L'union ne peut être trop grande entre mon frère et le maréchal de Noailles. Il n'y a que cette union qui puisse les mettre à couvert de la mauvaise volonté des ministres. C'est à vous, mon cher duc, à la maintenir et à l'augmenter. M. d'Aumont a écrit ici qu'il était dans la plus parfaite union avec M. d'Ayen. J'ai cru devoir vous en informer; mais vous sentez bien qu'il ne faut rien dire qui puisse faire des tracasseries, et que si vous montriez que vous êtes instruit, on remonterait bien vite à la source. Les ministres décrient le maréchal de Noailles autant qu'ils peuvent. Il doit être assuré qu'ils n'oublieront rien pour le culbuter.

Ce que je vous avais mandé sur le besoin que madame de La Tournelle avait d'argent, n'a eu aucune suite. Sur la réponse qu'on lui fit de ma part, qu'il y avait plusieurs moyens, et tous faciles, de lui en faire avoir, mais qu'il fallait que le roi dît un mot, elle répondit qu'il fallait attendre; que le moment n'y était pas propre; que peut-être la chose se ferait tout naturellement de la part du roi. Je n'ai pas été fâchée de ce retardement, parce que j'aime mieux, si la négociation a lieu, qu'elle passe par vous.

Rien dans le monde ne ressemble au roi; il a peur que mon frère ne lui fasse faire ce qu'il voudrait, s'il venait à lui parler; du moins, je ne puis attribuer qu'à cette crainte la conduite singulière qu'il a avec lui. Les lettres vont toujours entre eux; il y répond assez régulièrement, et même plus qu'il ne faisait; et tout cela n'aboutit à rien, ou du moins à pas grand'chose.

Les ministres sont très-contens; aucun ne s'embarrasse de la chose publique : le maréchal et mon frère sont les seuls qui s'y intéressent. Il faut bien se servir de votre d'Argenson, quoique vous le connaissiez pour mauvais, quand vous êtes parti. Il n'est pas devenu meilleur; mais il faut prendre patience et dissimuler : l'éclat serait encore pis, et votre position plus désagréable. Il n'est pas douteux que le roi s'accommode et s'est accommodé de ce qu'il trouve de bon et à sa bienséance dans les lettres de mon frère; vous en trouverez la preuve, si vous vous souvenez de ce que vous y avez vu, et qui appartenait au duc d'Ayen. Les droits de l'amirauté détruits ont fait un très-bon effet dans le public. M. de Maurepas a dit à un de ses confidens que c'était le roi qui lui avait dit le premier qu'il voulait les supprimer en totalité; mais que lui, Maurepas, avait réglé la chose comme elle paraît. On lui a représenté qu'il avait eu grand tort de ne pas consentir à l'abolition entière de ces droits; il a répondu que c'était pour le bien, et a appuyé son sentiment, ou plutôt son dire, par un sophisme. Il est bien aisé de voir qu'il a voulu faire sa cour à madame de Toulouse; aussi lui a-t-elle écrit qu'elle n'oublierait jamais ce qu'il avait fait pour son fils, et qu'un ami tel que lui ne pouvait être conservé avec trop de soin. On parle toujours de Chavigny : je ne crois pas cependant qu'on le mette à la place d'Amelot; mais je crois qu'on le fera travailler. Il sera aisé de s'en apercevoir; rien n'est si obscur que ce qu'il écrit. Vous savez qu'il s'est tenu des conseils à Choisy.

Les lettres ont fait sûrement impression à madame de La Tournelle; j'en juge parce qu'une des choses qu'on lui conseillait a eu lieu. Votre défunte poule est très-bien à la cour de Maurepas; elle y soupe souvent, et a de grandes conversations avec lui : les lettres l'ont appris à madame de La Tournelle. Vous ne m'avez jamais parlé de Silhouette ; ne le voyez-vous pas ? J'ai envie de lui écrire ; et, pour ne rien faire de mal à propos, je vous enverrai ma lettre ouverte ; vous la cacheterez avec une tête. M. de Turgi veut avoir la croix de Saint-Louis. Comme je crois qu'il est de votre intérêt de le garder auprès de monsieur votre fils, mon frère sollicitera vivement cette croix ; il en a parlé, non-seulement à d'Argenson, mais au chef des bureaux ; je souhaite bien vivement la réussite. Janelle fait assurément du mieux qu'il peut, et Marville fait très-bien ; il parle convenablement quand l'occasion s'en présente, quoique ce ne soit pas aussi fortement qu'il faudrait.

Suite de la lettre du 13 août 1743.

Ce 14 août 1743.

Amelot a encore couché à Choisy. Il paraît que c'est une distinction que le roi a voulu lui donner ; car il avait travaillé la veille, et ne travailla pas le lendemain. Voilà la lettre pour Silhouette ; elle ne contient rien, comme vous le verrez, que des généralités. Madame d'Armagnac m'a dit qu'il y aurait de l'imprudence à dire les mauvais offices que les ministres rendent au maréchal. Adieu, mon cher duc; je vous embrasse et vous aime de tout mon cœur.

LETTRE VI.

Paris, ce 30 septembre 1743.

Je suis charmée que vous soyez d'avis, mon cher duc, que le roi ouvrira les yeux, mais que ce sera trop tard. Vous êtes bien bon de croire encore cela : je suis plutôt sûre qu'il ne les ouvrira pas, ou, s'il les ouvre jamais, qu'il n'en sera ni plus ni moins. Il faudrait une détermination ; et il n'en aura dans aucun temps. Mon frère assure qu'il met les choses les plus importantes, pour ainsi dire, à croix ou à pile dans son conseil, et vous pouvez voir où cela mène. Je suis étonnée qu'avec votre sagacité vous puissiez conserver l'ombre de l'espérance; mais vous êtes comme ces femmes qui parlent toujours de ce qu'elles désirent, tout impossible que cela soit. Souvenez-vous bien, mon cher duc, que le roi sera toujours mené et plus souvent mal que bien. On dirait qu'il a été élevé à croire que, quand il a nommé un ministre, toute sa besogne de roi est faite, et qu'il ne doit plus se mêler de rien. C'est à celui qu'on lui a désigné à tout faire; cela ne doit plus le regarder; c'est l'affaire de celui qui est en place. Voilà pourquoi les Maurepas, les d'Argenson sont plus maîtres que lui. Si on lui fait entendre qu'il a choisi un homme incapable, ou un fripon; n'importe, il est là, et il doit y rester jusqu'à ce qu'un plus adroit le supplante. Son autorité est divisée méthodiquement, et il croit sur parole chaque ministre, sans se donner la peine d'examiner ce qu'il fait. Je ne puis mieux le comparer, dans son conseil, qu'à monsieur votre fils qui se dépêche de faire son thême, dans sa classe, pour en être plus tôt quitte : aussi peut-on dire que c'est un conseil pour rire. On n'y dit presque rien de ce qui intéresse l'état; et, après une lecture rapide de l'affaire qu'on veut traiter, on demande à ceux qui sont là leur avis sur-le-champ, quand il faudrait quelquefois une mûre délibération pour prononcer. Ceux qui voudraient s'occuper sérieusement du bien général sont obligés d'y renoncer ou sont dégoûtés d'agir, par le peu d'intérêt que le roi a l'air d'y prendre et par le silence qu'il garde. Je vous l'ai déjà mandé, on dirait qu'il n'est pas du tout question de ses affaires. Il est bien malheureux qu'il ait été accoutumé de bonne heure à envisager celles de son royaume comme lui étant personnellement étrangères. Ainsi, quoi que vous en pensiez quelquefois et moi aussi, il sera toujours le même.

Vous savez ce qu'on a fait pour Marceux; c'est encore une nouvelle preuve de ce que je viens d'avancer. Comment a-t-on osé faire un pareil choix, et comment le maître a-t-il pu y souscrire? Cela dit plus que toutes mes phrases.

J'ai vu madame de Rohan, qui m'a parlé cette fois-ci bien plus clairement sur votre compte. Elle vous distribue tous les torts; et vous savez qu'un juge qui n'entend qu'un avocat a bien de la peine à ne pas se laisser prévenir par lui. Je ne sais si, au juste, vous en voulez finir avec elle; mais elle me paraît très-déterminée à rompre avec vous. Je sais, mon cher duc, que vous savez vous conduire parfaitement; mais je croirais qu'il faut ménager une femme qui peut nuire, et qu'un ennemi de plus est bon à éviter. Vous faites si peu de frais pour plaire, qu'il ne vous coûtera pas beaucoup de soins pour lui ôter toute idée de vengeance si naturelle aux femmes.

Madame de Boufflers a beaucoup parlé de vous à mon frère, à ce qu'il m'écrit; il la trouve très-aimable, et c'est une raison pour que les lettres qu'elle doit vous écrire vous paraissent plus intéressantes. Il ne sait si elle aurait quelque doute sur le maréchal de Noailles; car elle lui a demandé si ses lettres vous parvenaient bien exactement. Soupçonnerait-elle de la mauvaise foi dans le maréchal? J'ai peine à le croire; on fait bien de regarder avec attention l'endroit où l'on met le pied, car on n'est ici entouré que d'écueils; il est bien difficile de ne pas tomber dans quelques-uns.

La Mauconseil est toujours très-bien avec le d'Argenson; ils n'ont cessé de se voir à la petite maison de Neuilly. Cette femme est à toute main; l'intrigue est son élément; elle court du d'Argenson chez le maréchal de Coigny; elle veut absolument se donner un air important. Vous aurez toujours à volonté sa personne, mais non pas son cœur: il est aux circonstances, rarement à l'amitié.

LETTRE VII.

A Paris, ce 8 novembre 1743.

Je croyais que la lettre que je vous ai écrite partirait par le courrier du maréchal; mais elle arriva trop tard à Fontainebleau. Je vous écris encore par Chavigny; il vous dira bien des choses, il a vu par lui-même la petaudière qui règne ici. Questionnez-le bien amplement; il vous en dira peut-être encore plus qu'à moi.

Comptez que chaque ministre est maître absolu dans son département; et, comme il n'y a point de réunion, que personne ne se communique ni ce qu'il fait ni ce qu'il veut faire, à moins que Dieu n'y mette visiblement la main, il est physiquement impossible que l'état ne culbute. Chavigny, qui a la plus mauvaise opinion d'Amelot, prétend qu'il a bien observé, pendant la dernière heure qu'il a été entre le roi et lui, la contenance du roi; il en conclut que le roi n'est point mal disposé pour Amelot, et que sûrement il gardera sa place.

Les ministres sont déchaînés contre le maréchal et mon frère : ils les craignent tous deux; et, comme ils ne peuvent ignorer que le maréchal a la confiance du roi, c'est principalement à lui qu'ils s'attachent présentement. Ils voudraient, du fond de leurs cœurs, qu'il fût battu par les Anglais; c'est pour y parvenir qu'on l'a traversé depuis le commencement de la campagne. Il est vrai que d'Argenson a fait le mal principal; mais comptez que les autres l'ont bien secondé, et d'autant plus hardiment qu'ils n'y ont pas paru. Orry est le plus dangereux: c'est un homme qui, sous l'apparence de la franchise et même de la grossièreté, cache beaucoup de finesse et de ruse; il a d'ailleurs plus de tête que les autres et plus d'extérieur; et puis il n'est pas douteux que le cardinal a prévenu le roi en sa faveur. Cet homme, qui se voit en possession des trésors du royaume, dont il dispose à son gré, craint plus que tout que le roi ne soit éclairé sur ses voleries; et, comme il est en possession de dire tout ce qu'il veut, sous prétexte de dire la vérité, il dit au roi, dans ses entretiens particuliers, ce qui peut détourner sa confiance et de mon frère et du maréchal. D'ailleurs il est maître des postes, par Dufort, qui est son très-humble valet. Ne doutez pas que cette voie, qui lui est ouverte, ne lui fournisse les leçons dont il a besoin pour parvenir à son but. Je ne vois que vous qui puissiez remédier à tout cela, en unissant le maréchal et mon frère de la manière la plus intime.

Mon frère, comme je vous l'ai déjà mandé, tiendra tous les engagemens que vous aurez pris pour lui. Au bout du compte, c'est de toutes les liaisons que les Noailles peuvent prendre, la plus convenable et la plus sûre pour eux. Nous n'avons point de famille; nous ne tenons à la cour qu'à vous; le crédit de mon frère, s'il en avait, se bornerait donc à obtenir des choses que vous devez obtenir par vous-même. Depuis que d'Argenson s'est livré au parti Coigny, il s'est encore plus éloigné de mon frère; il ne lui dit absolument rien : il a craint avec raison qu'il ne s'opposât aux ordres ridicules qu'il a donnés à M. de Noailles.

On fait valoir M. de Coigny à l'excès; les troupes, dit-on, ont en lui une entière confiance, parce qu'elles sont assurées qu'il paie de sa personne, et que le courage est ce qui les frappe et ce qui leur en impose le plus : ce discours, tel que je viens de vous l'écrire, m'a été tenu hier par madame de du Muy. Vous vous souviendrez qu'elle était livrée aux Chauvelin, et qu'elle et son mari le sont aujourd'hui au contrôleur-général. Je suis contente de Chavigny; j'ai lieu de croire, à plusieurs marques, qu'il est de très-bonne foi des amis de mon frère, et qu'il souhaiterait le voir à la tête des affaires étrangères. Il croit qu'on y viendrait sûrement par l'Espagne ; qu'il faudrait que le roi d'Espagne en écrivît à son neveu : mais le pas est glissant ; si on n'arrive pas par ce moyen, on est sûrement culbuté. A propos, Chavigny vous dira qu'Amelot compte sur le maréchal : je crois qu'il se trompe ; il faut pourtant que vous le sachiez.

Une autre chose, qui me paraît plus importante qu'elle ne vous paraît peut-être, c'est le froid qu'il y a entre le maréchal et du Vernay. On sait que les Pâris ne sont point des gens indifférens. Je les ai vus enthousiasmés du maréchal ; ils lui étaient attachés, et le seront toujours par préférence à tout autre, dès que le maréchal leur marquera de la bonté ; mais, comme ils sont riches par dessus les yeux, que leur ambition se borne à faire le fils de Montmartel garde du trésor, ils ne peuvent être pris que par l'amitié. Ils ont beaucoup d'amis, tous les souterrains possibles, et de l'argent à répandre ; voyez, après cela, s'ils peuvent faire du bien ou du mal. Le maréchal de Maillebois se brouilla avec eux, comme un sot ; et, entre nous, je suis persuadée que cette brouillerie lui a plus nui que sa conduite. Je voudrais, s'il y a de la froideur entre le maréchal et du Vernay, que vous travaillassiez à les rapatrier. Vous leur rendriez à tous deux un bon service, et vous acquerriez des gens qui pourraient ne vous être pas inutiles : tout sert en ménage, quand on a en soi de quoi mettre les outils en œuvre. Au reste, je vous dis tout ce que je pense et tout ce qui vient au bout de ma plume. La confiance sans bornes est la suite de la véritable amitié ; celle que j'ai pour vous est telle que je ne sache personne qui puisse l'emporter dans mon cœur : j'aime mon frère et ma sœur comme je vous aime; mais je ne les aime pas mieux. Maurepas a dit à Pont-de-Vesle qu'il ne comprenait pas mon frère, de trouver tant d'esprit à Chavigny ; que, pour lui, il lui en trouvait très-médiocrement; que de plus c'était un fripon. Mon frère a dit à Chavigny le premier article, et n'a osé lui dire le second; je ne le lui ai pas dit non plus, mais je le lui ai fait entendre.

Il me vient dans l'esprit qu'il faudrait engager le maréchal et le disposer à dire au roi qu'il serait bon, pour le bien de ses affaires, qu'il eût des conférences avec lui maréchal et avec mon frère. Si le roi était soutenu par la présence du maréchal, il aurait peut-être moins peur de mon frère, et pourrait par-là s'accoutumer à lui. Le Gascon dit que madame de La Tournelle en a bonne opinion, qu'elle en parle comme d'un homme de tête et capable de bien entendre les affaires. Voici ceux qui sont à la tête du parti

Coigny : d'Argenson, madame de Mauconseil, le marquis Matignon, qui conduit les intrigues et qui fait répandre dans le public et dans les cafés les discours qu'il veut accréditer; M. d'Enville pour épier dans les petits cabinets. M. de Maurepas est dans cette cabale, aussi-bien que M. Amelot; mais c'est sans se concerter avec les autres : ils font porter au maréchal de Coigny les avis qu'ils veulent lui donner, par la petite figure qui l'écrit au petit Coigny. Je vous ai mandé qu'elle avait même voulu exiger du petit Coigny de lui envoyer la copie de toutes les dépêches du maréchal, et que le petit Coigny lui avait répondu qu'il ne le pouvait pas, quelque envie qu'il eût de satisfaire M. de Maurepas; qu'il le priait de considérer que ce qu'il exigeait de lui le perdrait auprès du roi, si on venait à découvrir leur intelligence; que son père était très-attaché à Maurepas, qu'il le serait toujours, qu'il comptait aussi entièrement sur lui.

Ce qui vous étonnera, c'est que M. l'évêque de Mirepoix est pour Coigny, ou du moins contre le maréchal de Noailles; la raison c'est qu'il croit tous les Noailles jansénistes. La du Châtelet court actuellement les champs; elle est à Lille, où elle est allée pour être plus à portée des nouvelles de Voltaire, dont elle n'a pas reçu de lettres depuis le 14. C'est une tête bien complétement tournée; elle me fait grand'pitié, malgré le mal que je lui veux de s'être tournée du côté de Maurepas. On n'a pas dit le mot à Chavigny de la négociation avec le roi de Prusse; elle est pourtant en très-bon train, à ce que m'a dit la du Châtelet. Adieu, mon cher duc : je ne vous parle plus de la princesse; il ne faut pourtant pas se brouiller avec elle, par les raisons que je vous ai dites.

Le roi a écrit à Dufort qu'il voulait que les extraits de lettres qu'il lui enverrait fussent datés, et que le nom et le pays de ceux qui les écrivaient fussent marqués.

La marine a reçu cette année quatorze millions, et n'a pas mis un vaisseau en mer; tirez sur cela vos conséquences. C'est par là qu'il faut attaquer le Maurepas.

LETTRE VIII.

Du 9 novembre.

Depuis ma lettre écrite, j'en ai reçu une de mon frére; il me mande que de Bets a vu madame de La Tournelle, sous les auspices du chevalier de Grille. La conversation n'a roulé que sur l'idée dont je vous parle dans ma lettre. Le roi survint, et interrompit la conversation, qui doit se reprendre; je vous dirai ce qu'elle produira. J'aurais voulu qu'on vous eût entendu, et je l'avais conseillé; mais il faut que le renouvellement du bail des fermes ait obligé de Bets à parler. Madame de Boufflers vous écrit; je l'ai vue hier, et lui ai conseillé d'avoir un éclaircissement avec madame de La Tournelle, d'avaler les dégoûts, et d'aller son chemin. C'est Maurepas qui conduit la Lauraguais, qui fait toutes ces tracasseries. Si le maréchal n'y met ordre, les ministres nous mangeront le gras des jambes : ils se fortifient tous les jours.

Mon frère n'écrit plus au roi; il me semble qu'il fait mal : si vous pensez de même, dites-le lui; il fera ce que vous lui conseillerez.

LETTRE IX.

Ce 20 mars 1744.

Vous savez sans doute, mon cher duc, qu'il est question que le roi doit prendre ce printemps le commandement de son armée. On dit que c'est l'ouvrage de madame de Châteauroux, qui a pensé comme mon frère, et qui a vu que c'était le seul moyen de rétablir les affaires. Vous devez bien penser que cela ne transpire pas ; ce que je puis vous dire, c'est que madame de Châteauroux paraît plus contente d'elle dans ce moment. Il est facile de voir qu'elle a plus de crédit; et, quant à moi, je puis vous assurer que je suis fort aise en mon particulier qu'elle s'en serve aussi avantageusement.

Voilà donc le vœu de mon frère exaucé! Et j'ai peine à croire que madame de Châteauroux n'en ait pas eu connaissance. Elle est enfin parvenue à donner une volonté au roi : ce n'est point un petit ouvrage, on doit lui en avoir obligation. Mandez-moi ce que vous pouvez savoir de particulier sur cet objet, pourvu que cela ne soit pas une vaine espérance qui s'évanouisse comme tant d'autres. Si le roi fait cette première démarche, il faut espérer que l'impulsion une fois donnée subsistera quelque temps. On assure qu'elle a employé les plus grands moyens pour réussir; cela fait l'éloge de son adresse et de son esprit.

N'oubliez pas qu'il faut que mon frère obtienne quelque chose, et qu'il est temps, plus que jamais, de penser à cela. Il faut un département à un homme qui a envie de bien faire, et qui veut servir ses amis.

Il est question de M. de Belle-Isle; mais on ne sait pas encore s'il sera employé : il est bien avec madame de Châteauroux, et c'est un préjugé en sa faveur. En tout cas, il a du talent, et, s'il était moins confiant, il en aurait peut-être davantage. Mon frère vous fera part des grandes nouvelles politiques : car, pour moi, je ne puis aujourd'hui que me livrer à mon amitié pour vous et vous en assurer pour la vie.

EXTRAIT

D'UNE LETTRE DE MADAME DE TENCIN

A MONSIEUR DE FONTENELLE.

JE ne sais si vous m'avez fait du bien ou du mal de me donner quelque connaissance de la philosophie de Descartes; il ne s'en faut guère que je ne m'égare avec lui dans les idées qu'elle me fournit: tous les tourbillons qui composent l'univers me font imaginer que chaque homme en particulier pourrait bien être un tourbillon. Je regarde l'amour-propre, qui est le principe de nos mouvemens, comme la matière céleste dans laquelle nous nageons. Le cœur de l'homme est le centre de son tourbillon ; les passions sont les planètes qui l'environnent ; chaque planète entraîne après elle d'autres petites planètes : l'amour, par exemple, emporte la jalousie ; elles s'éclairent réciproquement, et par réflexion : toute leur lumière ne vient que de celle que le cœur leur envoie. Je place l'ambition après l'amour : elle n'est pas si près du cœur que la première ; aussi la chaleur qu'elle en reçoit lui donne un peu moins de vivacité. L'ambition n'aura pas moins de satellites que notre Jupiter ; mais ils deviendront différens, selon les différentes personnes qui composent les tourbillons. Dans l'une, la vanité, les bassesses, l'intérêt seront les satellites de l'ambition ; dans l'autre, ce sera la véritable valeur, la grandeur d'âme et l'amour de la gloire ; la raison aura aussi sa place dans le tourbillon ; mais elle est la dernière ; c'est le bon Saturne, dont nous ne ressentons la révolution qu'après trente ans. Les comètes ne sont autre chose, dans mon système, que les réflexions ; se sont ces corps étrangers qui, après bien des détours, viennent passer dans les tourbillons des passions. L'expérience nous apprend qu'elles n'ont ni bonnes, ni mauvaises influences ; leur pouvoir se borne à donner quelques craintes et quelque trouble ; mais ces craintes ne mènent à rien; les choses vont toujours leur train ordinaire. Le plus fort ascendant des passions est l'amour; et la sympathie, qui nous attache à certaines personnes, dont nous ressentons le pouvoir aussitôt que nous les voyons, me paraît avoir bien du rapport à la matière cachée qui unit l'aimant avec le fer. On sait de même qu'on sent un je ne sais quoi à l'approche de certains objets. Voilà où se terminent nos connaissances, et les ressorts qui agissent secrètement en nous ne nous sont pas plus connus que la cause de l'union de l'aimant avec le fer. Je considère les taches que nous remarquons dans le soleil, comme les effets que l'âge produit en nous : il affaiblit peu à peu et fait enfin cesser la chaleur naturelle dont le cœur tire toute sa vanité. Qui nous dit que la même chose n'arrivera pas à notre soleil! sa clarté peut être absorbée par la suite des temps. Nous pourrions ne différer avec lui que du plus ou du moins de durée.

FIN DES LETTRES ET DU TOME CINQUIÈME ET DERNIER.

TABLE
DES MATIÈRES

CONTENUES DANS CE VOLUME.

FIN DE LA TABLE DU TOME CINQUIÈME ET DERNIER.

www.ingramcontent.com/pod-product-compliance
Lightning Source LLC
LaVergne TN
LVHW020558110826
845149LV00002B/306

* 9 7 8 2 0 1 1 8 7 4 3 2 0 *